专业学位论文写作指南

学位与研究生教育杂志社 组编
周文辉 赵 军 主编

中国科学技术出版社
·北 京·

图书在版编目（CIP）数据

专业学位论文写作指南 / 周文辉，赵军主编 . -- 北京：中国科学技术出版社，2019.2（2023.4 重印）
ISBN 978-7-5046-8228-4

Ⅰ.①专… Ⅱ.①周… ②赵… Ⅲ.①研究生 – 学位论文 – 写作　Ⅳ.① G643.8

中国版本图书馆 CIP 数据核字（2019）第 023131 号

策划编辑		王晓义
责任编辑		王晓义
装帧设计		中文天地
责任校对		邓雪梅
责任印制		徐　飞

出　　版		中国科学技术出版社
发　　行		中国科学技术出版社有限公司发行部
地　　址		北京市海淀区中关村南大街 16 号
邮　　编		100081
发行电话		010-62173865
传　　真		010-62179148
网　　址		http://www.cspbooks.com.cn

开　　本		720mm×1000mm　1/16
字　　数		248 千字
印　　张		17
版　　次		2019 年 2 月第 1 版
印　　次		2023 年 4 月第 2 次印刷
印　　刷		北京荣泰印刷有限公司
书　　号		ISBN 978-7-5046-8228-4 / G·801
定　　价		68.00 元

（凡购买本社图书，如有缺页、倒页、脱页者，本社发行部负责调换）

《专业学位论文写作指南》编研组

主　　编　周文辉　学位与研究生教育杂志社社长
　　　　　　　　　　北京理工大学研究生教育研究中心副主任　研究员
　　　　　　　赵　军　三峡大学田家炳教育学院院长　教授

副 主 编　刘俊起　学位与研究生教育杂志社研究中心主任

编研组成员（按姓氏拼音排序）
　　　　　　　贺随波　黄　欢　李卫明　马爱民　倪世兵　蒲　波
　　　　　　　王重文　杨黎明　于海东　赵清华　周海峰　周玉清

《专业学位论文写作指南》专家委员会

主　任　王战军　中国学位与研究生教育学会副会长
　　　　　　　　　北京理工大学研究生教育研究中心主任　教授

委　员　王军政　北京理工大学研究生院常务副院长　教授
　　　　　廖湘阳　中国学位与研究生教育学会学术委员
　　　　　　　　　湖南师范大学教育科学学院　教授
　　　　　耿有权　中国学位与研究生教育学会学术委员
　　　　　　　　　东南大学高等教育研究所所长　研究员
　　　　　刘小强　江西省教育厅副厅长　教授
　　　　　王传毅　中国学位与研究生教育学会研究生教育学专业委员会副秘书长
　　　　　　　　　清华大学教育研究院　副教授
　　　　　王乐华　三峡大学研究生院常务副院长　教授

序

  我国于 1978 年恢复研究生教育，经过 40 年的发展，现在已成为世界上仅次于美国的研究生教育大国。40 年研究生教育发展历程，是不断改革、不断探索的历程。其中，专业学位研究生教育的创设与发展是最引人注目、意义最深远的改革与发展举措。在恢复研究生教育之初，我国对高层次人才的需求主要集中在高等学校和科研单位，研究生教育培养的基本是学术型人才。为适应社会对工程技术人才的需求，1984 年，清华大学、西安交通大学等高校提出培养工程类型硕士研究生的建议，开始尝试在工学研究生中培养应用型人才。1987 年，国务院学位委员会批准北京中医药大学等单位开展医学（临床医学）研究生培养试点工作，培养临床复合型、应用型人才。1990 年，国务院学位委员会批准设置工商管理硕士学位。这是我国设置的第一个专业学位，也开启了研究生教育应用型人才与学术型人才分类培养、分类授予学位的新时代。2009 年以后，我国积极发展全日制专业学位硕士研究生教育，扩大专业学位的类别和专业学位研究生教育规模。2018 年，我国已设置 47 个专业学位类别。其中，34 个类别可培养硕士研究生，13 个类别可培养硕士、博士研究生。2017 年，我国在校专业学位研究生共计 135 万人，占在校研究生总数的 51%。其中，专业学位硕士研究生有 134 万人，占硕士研究生总数的 59%，实现了硕士研究生教育从以培养学术型人才为主到学术型和应用型人才培养协调发展的转变。

专业学位研究生教育不同于学术型研究生教育。学术学位研究生教育主要为高等院校、科研院所培养学术研究型人才，专业学位研究生教育则是针对社会特定职业领域的需要，培养具有较强的专业能力和职业素养的高层次应用型专门人才。在教育部、各省级研究生教育主管部门、各专业学位研究生教育指导委员会的指导、推动下，在有关部门和社会各界的大力支持下，在培养院校和广大教师的积极努力探索下，中国特色专业学位研究生教育的培养模式、管理制度等逐渐形成并不断完善，有力地满足了经济社会发展对高层次应用型专门人才的需要。在专业学位研究生教育改革发展过程中，涌现了一大批典型案例，获得了一系列成功经验。例如，工商管理硕士案例库建设和案例教学实践、江苏省的企业研究生工作站建设、中国农业大学农业硕士研究生培养的"科技小院"模式等，都取得了良好的成效并受到了广泛关注。特别是中国农业大学的"科技小院"研究生培养模式，专业学位研究生在导师的带领下扎根基层，在服务农业增产增效和农村社会建设过程中，实现了专业技能、科研能力和综合素质的全面提升，被《自然》杂志审稿人称为"全球最成功的典型案例之一"。

从总体上看，近年来专业学位研究生教育改革的重点，以及取得成效最显著的方面，是对专业学位研究生培养模式的改革。而在专业学位研究生的培养标准、质量保障体系等方面，尤其是在专业学位论文的形式、标准、规范方面，研究与探索的力度还不够大，成果还不够丰富。专业学位研究生要不要撰写学位论文？有人认为专业学位研究生不需要撰写学位论文。但我国专业学位研究生培养的实践表明，专业学位论文的撰写，对强化专业学位研究生的专业理论知识、提升专业学位研究生的创新实践能力和职业发展能力具有重要的意义。因此，我们面临的问题不是要不要撰写专业学位论文的问题，而是如何开展专业学位论文的研究，如何指导专业学位研究生撰写专业学位论文的问题。专业学位论文不同于学术学位论文，不强调理论方面的创新，而是突出应用导向，强调运用理论解决行业、企业实践中的问题。这样的学位论文，自然应采用不同于学术学位论文的形式，遵循不同于学术学位论文的规范和标准。国务院学位委员会审议通过的《硕士、博士专业学位研究生培养教育发展总体方案》提出，专业学位论文形式可以多种多样，鼓励采用调研报告、规划设计、产品开发、案例分析、项目管理、文学艺术作品等形式。各专业学位研究生教育指导委员会也在相应专业学位研究生指导性培养方案中，提出了可以采用的论文形式。对不同形式的专业学位论文，应该有什么样的标准和要求，部分省、直辖市教育主管部门及专业学位研究生教育指导委员会也组织专家进行了研究，提出了一些标准和要求；也有学者就特定专业学位论文的撰写进行了研究并出版了专著。但总的来看，这些研究与探索还不够系统、不够完善。这给研究生导师指导专业学位论文、专业学位研究生撰写学位论文带来了困扰和疑虑，也导致论文评阅人评审专业学位论文缺乏标准和依据。

在这种情况下，学位与研究生教育杂志社组织编写《专业学位论文写作指南》一书，就显得非常必要、非常及时。该书分基础规范和写作体例上下两篇，不仅对专业学位论文的选题、研究设计、谋篇布局等共性问题进行了探讨，还择取案例研究、调查研究、政策分析等最为常见的 8 种专业学位论文形式，具体阐述了各自的内容要求和写作规范，对专业学位研究生及研究生导师具有重要的参考价值。相信该书的出版，会推进研究生教育界对专业学位论文的相关理论研究和实践探索，进而推动我国专业学位研究生教育的改革和发展。

唐继卫

2018 年 12 月

目 录

序

绪论···001

上篇 专业学位论文的基础规范·························015

  第一章 专业学位论文的选题规范····················017
    第一节 选题的范围······································018
    第二节 选题的原则······································021
    第三节 选题的方法······································024
    第四节 选题的程序······································028
      知识拓展：论文选题的常见问题与分析诊断···········032

  第二章 专业学位论文的文献检索····················035
    第一节 文献检索的类型·································036
    第二节 文献检索的途径·································039
    第三节 文献检索的方法·································041
    第四节 文献检索的平台·································043
    第五节 文献检索的步骤·································047
      知识拓展：文献检索的技巧推荐与案例参考···········050

  第三章 专业学位论文的研究设计····················053
    第一节 科学研究的一般流程·····························054
    第二节 研究设计的主要内容·····························057
    第三节 研究方案的基本形式·····························060
      知识拓展：研究设计的 5 个要素与 3 种格式···········064

第四章 专业学位论文的谋篇布局 ····· 067
第一节 专业学位论文的结构原则 ····· 068
第二节 专业学位论文的布局方法 ····· 070
第三节 专业学位论文的结构与内容 ····· 073
知识拓展：谋篇布局的写作技巧与方法借鉴 ····· 079

第五章 专业学位论文的文本表达 ····· 087
第一节 专业学位论文的写作逻辑 ····· 088
第二节 专业学位论文的表达方式 ····· 091
第三节 专业学位论文的语言要求 ····· 095
知识拓展：文本表达的两大误区与常见错误 ····· 098

第六章 专业学位论文的著录规范 ····· 101
第一节 参考文献规范 ····· 102
第二节 图表规范 ····· 106
第三节 其他规范 ····· 111
知识拓展：学位论文常见著录文化与问题镜鉴 ····· 112

第七章 专业学位论文的开题报告 ····· 115
第一节 开题报告主要作用与组织程序 ····· 116
第二节 开题报告文本结构与主要内容 ····· 119
第三节 开题报告常见问题与注意事项 ····· 123
知识拓展：开题报告制度摘编与模板摘录 ····· 126

下篇 专业学位论文的写作体例 ····· 129
第八章 案例研究类专业学位论文写作 ····· 131
第一节 什么是案例研究 ····· 132
第二节 案例研究的类型 ····· 133
第三节 案例研究的设计 ····· 134
第四节 案例研究的步骤 ····· 137

第五节　案例研究报告写作体例 ·················· 139
　　　案例分析：互联网初创企业的战略与组织要素匹配研究
　　　　——基于 X 公司与 AF 公司案例对比分析 ·········· 141

第九章　调查研究类专业学位论文写作 ·················· 144
　　第一节　调查研究的类型与特点 ·················· 145
　　第二节　调查研究的步骤与方法 ·················· 147
　　第三节　调查研究的计划与提纲 ·················· 150
　　第四节　调查研究报告写作体例 ·················· 152
　　　案例分析：大连国际机场旅客公共服务满意度调研报告 ···· 155

第十章　政策分析类专业学位论文写作 ·················· 157
　　第一节　政策分析的基本步骤 ·················· 158
　　第二节　政策分析的主要方法 ·················· 161
　　第三节　政策分析的八点建议 ·················· 164
　　第四节　政策分析的写作体例 ·················· 166
　　　案例分析：高层次人才引进的政策分析——以 S 市为例 ···· 168

第十一章　实施方案类专业学位论文写作 ················· 171
　　第一节　实施方案的主要特点 ·················· 172
　　第二节　实施方案的写作程序 ·················· 173
　　第三节　实施方案的文体结构 ·················· 176
　　　案例分析：H 集团 HRBP 实施方案优化设计 ············ 181

第十二章　产品研发类专业学位论文写作 ················· 183
　　第一节　内容要求 ·························· 184
　　第二节　撰写规范 ·························· 187
　　第三节　标准解读 ·························· 190
　　　案例分析：藤编家具创新设计研究
　　　　——以"怀远藤编"为例 ···················· 192

第十三章　文献研究类专业学位论文写作 ················· 194

第一节　文献研究的基本程序与利弊分析 ·············· 195
第二节　文献综述的主要类型与基本特点 ·············· 198
第三节　文献综述的主体结构与写作步骤 ·············· 199
第四节　文献综述的常见问题与写作建议 ·············· 202
案例分析：我国知识产权文献研究现状分析
　　——基于信息可视化视角 ·············· 204

第十四章　工程设计类专业学位论文写作 ·············· 206
第一节　内容要求 ·············· 207
第二节　文本结构 ·············· 209
第三节　撰写规范 ·············· 211
案例分析：环保型大豆油墨的研制 ·············· 214

第十五章　实验研究类专业学位论文写作 ·············· 216
第一节　实验研究的应用条件与主要特征 ·············· 217
第二节　实验研究的基本流程与主要模式 ·············· 219
第三节　实验研究类论文的结构与规范 ·············· 223
案例分析：基于社会比较理论探索护士对医生内隐态度的
　　实验研究 ·············· 227

附录 ·············· 229
附录一　专业学位论文的答辩汇报 ·············· 231
附录二　中华人民共和国学位条例 ·············· 240
附录三　中华人民共和国学位条例暂行实施办法 ·············· 243
附录四　学位论文参考文献常用格式 ·············· 250

本书参考文献 ·············· 253
后记 ·············· 257

绪　　论

目前，我国基本形成了门类相对齐全、覆盖面广泛，且具有一定规模的专业学位研究生培养体系。专业学位论文撰写是专业学位研究生培养的重要环节，有特定的形式与规范。对于这些形式与规范，国家在政策层面还缺乏统一要求，各培养单位也一般以"学位论文撰写规范"等方式自行规定。[①] 虽然目前关于专业学位论文的形式与规范研究已经为数不少，但我们缺乏的是将专业学位形式与规范作为一个整体来处理——这就是说，既要重视专业学位论文的特殊形式，更要重视专业学位论文的共性内容。本书采用定性与定量相结合的研究方法，就专业学位论文的形式与规范进行系统剖析，以期为我国专业学位论文的撰写、评价与管理等提供参考。

一、什么是学位论文

回答这个问题首先要回答学位论文是从什么时候开始出现的。目前，鲜有专门的文献对学位论文的发展史进行梳理。尽管有学者基于中国科举制度来考证学位论文的中国发展史，但"当时的'学生'们只把时文当作获得学

[①] 张乐平，温馨，陈小平. 全日制专业硕士学位论文的形式与标准[J]. 学位与研究生教育，2014（5）：15-19.

位、谋求官职的敲门砖，与现在的学位论文不可同日而语"①。现代学位论文制度实际上源起于西方的学位制度，与西方高等教育的产生、发展一脉相承。

现代学位制度萌芽于欧洲中世纪。中世纪大学学位的最初含义是学者进入教师行会的资格证明。②在中世纪早期，由于学士学位制度还没有规范化，获得学士学位一般不需要考试。但后来为了防止不合格的学士混进教师队伍，就逐渐有了正规的考试来甄别学士学位的候选人。考试名目比较繁杂，而且持续的时间也比较长，但考试不要求就某个问题进行笔头测试或者洋洋洒洒地写一篇论文，考试形式是口头的答辩。③但博士学位有所不同，在意大利的博洛尼亚大学，学生需要参加一场类似典礼的公开考试才能成为一名真正的博士：每位候选博士要发表一个演讲，并当众宣读自己所写的关于某个观点的论文，并接受质疑和答辩，答辩通过后方可正式获得博士学位。这样的论文可能就是现代学位论文的萌芽。

如果说中世纪的学位还是一种从业资格，伴随着高等教育的演进，以19世纪德国柏林洪堡大学的创办为标志，学位则越来越强调获得者的科研能力，"博士学位逐渐演变为一种单纯学术意义上的水平证明"④。博士研究生教育强调教学与科研的结合，注重学生科研能力的培养。柏林洪堡大学的理念影响深远。1870年6月，英国皇家发展科技和教学委员会首次提出设立科学博士学位。该学位的授予不看考试成绩而看学生的创造能力。伦敦大学率先设立该学位，并于19世纪80年代中期取消了该学位的考试要求，将"提交一篇独创性的论文"作为获得该学位的条件。⑤受德国影响，法兰西第三共和国于1896年颁布了新的《高等教育法》。该法要求大学开展科研，并在医学、法学、理学、文学等博士研究生培养中增加科研的内容和关于学位论文的规定。

---

① 郭有献，张丹郁.学位论文的起源及现状[J].石家庄经济学院学报，1998（4）：421-424.
② 杨少琳.中世纪大学学位制度形成的历史渊源[J].黑龙江高教研究，2010（12）：6-9.
③ 王洁.欧洲中世纪大学学位制度研究[D].南京：南京师范大学，2014.
④ 陈学飞，等.西方怎样培养博士——法、英、德、美的模式与经验[M].北京：教育科学出版社，2002：139.
⑤ 骆四敏.学位的起源、发展及其特征[J].比较教育研究，2006，27（4）：35-40.

绪 论

因此,在 19 世纪中后期,学位论文的制度基本成型,早期的学位论文也就成为评价和测量学生科研能力的工具。

到了 20 世纪,随着世界高等教育尤其是研究生教育的快速发展,学位制度呈现多元化发展倾向。一方面,学位的授予科目在分化,从最初的文学、法学、医学、神学扩展到哲学、工学、医学、管理学、经济学等学科门类;另一方面,学位的授予类型在分化,相对于传统的学术性学位,专业性学位兴起并发展起来。哈佛大学商学院于 1908 年颁授了美国第一个专业硕士学位——工商管理硕士学位。哈佛大学教育学院于 1920 年颁授了美国第一个专业博士学位——教育博士学位。

学位的授予科目呈现出多元化,使学位论文本身的体例和标准也呈现出多元化的倾向,以至于雷德等研究者在 1978 年就指出,传统的学位论文已经失去了原有的意义。[6] 有研究者甚至基于博士学位论文的研究指出:"学位论文的写作几乎没有普遍公认的准则。大部分科技文体结构是很严谨的,而学位论文却不是。不同学院间,甚至同一学院同一系别的不同教授之间,对学位论文'正确'写作方式的要求差别也很大。"[7] 诚如克拉克·克尔所言:"在某种意义上,学位是红绿灯,使学生车流通过高等教育的各个阶段,从学士学位直到博士学位,各级学位都起着测量与奖励学习成绩的作用,它们影响着录取政策、课程内容,以及在大学的学习期限。"[8] 所以,从原初意义上看,学位论文是一种评价和测量学生专业能力的方式。

二、什么是专业学位论文

专业学位论文作为一种评价和测量学生专业能力的方式,为学位论文形

---

[6] REID W M. Will the future generations of biologists write a dissertation? [J]. BioScience, 1978, 28 (10): 651-654.

[7] 罗伯特·A. 戴, 芭芭拉·盖斯特尔. 科技论文写作与发表教程 [M]. 顾良军, 林东涛, 张健, 译. 北京: 中国协和医科大学出版社, 2013: 268.

[8] EELLS W C. Degrees in Higher Education [M]. Washington, D. C.: The Center for Applied Research in Education, Inc., 1963: 118.

式的变化提供了合法性。学位论文在某种意义上不过是评价和测量方式的一种指称。这必然要突破人们对学位论文的狭义理解,而传统的学位论文形式也必然要根据评价和测量的要求,发生相应变化。这种变化在专业学位研究生教育领域就更为明显。

例如,美国培养教育硕士的大学中只有25%左右要求获得教育硕士学位必须有论文,大部分学校对学位获得者没有学位论文要求,但有科研、实践项目的要求。[1] 无独有偶,我国一些高校也在积极探索多元化的学位论文形式。如北京大学艺术硕士专业取消传统的学位论文,代之以"演出"实践成果为主(80%)和实用技术"文论"为辅(20%)的组合展示方式。清华大学鼓励案例分析、调研报告等形式的学位论文。上海交通大学翻译硕士专业学位研究生自2016年起,可用符合规定的高级别翻译作品、奖项或权威翻译资格证书等替代传统学位论文评价体系中的翻译实践部分。[2]

现象是本质的表现。专业学位论文形式的变化,进一步彰显了专业学位论文的本质所在。国外一些专业学位虽然取消了学位论文,但这种取消本质上是对传统的以科研能力为核心的评价和测量方式的取消,而且取消之后,也必然以新的评价和测量方式来替代。那么,作为新的评价和测量方式的专业学位论文的核心要求是什么呢?这取决于对专业学位的理解。众所周知,专业学位是学术性和职业性的统一,这在研究生教育界基本能够达成共识。基于这个共识,专业学位论文作为评价和测量专业学位研究生培养质量的重要方式,自然应体现出学术性和职业性色彩。也正基于此,早在2009年《教育部关于做好全日制硕士专业学位研究生培养工作的若干意见》就强调:"要正确把握专业学位研究生学位论文的规格和标准。学位论文选题应来源于应用课题或现实问题,必须要有明确的职业背景和应用价值。学位论文的形式可以多种多样,可采用调研报告、应用基础研究、规划设计、产品开发、案

---

[1] 秦春生,戴继天,孙平. 中、美教育硕士教育比较研究[J]. 学位与研究生教育,2002(11):35-38.

[2] 贺随波,刘俊起. 服务需求 创新模式 突出特色 提高质量——深化专业学位研究生教育综合改革二年总结[J]. 学位与研究生教育,2018(1):1-4.

例分析、项目管理、文学艺术作品等形式。"所以,专业学位论文应兼具学术性和职业性双重特征。也只有兼具这双重特征,才能真正以此为据来判断专业学位研究生的培养质量。

显然,关于专业学位论文的学术性和职业性的双重特征,还需要赋予更加明确的内涵。2013年3月,国务院学位办发出《关于委托全国专业学位研究生教育指导委员会编写〈博士、硕士学位基本要求(专业学位)〉的通知》,要求全国各专业学位研究生教育指导委员会编写各专业学位类别的《博士、硕士学位基本要求》。这些基本要求相继发布,成为各研究生培养单位制订各专业学位类别学位授予标准的基本依据。基本要求在一定意义上是从各专业学位类别的角度对学位论文的学术性和职业性进行了更加具体的解读。可以预见,伴随着专业学位研究生教育的发展,人们对专业学位论文内涵与特征的理解将更加深刻,对专业学位论文形式与规范的把握也会更加具体。

三、多元——专业学位论文的形式导向

那么,专业学位论文在形式上是否具备一定的共性特征呢?以中国学位与研究生教育信息网发布的专业学位设置方案①为依据,对文本中关于专业学位论文形式进行内容和词频分析,以揭示分类标准和分布特征。初步统计显示,文本中合计出现了28种论文形式(不计重复显现的频次,且对表述相近的合并、表述模糊的剔除),重复出现的频次合计158次。

1. 基于文本分析的专业学位论文形式分类标准

本研究参照张乐平等学者提出的专业学位论文分类的4个标准②,同时考虑到分类的周延性,将专业学位论文分类标准明确为5类,即研究性质类(如理论研究、应用研究等)、研究对象类(如政策研究、产品设计等)、研究方法类(如案例研究、调查研究等)、研究结果类(如实施方案、发明专利等)、

---

① 中国学位与研究生教育信息网. 40种硕士专业学位概览[EB/OL].[2017-06-10]. http://www.cdgdc.edu.cn/xwyyjsjyxx/gjjl/szfa/267348.shtml.

② 张乐平,王艺翔,王应密,等. 全日制专业硕士学位论文的理想模式——基于内隐能力、外显效力的分析[J]. 研究生教育研究,2014(3):76-81.

其他分类（不属于前述分类标准，或不能明确分类标准的，如研究论文、毕业设计等）。研究对上述 28 种、合计显现频次 158 次的论文形式分类标准进行了频数记录，其最终统计结果如表 1 所示。

表 1　专业学位论文分类标准频率分布

分类标准	频数	频率（频数 /158）/ %
研究性质类	14	8.86
研究对象类	31	19.62
研究方法类	64	40.51
研究结果类	21	13.29
其他分类	28	17.72
合　计	158	100.00

从表 1 的分布结果来看，第一，专业学位论文的分类标准呈现出多元化的特征，除了研究性质、研究对象、研究方法与研究结果 4 种常用的分类标准，其他分类的频率达到 17.72%，接近 5 种分类标准的平均频率 20%。研究认为，专业学位类型的多样化，是专业学位论文分类标准呈现出多元化倾向的重要因素。第二，在多种分类标准中，基于研究方法的分类标准，频率达到 40.51%。这说明该分类标准，相对于其他分类标准而言，呈现出绝对的优势，在专业学位研究生教育界的认可度已经相当高。

2. 基于词频分析的专业学位论文形式分布特征

对各专业学位类型对应的论文形式进行统计，形成了专业学位论文形式数对应的专业学位类型数分布表，如表 2 所示。在 39 类专业学位类型中①，有 1 类专业学位论文形式为 2 种，其余均多于 2 种，最多的达到了 8 种。同时，

---

①　我国 1990 年设置第一种专业学位——工商管理硕士，到 2014 年，一共设置了 39 个专业学位类别，其中建筑学类别可授予学士、硕士学位，工程、临床医学、兽医、口腔医学、教育、中医 6 个类别可授予硕士、博士学位，其余 32 个类别可授予硕士学位。2018 年，进一步将工程类别调整为电子信息、机械、材料与化工等 8 个类别，每个类别都可以授予硕士、博士学位。

有 15 类专业学位论文形式为 3 种；13 类专业学位论文形式为 4 种。也即 2/3 强的专业学位类型论文形式数为 3～4 种。显然，专业学位的学位论文与学术学位的学位论文表现形式存在天壤之别。传统的学术学位的学位论文形式相对单一，而专业学位的论文形式则呈现出明显的多元化特征。

表 2　专业学位论文形式数对应的专业学位类型数分布

论文形式数	2 种	3 种	4 种	5 种	6 种	7 种	8 种
对应的专业学位类型	1 类	15 类	13 类	5 类	2 类	2 类	1 类

对显现频次为 3 次及以上的论文形式进行进一步分析，其结果如表 3 所示。首先，在 28 种论文形式中，显现 3 次及以上的论文形式合计有 17 种。通过对这 17 种论文形式的词语分析发现，专业学位的学位论文，很多已经脱离传统意义上的学位论文形式和范畴，例如实施方案、疗效评价等。这意味着专业学位论文在一定程度上已经成为一种指称，这也进一步凸显了学位论文原初作为评价和测量工具的实质所在。其次，在 17 种论文形式中，案例研究、调查研究的显现频次分别为 27 次、26 次，覆盖专业学位类型的比例分别为 69.23%、66.67%。这表明超过一半的专业学位类型，均将案例研究和调查研究作为学位论文的基本形式，专业学位论文形式呈现出一定的集中度。再次，理论研究的显现频次为 12 次，覆盖专业学位类型的比例为 30.77%。这说明，目前近 1/3 的专业学位类型认同或至少并不排斥理论研究。该统计数据也佐证了相关研究，如韩恒指出的，"专业学位研究生的学位论文也应有理论分析，至少需要借用一定的理论框架分析实践中面临的具体工作"[①]。最后，在 28 种论文形式中，显现频次少于 3 次的论文形式依然有 11 种。这在一定程度上也说明一些论文形式的相对特殊性，可能只适合于特殊的专业学位类型，如艺术硕士将学习体会作为学位论文的一种表现形式。

---

① 韩恒. 形同质异的问题意识——兼论专业学位和学术学位论文的选题 [J]. 学位与研究生教育，2014（6）：40-42.

表3　论文形式显现频次及其覆盖专业学位类型比例分布

论文形式	显现频次	覆盖专业学位类型比例（频次/39）/%
案例研究	27	69.23
调查研究	26	66.67
理论研究	12	30.77
毕业设计	9	23.08
研究论文	8	20.51
政策研究	7	17.95
实施方案	7	17.95
专题研究	7	17.95
产品研发	6	15.38
文献研究	6	15.38
工程设计	5	12.82
实验研究	5	12.82
实务研究	3	7.69
实践报告	3	7.69
临床疗效评价	3	7.69
临床经验总结	3	7.69
病例分析报告	3	7.69

四、标准——专业学位论文的体系规范

作为评价和测量工具的学位论文，本身也存在评价和测量的标准和规范问题。也正是在这个意义上，专业学位论文的标准和规范，也一直是专业学位研究生教育界高度关注的议题。从当前专业学位的论文体系来看，标准和规范存在着理想与现实的显著冲突。

1. 专业学位论文体系的应然状态

专业学位论文体系与学术学位论文体系有显著的区别。早在2010年，国务院学位委员会第二十七次会议审议通过的《硕士、博士专业学位研究生教育

发展总体方案》就明确指出:"建立专业学位研究生教育的论文标准和考核办法。专业学位的学位论文,必须强化应用导向,形式可多种多样。鼓励采用调研报告、规划设计、产品开发、案例分析、项目管理、文学艺术作品等多种形式,重在考查学生综合运用理论、方法和技术解决实际问题的能力。"这实际上为专业学位论文标准和规范的应然性建设提供了原则性意见,促进了相关专业学位教育指导委员会,以及学位管理部门的标准和规范的建设工作。

在专业学位教育指导委员会层面,具有代表性的是,2011年全国工程硕士专业学位教育指导委员会发布了《关于试行工程硕士不同形式学位论文基本要求及评价指标的通知》。该通知明确了工程硕士专业学位的5种学位论文形式,即产品研发、工程设计、应用研究、项目管理、调研报告,并明确了各种形式的内容要求及评价指标。[①] 在学位管理部门层面,具有代表性的是2012年上海市学位委员会在沿用工程硕士教育指导委员会形成的5种学位论文形式的基础上,又发布了16个类别的专业硕士学位论文基本要求及评价指标体系。[②]

无论是国务院学位委员会的文件,还是专业学位教育指导委员会或学位管理部门的文件,都代表了特定主体对当前专业学位论文标准和规范的理想要求。张乐平等人通过对全日制专业学位论文理想模式的研究,从专业学位论文的效力角度,构建了专业学位论文标准体系图(图1)。该图基本上整合了当前理论界关于专业学位论文的标准和规范的各类意见,揭示了专业学位论文的标准和规范是多元主体共同作用的结果。该标准体系图从理想层面为专业学位论文标准和规范的建设提供了参照。

---

① 全国工程硕士专业学位教育指导委员会.关于试行工程硕士不同形式学位论文基本要求及评价指标的通知[EB/OL].(2011-09-01)[2018-10-10]. http://yjsch.imut.edu.cn/info/1070/2641.htm.

② 上海市学位委员会办公室.上海专业学位研究生教育发展改革与实践探索(1991—2011)[M].上海:华东师范大学出版社,2012:184-278.

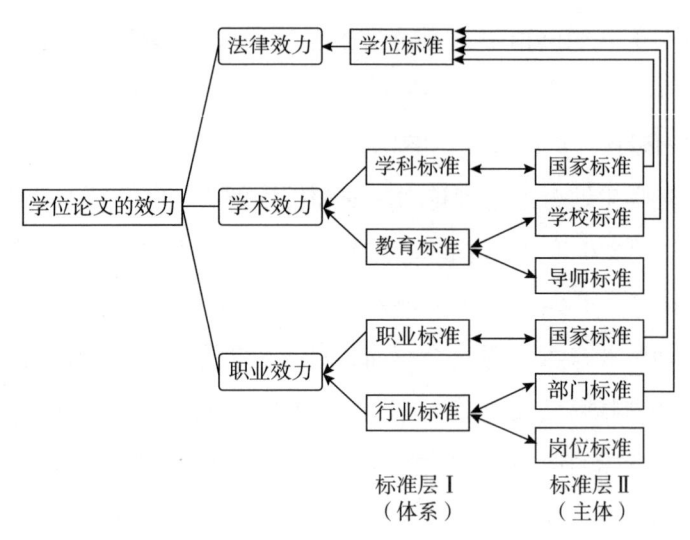

图 1　专业学位论文标准体系图[①]

2. 专业学位论文体系的实然状态

与专业学位论文体系的应然状态形成鲜明对比的是，当前专业学位论文体系的实然状态并不令人乐观，既存在标准和规范的系统性不够的问题，也存在标准和规范认识差异、落实不力等问题。

虽然国家学位管理部门、各专业学位教育指导委员会，以及研究生培养单位等已经在大力推进专业学位论文的标准和规范建设，但从整体来看，标准和规范建设还相对滞后，内容也不够细化，还远远不能与多元化的论文形式形成一一对应的匹配关系。具体而言，"相对于多样化的写作形式，专业学位论文缺乏关于写作规范和评审标准的统一和规定。大多数高校的全日制专业学位硕士研究生学位论文开题及答辩与学术型研究生同时进行，统一管理，学生不由自主地以学术型研究生的论文写作模式为参考进行论文写作，难以突出特色"[②]。

[①] 张乐平，王艺翔，王应密，等. 全日制专业硕士学位论文的理想模式——基于内隐能力、外显效力的分析[J]. 研究生教育研究，2014（3）：76-81.

[②] 贾桂玲，刘晓华. 全日制专业学位硕士研究生学位论文质量影响因素及保障措施探析[J]. 鲁东大学学报（哲学社会科学版），2013，30（3）：93-95.

与此同时，相关学位管理部门和专业学位教育指导委员会提出的标准与规范，在研究生教育界还没有形成有效的共识，学位管理部门之间、高校之间，对标准与规范的理解也存在差异，而且专业学位论文形式还相对单一，与传统的学术性学位论文区分度不高。例如，2011年全国工程硕士专业学位教育指导委员会为解决"工程硕士学位论文形式较单一，不利于引导工程硕士面向工程实际问题开展研究的问题"，专门提出5种工程硕士学位论文形式；而2016年，有研究者通过对工程硕士的学位论文的文本研究指出，"教育指导委员会文件自执行以来，工程硕士学位论文在形式上呈现了逐渐丰富的变化趋势，但幅度并不明显"[①]。再如，有研究者通过对某校的商学院历届专业学位论文的研究发现，"论文形式单一，基本上都是清一色的专题研究"，在论文评价方面，就"专业学位论文的规范与评价标准没有形成共识"[②]。

五、和谐——专业学位论文的管理理念

学位论文的规范化是学位论文写作的基本前提，也是学位论文管理的重要依据。专业学位论文形式愈是多元，标准建设工作就愈为迫切。针对当前专业学位论文体系的应然与实然的矛盾，有必要坚持多元化与小一统的互融、标准化与精细化的共生、他律性与自律性的整合，以推动专业学位论文多元和规范的和谐统一。

1. 多元化与小一统的互融

专业学位论文形式多元，甚至同一种学位类型，论文形式最多可达到8种。面对如此众多的学位论文形式，有必要形成相对统一的规范，要考虑有限的多元化，即实现多元化与小一统的互融。之所以是小一统，因为标准建设要考虑3个问题：一是专业学位的学位论文的分类标准问题；二是同种学位类型的不同论文形式的规范问题；三是不同学位类型的同种形式学位论文的

---

① 赵军，王子琦，曾晓丽. 工程硕士学位论文类型及质量评价——基于S大学的案例分析［J］. 上海研究生教育，2016（12）：30-36.

② 张聪群. 专业学位研究生教育改革的探索与思考［J］. 宁波大学学报（教育科学版），2016，38（4）：99-104.

规范问题。从目前专业学位论文的分类标准来看，基于研究方法的分类标准已经占据主导地位，频率达到 40.51%。这实际上也是多元主体共同作用的结果，为论文分类标准研究提供了一定的启示。而同种学位类型的不同论文形式的规范，本质上属于同一学科范式下的规范，体现了很强的专业性，是学科共同体的责任范畴。"某一学科论文写作格式上的差异毫无疑问也可以归入学科范式这个大的范畴。换句话说，忽视不同学科著述格式上的差异，也就等于在一定程度上抹杀了学科范式的界限"[①]。不同学位类型的同种形式的学位论文的规范，则脱离了单一学科范式的范畴，可以视为一种单纯形式意义上的写作规范，如撰写格式、编排要求、学术伦理等。因此，要兼顾上述 3 个问题，就必须在多元与标准之间寻找一个折中点，多元化与小一统的结合方才是问题的解决之道。

2. 标准化与精细化的共生

学位论文形式的有限多元化过程，就是标准化过程。各专业学位教育指导委员会发布的相应专业学位类别的指导性培养方案，只是关于学位论文形式的原则性说明，其内容不够全面、细致，更没有关于格式、规范，乃至评价标准的详细说明。而相关质性研究又揭示了当前专业学位论文工作中的矛盾——观念上认同多种形式应当并存，操作中又存在不同形式差异难辨："对于学位论文的标准，大部分受访者表示'不知道'，'顶多就是老师会以他的一个标准来评价你的这个论文到底写得怎么样'；部分受访者提及'学校会发一份论文撰写手册'，其中的格式要求可视为学位论文标准，除此而外，并未有明晰的标准可供参考。"[②] 因此，在当前专业学位论文形式多元化已经非常明确的背景下，必须加快节奏推进专业学位论文的标准化和规范化建设，同时也要做好标准的精细化工作，真正体现出不同专业学位类型与不同形式的学位论文之间的异同。值得肯定的是目前部分专业学位教育指导委员会（如全国

---

① 柳瑞雪，赵守江. 多元化的学术共同体自律模式——关于美国学术论文写作格式的考察与分析 [J]. 中国科技期刊研究，2007，18（1）：76-80.

② 王艺翔. 全日制专业硕士生学位论文的定位与管理问题 [D]. 广州：华南理工大学，2015.

工程硕士专业学位教育指导委员会）在此基础上进一步明确了专业学位论文的基本要求及其评价形式，这实际上是标准精细化工作的进一步尝试，对其他专业学位教育指导委员会具有重要的参考和借鉴价值。

3. 他律性与自律性的整合

基于图1，专业学位论文的标准体系，由法律效力、学术效力、职业效力三部分组成，如果说法律效力和职业效力主要通过他律来发挥作用，那么学术效力则应主要通过自律发挥作用。专业学位论文的标准和规范，尤其是同种学位类型的学位论文的标准和规范，本质上属于学术规范。学术规范是"由知识分子所构成的学术共同体，在其知识实践的过程中，就如何进行知识生产及再生产和如何进行传播及交流等具体的学术活动，所达成的一系列具有道德意义的共识"[①]。学术效力的依据是学术规范，这有赖于学术共同体作用的发挥。在这个意义上，专业学位论文的学术规范，只有专业性学会或学术机构，如教育指导委员会等，才能真正代表或体现学术共同体的共识，而这种共识的形成，又取决于共同体内部广泛的交流和沟通，取决于共同体内部自觉的规范意识。遗憾的是，目前专业学位论文形式，他律有余，自律不足。以翻译硕士为例，部分高校还没有充分认识到翻译硕士（MTI）学位论文的特殊性，而且目前关于翻译硕士学位论文写作模式的探讨和交流还不够，即便一些高校制订了较为合理的MTI学位论文指导方案，也没有与同行之间进行有效的交流和互动。[②] 学术规范的形成，本质上是学术共同体交流互动、共同作用、强化自律的结果。

综上所述，在原初意义上作为评价和测量工具的学位论文，在专业学位研究生教育领域，其类型和形式趋于多元，甚至已经超越传统的关于论文的定义范畴，而具有了新的形式和内容。当前，专业学位论文体系的标准和规范建设还较为滞后，不能适应专业学位论文形式多元化发展的需求，专业学位研究生在论文撰写过程中也往往面临着诸多困惑，专业学位研究生教育管

---

① 邓正来. 学术规范化与学术环境的建构[J]. 开放时代，2004（6）：124-128.
② 穆雷，邹兵. 翻译硕士专业学位毕业论文调研与写作探索[J]. 中国翻译，2011（5）：40-45.

理者在论文管理过程中也存在诸多分歧。正是在这个意义上，本书分别从研究基础和写作体例两个维度，对专业学位论文的形式与规范进行了系统梳理和研究探索，旨在为专业学位研究生的学位论文撰写提供指导，同时也为专业学位研究生教育管理者的学位论文管理提供参考。

上 篇
专业学位论文的基础规范

鲁迅说:"单是题材好,是没用的,还是要技术。"专业学位论文的写作,从选题到设计,从起笔到收尾,从开题到答辩,是一个技术性很强的过程。本篇从8个维度介绍专业学位论文的基础规范,对专业学位论文写作提供基础性的技术指导。这8个维度主要涉及研究基础、文本规范、开题报告3方面。这3方面的内容,从横向来看,各有侧重点,展现了专业学位论文写作的基础技能;从纵向来看,具有历时性,贯穿了专业学位论文写作的全过程。

第一章 专业学位论文的选题规范

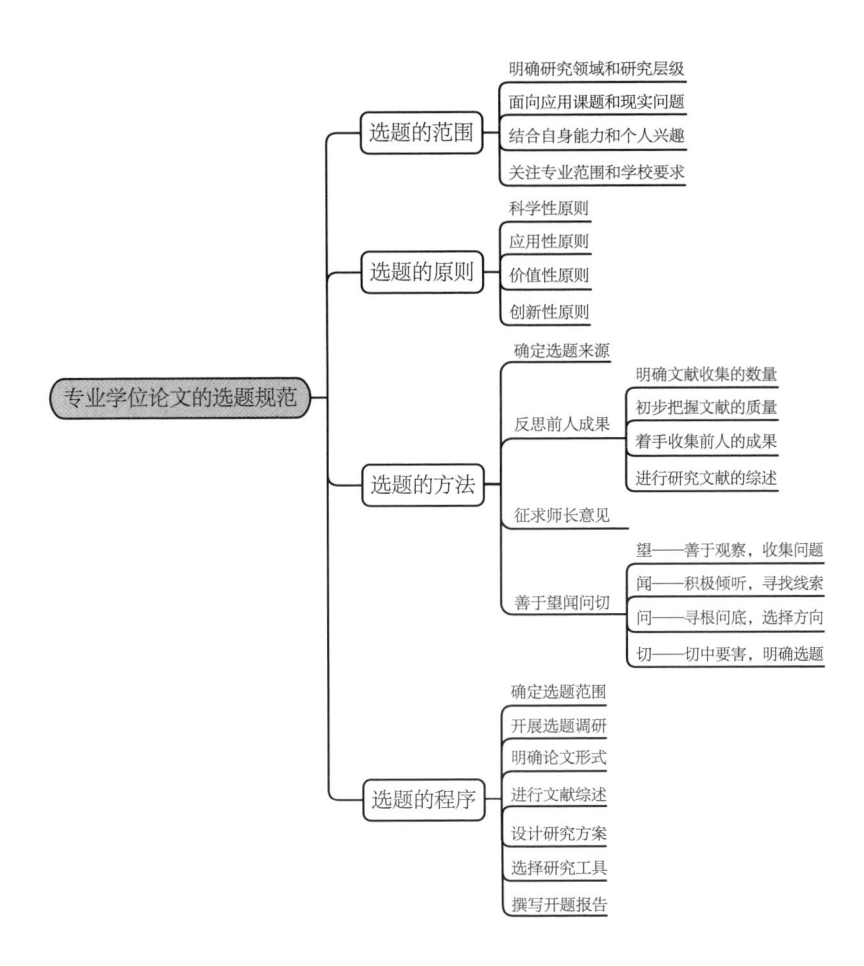

专业学位论文的选题规范
- 选题的范围
  - 明确研究领域和研究层级
  - 面向应用课题和现实问题
  - 结合自身能力和个人兴趣
  - 关注专业范围和学校要求
- 选题的原则
  - 科学性原则
  - 应用性原则
  - 价值性原则
  - 创新性原则
- 选题的方法
  - 确定选题来源
  - 反思前人成果
    - 明确文献收集的数量
    - 初步把握文献的质量
    - 着手收集前人的成果
    - 进行研究文献的综述
  - 征求师长意见
  - 善于望闻问切
    - 望——善于观察，收集问题
    - 闻——积极倾听，寻找线索
    - 问——寻根问底，选择方向
    - 切——切中要害，明确选题
- 选题的程序
  - 确定选题范围
  - 开展选题调研
  - 明确论文形式
  - 进行文献综述
  - 设计研究方案
  - 选择研究工具
  - 撰写开题报告

"提出一个问题往往比解决一个问题更为重要"。这是爱因斯坦的至理名言。很多研究生在进入学位论文写作阶段，虽然能够意识到问题提出的重要性，但却无法真正理解问题提出的意义所在。爱因斯坦对此给出了明确的解释："因为解决一个问题也许只是一个数学上或实验上的技巧问题。而提出新的问题、新的可能性，从新的角度看旧问题，却需要创造性的想象力，而且标志着科学的真正进步。"爱因斯坦的论述，虽然是基于科学研究的一般意义而言，但对专业学位论文选题也具有同样的启示。在一定程度上，我们可以说，好的专业学位论文选题，是论文成功的一半！本章分别从选题的范围、原则、方法和技巧4个维度来回答如何进行专业学位论文的选题。

第一节　选题的范围

选题，就是要选择所要研究的课题。这是专业学位论文写作的前提和基础。任何学科都有成百上千的问题要解决，但不是所有问题都应该进入专业学位论文选题的范围。一般而言，专业学位论文的选题范围应重点考虑4个因素：明确研究领域和研究层级、面向应用课题和现实问题、结合自身能力和个人兴趣、关注专业范围和学校要求。

一、明确研究领域和研究层级

论文选题，首先要明确研究领域。每个专业学位都有其特定的研究领域，该领域通常都存在大量的理论和实践问题。因此，专业学位研究生在进行论文选题时，首先要对自身的研究领域有整体的认识和把握。也正是在这个意义上，一般而言，大多数学校通常是在专业学位研究生完成一学年的课程学习后才进入毕业论文设计环节，以确保研究生对专业研究领域有整体的把握和认识。

明确了研究领域，从该领域中选择相应的课题作为研究选题，还不能说是完全确定了选题。因为每一个课题，基于问题的复杂性，往往具有系统的多层级性质。钱学森曾经在论述课题的系统多层级性质时，做了一个恰当的比喻："研制一种战略核导弹，就是研制由弹体、弹头发动机、制导、遥测、外弹道测量和发射等分系统组成的一个复杂系统；它可能又是由核动力潜艇、战略轰炸机、战略核导弹构成的战略防御武器系统的组成部分。导弹的每一个分系统在更细致的基础上划分为若干装置，如弹头分系统是由引信装置、保险装置和热核装置等组成的；每一个装置还可更细致地分为若干电子和机械构件。在组织研制任务时，一直细分到由每一个技术人员承担的具体工作为止。"因此，仅仅明确研究领域还不够，论文选题还要明确研究的层级。通过研究层级的确定，进而能够进一步明确选题的大小、意义和价值。

二、面向应用课题和现实问题

区别于学术学位论文选题，专业学位论文选题面向应用课题和现实问题。教育部、人力资源和社会保障部在《关于深入推进专业学位研究生培养模式改革的意见》中明确指出："专业学位论文选题应来源于应用课题或现实问题，要有明确的职业背景和行业应用价值。"

面向应用课题和现实问题，对专业学位研究生而言，常见的方式有3种。第一种方式是结合导师的研究项目选择论文选题。导师主持的课题可能是基础性研究，也可能是应用性研究，但作为论文选题，应该是该课题研究中的应用性层级的问题。研究生可以在导师的整体研究框架下，选择相应的层级作为论文的选题。第二种方式是来自研究生工作实践中的研究选题。专业学位研究生中，有相当一部分学生属于在职学习，或有过相应的工作经历。他们大都从事过和专业学位领域相关的具体工作，在实际工作中，往往也面临各种工作难题，这实际上为研究生论文选题提供了重要的参照。第三种方式是源于研究生的阅读和思考。专业学位研究生通过大量的专业性文献阅读，结合自己的思考，通常能够发现或提出一些具有实际应用价值的课题。因此，对缺乏实际工作经历的专业学位研究生而言，广泛的文献阅读和基于此的深度思考，对开展论文选题而言，就显得更为重要。

三、结合自身能力和个人兴趣

论文选题也应该结合研究生的自身能力和个人兴趣。论文写作是具有挑战性的工作，是对自身能力的挑战。这种挑战首先是对写作能力的挑战。一般而言，写作能力包括立意能力、布局谋篇的能力，以及书写能力等。但对专业学位论文撰写而言，挑战的远不止上述能力，还包括研究生对文献材料获得、研究方法的掌握、前期研究的积累，以及必要的组织管理、实践应用等能力。相对写作能力而言，后者可能更重要。因此，研究生在进行论文选题时，可以考虑"跳起来摘桃子"，选择自己相对熟悉、容易接触到的领域层级，或在能力驾驭范围内的问题，作为自己论文的选题。因为领域比较熟悉，便于研究，能够收集到系统的文献材料，对所研究的问题也易于把握，更容易获取问题的解决方法，形成问题的解决思路。

同时，研究生也有必要结合自身的兴趣开展选题工作。兴趣是最好的老师。学位论文的撰写工作，是一个长期的过程，需要倾注大量的心血和热情。如果没有一定的兴趣和爱好做支撑，高质量的研究往往难以为继。在科学研究过程中，很多时候，我们孤立无援，只有兴趣和爱好能够为自己提供持久的动力。通常我们感兴趣的事物也能够让我们充分展现创造力。因此，从兴趣出发，选择相应的课题作为研究选题，往往能够让我们更有激情、更有效率地开展研究工作。

四、关注专业范围和学校要求

毋庸置疑，专业学位论文选题必须关注专业范围。一般而言，专业范围即该专业的研究对象的边界。通常，研究生进行论文选题时，都需要考虑该专业研究对象的边界范围，尽量不要越界。但由于专业学位所关注的问题具有浓厚的应用性和现实性特征，而现实的问题并不符合简单的学科分类，很多问题具有交叉学科、多学科的性质。换言之，其边界也是相对模糊的。因此,专业学位论文选题并不意味着一定要局限于专业研究对象的边界范围。正如有研究者指出的:"选题的本质是选择作者拟解决的问题。因此,同样的问题,任何一个专业的学者都可以作为自己的研究对象,关键是作者用什么理论、技术/方法去分析和解决。不同专业的人员使用的理论和方法显然会不一样,他们自然会充分运用本领域的理论和方法来进行自己的研究工作。"[①]

但需要注意的是,这也并不意味着研究生可以随意跨越研究对象的边界进行选题。研究生在选题时必须关注所在的学校、学院,尤其是导师对选题范围的规定。毕竟,学位论文选题边界的确定是一种学术判断。不同的院校、不同的导师对该问题的理解也不尽一致。而且,不同的学校,其办学特色和涉及的重点也是有差异的。"例如,师范大学承办的MPA,往往是教育管理方向,而没有体育管理、医疗卫生事业管理等方向。在招生的时候可以面向教育领域录取学生。而来自这一领域的学生在选题的时候就不要选择体育管理、医疗卫生事业管理范围的问题"[②]。

第二节 选题的原则

学位论文选题不是一个离散事件,而是一个不断聚焦、不断深入的渐进过程。它是一个由外到里、由浅入深、由现象到本质的过程。专业学位论文的选题应服从4个原则:一是科学性原则;二是应用性原则;三是价值性原则;四是创新性原则。

一、科学性原则

专业学位论文选题的科学性,是指选题要以已知的科学理论或技术事实

---

① 侯先荣.工程硕士学位论文写作指南[M].广州:华南理工大学出版社,2007:32-33.
② 张志刚.MPA论文写作与研究方法[M].大连:大连理工大学出版社,2009:50.

为基础。这是由科学研究的性质决定的。学位论文本身是科学研究的成果形式。科学研究的本质就是揭示事实的客观规律，或基于客观事实的规律来分析、解释、预测和解决复杂的现实问题。

首先，所选课题必须要以客观事实或科学理论为依据。一般而言，所选课题要么以充足的事实或实验结果为依据，要么以科学理论或原理为根据。如果既无事实依据，又无理论根据，这样的选题往往很难保证其科学性，研究的必要性、可行性是难以保证的。

其次，所选课题要区分真实问题和虚假问题。专业学位研究生在选题的过程中，须根据自身的专业技能与相关知识背景来辨析研究问题的真实性。例如，众所周知的"制造永动机"就属于虚假问题。此类问题虽然会对研究者产生一定的诱惑力，但研究是不可能完成的，这就需要研究者对此进行辨别。

最后，关注与常识相违背的"新问题"。常识不一定具有科学性，但常识的背后往往潜伏着亟待发现的科学技术。因此，研究生指导教师要鼓励学生敢于怀疑和批判常识与传统观念，敢于运用已论证的科学原理对这些问题提出质疑，这同样也是尊重科学性原则的表现。[1]

二、应用性原则

专业学位论文的应用性，是指选题应来源于应用课题或现实问题，要有明确的职业背景和行业应用价值。专业学位论文反映的是研究生综合运用知识技能解决实际问题的能力和水平。只有坚持应用性，才能真正实现专业学位论文作为研究生培养环节的重要意义。

坚持专业学位论文选题的应用性原则，研究生须做到以下4点：首先，应当深入实践，不能闭门造车，应对所要研究的问题有切身体会。其次，应当广做调研，不能全凭臆想，要广泛听取各种不同的声音。再次，应当求真务实，不能弄虚作假，不能为了迎合自己的论点而呈现虚假内容。最后，要避

---

[1] 郭垂根，李春英. 结合科技查新做好研究生学位论文选题[J]. 中国林业教育，2007，25(1)：51-52.

免无效劳动，在选题前要尽可能多地进行文献检索，了解所研究专业的最新动态，避免重复研究。

需要指出的是，当前有一些高校研究生指导教师在指导专业学位研究生选题时往往过多地强调基础理论研究，将专业学位研究生当作学术学位研究生培养。专业学位研究生与学术学位研究生论文选题的边界不清，专业学位研究生培养的特点没有体现出来。因此，研究生导师在指导专业学位研究生选题时，可考虑将重点放在解决实际问题上，关注本领域急需回答的重大的应用和实践问题，或本地区、本部门、本行业在工作实践中遇到的应用和实践问题，以及指导教师或研究生在工作实践中提出来的理论和现实问题。

三、价值性原则

专业学位论文选题的价值性，是指该选题在该学科领域具有一定的应用价值和学术价值。一篇学位论文的整体水平在很大程度上取决于论文选题是否具有应用价值和学术价值。

专业学位论文选题的应用价值源于学位论文选题的应用性。缺乏应用价值的选题，通常也难以体现专业学位研究生培养的特点。应用价值强调实际可操作性和具体真实的社会效益。但应用价值并非是单纯的实用价值，也绝不是追求实用主义。无论是技术发明、调研报告，还是案例分析等，本身都应是思想性的体现。因此，应用价值不能简单地等同为单纯的操作方法、工作总结甚至经验汇报等，而应有一定的思想性。

专业学位论文选题并不排斥学术价值，事实上，应用价值与学术价值之间并非总是泾渭分明。但专业学位论文选题的学术价值一般应体现在选题的先进性、独特性，以及研究论证的过程上，而不是体现在研究成果和研究结论上。研究成果和研究结论还应更多体现为实际应用价值。或许正是在这个意义上，一些高校也允许专业学位研究生做学术性的研究。例如，北京师范大学公共管理硕士（MPA）专业学位论文要求和规定中指出，"MPA 学位论文不排斥学术性的理论讨论和研究，但更鼓励和提倡应用性研究。论文的形式可以是理论探讨、专题研究，也可以是调研报告或案例分析"①。

四、创新性原则

专业学位论文选题的创新性，是指选题要开拓新领域、提出新观点，或者是找到新的角度来进行深入研究。创新通常是学位论文的基本要求。

创新的重要性不言而喻，选题的创新无非是理论创新或方法创新。但如何进行创新？理论创新需要系统的理论基础和理论研究，相对来说更适合学术型研究生，而方法创新则比较适合专业型研究生。方法创新主要包括材料创新和手段创新。所谓材料创新，就是运用前人未曾使用的新材料，这些材料既可以是自己在文献收集过程中首次发现的，也可以是自己通过调查或试验获得的。所谓手段创新，主要是指对某一研究对象的研究采用了前人未曾运用的独特方法或全新视角。专业学位研究生的选题和课题研究过程中方法创新至关重要。②

对初次进行专业学位论文写作的研究生而言，要做到选题的创新性，实属不易。相对而言，利用已有理论解决某一实际问题，得出新结果，或利用其他学科领域的研究方法来解决本学科的问题，或发掘和利用新材料、新技术来充实或修正本学科的内容，或选择热点中的冷点、亮点中的盲点，独辟蹊径提出问题，则相对容易。要做到以上几点，需要研究生具有独立的思考能力，善于发现新问题、提出新假设，敢于探索前人未涉足的领域。

第三节 选题的方法

明确了选题的范围和原则，就可以入手确定学位论文的选题了。学位论

---

① 张志刚. MPA论文写作与研究方法 [M]. 大连：大连理工大学出版社，2009：53.
② 顾建国，赵海涛，单玉华，等. 浅析全日制专业学位研究生科研选题的原则 [J]. 职业时空，2011，7（10）：154-155.

文的选题有特定的方法：一是确定选题来源；二是反思前人成果；三是征求师长意见；四是善于望闻问切。

一、确定选题来源

生产实践是人类最基本的实践活动。人类生产实践每向前发展一步，都会提出各种各样新的课题，要求人们去研究和探索，提出解决办法。其中有很多应用或实践性课题，是专业学位论文选题的主要来源。选择这类课题的根本方法，就是深入生产实际，去发现亟待解决的问题。对生产实践中提出的新问题进行研究，往往能够导致科学上的重大发现和技术上的重大发明。除了从生产实践和社会需要中进行选题，专业学位论文的选题还有以下3种来源。

一是从基础理论中选题进行应用研究。基础理论来源于生产实践，反过来又对生产实践起指导作用。专业学位论文不提倡做基础研究，但许多应用技术就是在基础理论的指导下创造出来的。因此，从基础理论中选题进行应用性研究，也具有广阔的天地。

二是从学科内部矛盾中选择技术性问题。人类在认识过程中，新的发现层出不穷。新的发现有时难以用已知的理论与技术去解释和实现，这表明旧理论、旧技术的局限性。存在新旧矛盾的地方，往往是提出新问题的关键所在。

三是从学科边缘、交叉地带进行选题。专业学位关注现实问题，而现实问题往往需要多学科理论和方法来解决。而且相邻学科的边缘地带存在很多结合点和渗透区，其中蕴藏着事物运动、理论发展、技术进步的新形式、新方向。因此，从学科边缘、交叉地带进行选题，也容易出成果。

二、反思前人成果

选题的科学性、必要性和可行性，还需要建立在对前人研究成果的综合分析、判断的基础之上。检讨前人成果，往往有助于研究生有效避免重复的、无意义的,甚至根本无法回答的问题,也有助于发现前沿性的问题,因而也是确定论文选题的重要方法。反思的步骤如下。

1. 明确文献收集的数量

相关论题的文献往往很多,甚至浩如烟海。在文献检索之前,关键是要对文献收集的范围进行初步把握,明确文献的数量有多少、完成的时间多长。如果数量不多,且完成的时代都比较早,表示前人研究成果还未达到某一水平,就有作为选题的可能。反之,如果文献数量非常之多,就要谨慎处理,在严谨分析之后再做决定。

2. 初步把握文献的质量

在选题初始阶段,很难通过阅读全部文献对前人研究成果进行逐一判断。因此,有必要通过最快捷的方式把握文献的质量,从而为选题的确定提供参考。一般而言,可以考虑文献作者的学术成就、文献的引用率,以及文献出版机构的社会影响力等因素,对文献质量进行初步判断。如果初步判断还有一定的研究空间,论题就可作为备选的选题之一。

3. 着手收集前人的成果

有了初步判断和备选的选题,依然不要贸然确定选题。紧接着需要围绕备选的选题进行针对性的文献收集。需要收集的文献主要包括:①相关的著作和经典教材。该类文献常常能给我们提供相对全面的研究背景和理论。②相关的学术论文。学术论文往往是文献研究中最主要的内容,它主要分布在一些期刊、论文集中,查找也较为方便。③其他相关的文献资料,包括各种统计资料、年鉴、手册、报告、档案等。

4. 进行研究文献的综述

研究文献的综述,核心是要对前人成果进行综合衡量和判断。文献综述的目的是多重的,但对选题而言,主要是回答4个高度相关的问题:一是前人是否已经做了相关研究;二是相关研究是否回答了选题提出的问题;三是回答的问题是否还有进一步研究的空间;四是是否有新的研究方法对这个选题进行研究。

三、征求师长意见

撰写专业学位论文是专业学位研究生培养的重要环节，是专业学位研究生毕业的重要条件。专业学位论文通常是专业学位研究生在导师的指导下相对独立地完成的。在专业学位论文选题阶段，专业学位研究生应该积极征求师长的意见。这里的师长，不仅包括自己的导师，而且包括相关领域的专家和教授，以及对本选题有较多研究的高年级学长。师长的意见往往能为选题提供重要的参考。

第一，在选题过程中征求师长的意见。为了避免不必要的时间和精力浪费，专业学位研究生可以在确定选题来源、反思前人成果阶段向师长请教，也可以倾诉自己选题时的感受，征求他们的意见。在收集文献阶段，还可以请教师长文献收集的来源和方法。通过意见征求，专业学位研究生往往能够克服自身经验不足带来的一系列问题，取得事半功倍的效果。

第二，由导师指定题目。研究生培养实行的是导师负责制。导师对毕业论文的意见至关重要，直接影响论文的开题、中期检查、论文答辩各个环节的通过与否。因此，专业学位研究生可以将自己的选题向导师进行汇报，认真听取导师的意见。如果研究生自己找不到合适的题目，也可以请导师指定选题。需要强调的是，即便导师给出题目，研究生也要对选题本身进行评估，要思考是否切合自身的能力，确定选题的可行性。

四、善于望闻问切

众所周知，"望闻问切"四诊法是我国传统医学的瑰宝。它能够帮助医生全面、准确地了解患者的身体状况，并以此为依据对症下药，祛除疾病。在专业学位论文选题中，望闻问切也具有较强的方法论指导价值。

1. 望——善于观察，收集问题

专业学位论文选题多源于实践。但不是所有的专业学位研究生都有实践的机会；即使有实践机会，也不一定能够提出好的问题。此时，观察的重要

性就体现出来了。巴甫洛夫曾经说过"观察，观察，再观察"，以此强调观察的作用。善于观察，通过观察收集和发现问题，对专业学位论文选题而言，至关重要。

2. 闻——积极倾听，寻找线索

科学研究，贵在交流和碰撞。交流和碰撞，必须建立在积极倾听的基础之上。倾听，是学术交流的精髓。古人云：博观而约取，厚积而薄发。专业学位研究生应该争取机会与导师、学长、相关领域的专家，以及管理人员、技术人员等进行交流，积极倾听他们的发言，积累理论和实践素材，从中寻找感兴趣的选题。

3. 问——寻根问底，选择方向

科学的态度首先就是批判。打破砂锅问到底，是科学研究不可或缺的精神。例如，对生产实践中的选题，在明确方向前，要追问该项工作或产品、技术等，还存在哪些不足，哪些地方需要改进，怎样才能进一步提高效益或效率等。越全面地摸清问题的基本情况，就意味着越容易确定研究领域和层级，也就越容易选择方向。

4. 切——切中要害，明确选题

问题有浅表，也有深层。好的选题，应该是深层的问题。要选择深层的问题，就要善于切中要害，不要搞"大而全"，要尽可能"小而精"，即透过现象看本质。例如，对以调研报告为体裁的专业学位论文而言，通常切口较小的选题，更接近问题的实质，其调查研究更容易有的放矢，调研可能更加精细，分析也更加精准。

第四节　选题的程序

专业学位论文的选题是专业学位论文工作的第一步。虽然是第一步，但成功的确定选题，往往也就意味着学位论文成功了一半。专业学位论文的选题，从管理角度而言，各所学校的程序可能各有不同。但如果基于学理逻辑和管理逻辑的有机结合，一般而言，专业学位论文的选题程序分为7个步骤，分别是确定选题范围、开展选题调研、明确论文形式、进行文献综述、设计研究方案、选择研究工具、撰写开题报告。

一、确定选题范围

确定选题范围是学位论文选题的第一步。如前所述，确定专业学位论文的选题范围应重点考虑4个因素，即明确研究领域和研究层级、面向应用课题和现实问题、结合自身能力和个人兴趣、关注专业范围和学校要求。在确定选题范围的过程中，专业学位研究生应重点考虑选择直接来源于工作或生产实际的选题，这样既能避免选题陷入学术型研究的泥沼，也能满足研究者个体发展的需求。同时，尽可能结合导师的研究课题选题。这类选题能够使导师的指导更加深入和专业，同时还可以在经费、实验条件、交流讨论等方面给研究生提供更有力的保障。①

二、开展选题调研

确定选题后就要对选题进行调研。调研能评估选题的可行性，为选题提供事实依据。调研的核心是实事求是地反映和分析客观事实，要求研究者以问题为导向，亲临第一线，了解新情况、新问题，收集与选题相关的数据资料，有意识地进行探索和研究。调研主要包括两个部分：一是初步调查，二是深入研究。调查通常是按一定的程序，从全体研究对象中抽取一部分样本进行研究，通过直接或间接手段获取资料，然后概括出调研对象的特征和内涵。深入研究，即在掌握客观事实的基础上，认真分析，揭示所要研究问题的本质。整个调研工作包括计划、实施、收集、整理等一系列过程，其间常用的调研方法包括：实地观察法、访谈调查法、问卷调查法、抽样调查法、

---

① 王华，杨向云，曾丽珍. 全日制工程硕士学位论文选题途径及形式探讨［J］. 黑龙江教育（高教研究与评估），2014（8）：59-61.

统计调查法、文献研究法等。

三、明确论文形式

采用何种论文形式是依据所要研究的问题而确定的。总的来说，论文形式要有利于研究问题、方法、结果的呈现。2009 年，《教育部关于做好全日制硕士专业学位研究生培养工作的若干意见》指出专业硕士学位论文形式可以多种多样，可采用调研报告、应用基础研究、规划设计、产品开发、案例分析、项目管理、文学艺术作品等形式。多样化的学位论文形式能充分考虑专业学位种类多、领域广、差异大的特点，能够更好地满足专业学位论文的不同需求。不同的学科类别偏重的论文形式也有所不同。一般而言，人文社会科学学科的专业学位论文多采用调查研究、实验研究、案例研究等论文形式，而自然科学学科的专业学位论文则多采用调研报告、产品研发、设计研究等论文形式。①

四、进行文献综述

在初步调查和深入研究获取全面资料后，就要进行文献综述。文献综述是大量收集某一领域、某一专业或某一方面的课题、问题或研究专题的相关资料，通过分析、阅读、整理、提炼当前课题、问题或研究专题的最新进展及见解或建议，做出综合性介绍和阐述的一种学术论文。文献综述不是简单地堆砌，而要对其进行分门别类地归纳整理，并有相应的评论。实践证明，文献综述是学位论文选题的重要依据，既能反映课题的科学性、应用性、价值性、创新性，也有助于评阅人判断研究生掌握知识的深度与广度，可以帮助专业学位研究生查漏补缺，避免低水平重复，并发现可能的研究空间，确定研究的突破口和创新之处。②

---

① 张乐平，温馨，陈小平. 全日制专业硕士学位论文的形式与标准［J］. 学位与研究生教育，2014（5）：15-19.
② 高耀，杨佳乐. "存在问题"专业硕士学位论文中的典型问题——基于 Y 市论文抽检同行专家文字评审意见的分析［J］. 教育科学，2017，33（3）：66-71.

五、设计研究方案

研究方案就是研究者在正式开展研究之前制订的整个研究工作计划。它初步规定了研究中各方面的具体内容和步骤，是研究者为了完成研究任务而制作的总体规划图。研究方案能明确研究的具体方向和目标，保证研究步骤能有序实施，有利于对研究者进行科学的评价与管理。可以说，良好的研究方案是专业学位论文研究成功的关键。论文选题不同、论文形式不同，或研究工具不同，往往会影响研究方案的形式和内容。例如，设计型论文要确定所选用的设计软件、所要完成的设计部分的设计重点和可能产生的问题；调查研究类论文则需要设计调查报告的形式和内容、调查对象、调查方案等。

六、选择研究工具

研究工具是研究者为解决问题所采用的方法。选取恰当的研究工具能对问题的解决起到事半功倍的作用。为了更深刻地分析研究问题，更有效地解决问题，所用的研究工具不拘泥于一种，可多种工具同时使用。在研究工具的选取上要尽可能避免失当行为，研究者不应该将其简单罗列后就束之高阁，而要在问题解决的过程中进行应用，在推理过程中要见其身影。同时，研究者在选择研究工具时也要了解该种研究工具的适用范围，使之与研究问题有较好的匹配度，能更好地服务于研究的问题。另外，研究工具的选择也要考虑研究者所研究领域的特色和研究工具的成熟度。

七、撰写开题报告

开题报告是检验选题能否成立的关键环节，是对专业学位论文选题工作的总结，是监督和保证学位论文质量的重要措施。专业学位研究生写出开题报告后，通常要接受相关专家小组的评议。专家小组主要针对选题的目的和依据、选题意义、研究现状，以及研究内容、方法、技术路线、可行性等进行综合评价，并给出优秀、通过、不通过等结论。一般而言，未获通过的开题报告，需要重新修改，甚至变更选题，并按程序申请再次开题。因此，作为专业学位论文选题的关键环节，专业学位研究生必须高度重视开题报告，并在选题以及撰写开题报告过程中，及时、充分地争取获得导师和相关专家的指导，从而少走弯路，完善、优化选题工作。

知识拓展：论文选题的常见问题与分析诊断

专业学位论文选题常见问题表现多样，集中表现在 3 方面。针对相关问题，建议专业学位研究生能够进行针对性纠偏。下面拟结合案例进行问题的诊断分析。

问题一：偏向理论研究，缺少应用导向

专业学位论文选题，与学术学位论文选题，均应坚持问题导向。但区别于学术学位论文，专业学位论文的问题导向应面向应用课题和现实问题，且应体现出明确的职业背景和行业应用价值。很多专业学位论文选题，由于没有注意到该特征，其选题更多偏向理论研究，表现出与学术学位论文选题同质化的倾向，缺少对本专业领域的"现实关怀"和问题意识，缺乏行业应用价值。因此，专业学位研究生在选题时应强化研究的应用导向，"现实关怀"和问题意识是应用导向的直接体现。如以学科教学（语文）教育硕士研究生拟进行的学位论文的选题为例进行分析：

选题一：基于 STEAM 的创造性思维培养策略探究

选题二：基于 STEAM 的中学语文项目式学习研究

选题三：基于 STEAM 的中学语文校本课程《花》的开发与实践

上述 3 个选题，均基于 STEAM 开展研究，研究方向基本一致。单从选题的文字表述来看，选题一偏向于理论研究，具有一定的挑战性，有问题意识，但应用导向不明显。选题二相对具体，将研究聚集到项目式学习，研究的操作性有提升，但还偏向理论研究。相对而言，选题三具有明确的问题意识的应用导向，研究旨在进行校本课程的开发与实践，更加切合学科教学（语文）

教育硕士研究生的专业学位论文选题。

问题二：超出专业领域，研究难以落地

有研究者对 Y 市 62 篇"存在问题"的专业硕士学位论文的选题进行分析，研究发现，其中突出的问题之一就是论文选题与所学专业不符合，不仅难以反映本领域、本行业的现实需求，而且作者可能也并不具备论文写作的专业背景和知识。例如，其中一位专家在评审意见中指出："该论文属于管理科学与工程研究领域，与申请学位的所在的集成电路工程专业关系不大，且相关导师也不具备指导管理科学与工程领域课题的知识与经验，所以这样的论文不应该授予集成电路工程专业硕士学位。"以学科教学（化学）教育硕士研究生拟进行的学位论文的选题为例进行分析：

选题一：基于 STEAM 教育理念的化学教学研究——以"铁金属材料"单元为例

选题二：基于 STEAM 教育理念的初中《激光切割》校本课程开发与实践研究

上述两个选题，从文本表述来看，均具有问题意识与应用导向，可操作、重实践。选题一契合学科教学（化学）的专业领域，围绕中学化学"铁金属材料"课程教学进行研究；选题二围绕初中的《激光切割》校本课程进行研究，而该课程偏向物理教学单元。在这个意义上，选题二相对超出了学科教学（化学）的专业领域，更适合学科教学（物理）教育硕士研究生的学位论文选题。

问题三：选题过于宽泛，研究难以聚集

专业学位论文选题宽泛现象在软科学及偏向文科类的专业学位领域较为多见。专业学位论文选题如果过小或生僻，往往会导致参考文献和论文数据难以收集，但选题如果过大，宽泛化，则又往往会导致文章抓不住重点，所要讨论的问题一篇论文难以容纳，文章的论述无法集中，研究过于分散。请

看下列的教育硕士专业学位论文选题：

选题一：人工智能时代中学生创造性思维的培养策略研究

选题二：信息技术环境下初中生创造性思维培养策略研究

上述两个选题均较为宽泛。单从文字看，很难聚集其研究对象和范围，甚至很难明确其研究的专业领域，研究难以具体化。为了解决该问题，通常有作者给学位论文添加副标题，或在主标题上增加限定性视角。如上述选题可进行如下调整，则相对聚集。

选题一：人工智能时代中学生创造性思维的培养策略研究——以某市3所中学为例

选题二：信息技术环境下中学生创造性思维培养策略研究——以数学教学为例

但显然，标题不能等同于选题。如"一篇从风险社会的视角对环境责任保险制度进行研究的学位论文中，作者只是对风险社会的概念简单援引其来源，而未能在论文中切实从此视角展开研究，导致题目与内容'两张皮'，而且由于违背了'小切口，深入走'的选题原则，使论文研究泛泛而谈，流于一般"[1]。

---

[1] 高耀，杨佳乐."存在问题"专业硕士学位论文中的典型问题——基于Y市论文抽检同行专家文字评审意见的分析[J].教育科学，2017，33（3）：66-71.

第二章 专业学位论文的文献检索

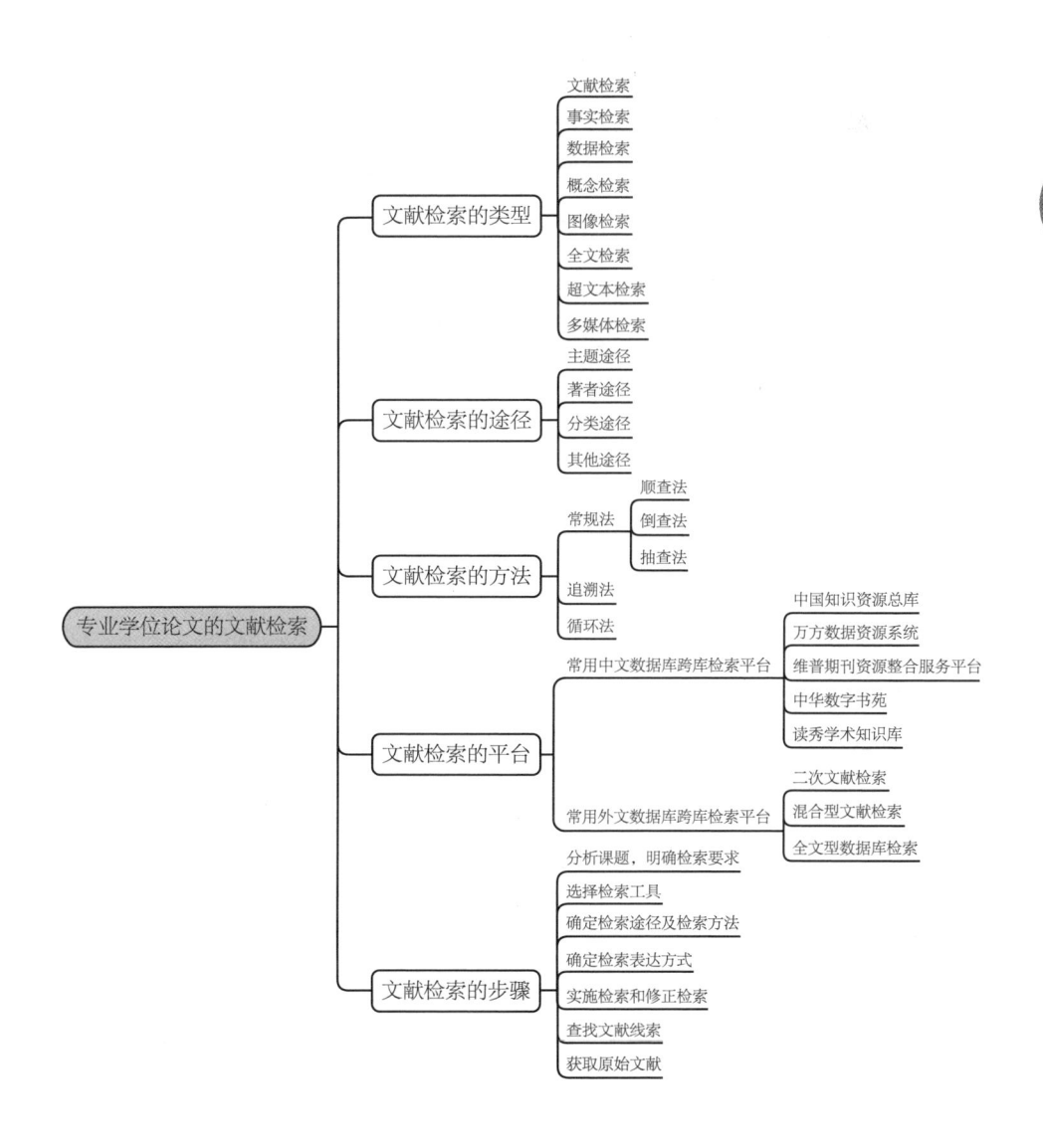

专业学位论文的文献检索
- 文献检索的类型
  - 文献检索
  - 事实检索
  - 数据检索
  - 概念检索
  - 图像检索
  - 全文检索
  - 超文本检索
  - 多媒体检索
- 文献检索的途径
  - 主题途径
  - 著者途径
  - 分类途径
  - 其他途径
- 文献检索的方法
  - 常规法
    - 顺查法
    - 倒查法
    - 抽查法
  - 追溯法
  - 循环法
- 文献检索的平台
  - 常用中文数据库跨库检索平台
    - 中国知识资源总库
    - 万方数据资源系统
    - 维普期刊资源整合服务平台
    - 中华数字书苑
    - 读秀学术知识库
  - 常用外文数据库跨库检索平台
    - 二次文献检索
    - 混合型文献检索
    - 全文型数据库检索
- 文献检索的步骤
  - 分析课题，明确检索要求
  - 选择检索工具
  - 确定检索途径及检索方法
  - 确定检索表达方式
  - 实施检索和修正检索
  - 查找文献线索
  - 获取原始文献

文献是记录知识的载体。根据文献加工深度，文献可以分为零次文献、一次文献、二次文献、三次文献等。零次文献是指具备文献结构而未经正式发表的人类知识，主要包括文章草稿、私人笔记、名人手迹、会议记录、口头传递的言论、原始的录音和录像资料等。一次文献指以作者本人的研究成果为依据而创作的原始文献，如期刊论文、会议论文、研究报告、专利说明书等。二次文献是对一次文献进行加工整理后产生的一类文献，如书目、题录、简介、文摘等检索工具。三次文献是在一次、二次文献的基础上，经过综合分析而编写的文献，如综述、专题述评、学科年度总结、进展报告、数据手册等。

通过文献检索有效地收集、占有、分析研究和利用文献资料，这是科学选择和确定学位论文题目，进而高质量完成论文写作、提高科研能力的重要前提。[1] 因此，了解文献检索并掌握必要的文献检索方法，对专业学位研究生而言，是非常有必要的。本章主要围绕文献检索的类型、途径、方法、平台、步骤进行逐一介绍。

第一节　文献检索的类型

按照文献检索的手段，可以将文献检索分为手工检索和计算机检索两类。手工检索是指以手工操作的方式进行检索。其优点是便于控制检索的准确性，缺点是检索速度慢，工作量较大。计算机检索是利用计算机技术与远程通信技术来实现信息的采集、处理、存储、传递和检索。其优点是检索速度快，能够多元检索，检索的全面性较高；其缺点是检索者需要检索设备，并且需要具有一定的计算机文献检索能力。

按照文献检索的结果，可以将文献检索分为文献检索、事实检索、数据

---

[1] 冯秋菊. 论文献检索对学位论文科学选题的重要意义[J]. 青海师范大学学报（哲学社会科学版），2013，35（6）：160-163.

检索、概念检索、图像检索、全文检索、超文本检索、多媒体检索等。本节基于文献检索的结果，对文献检索的分类进行简要介绍。

一、文献检索

此处文献检索是狭义上的文献检索，检索的对象是图书、期刊、论文的信息或全文等文献。例如，通过中国知网（CNKI）检索 2010 年以来以"工程硕士研究生培养"为篇名的核心期刊论文。文献检索是最典型和最重要的，也是最常用的检索类型。掌握了文献检索方法，就能以最快的速度，在最短的时间内，以最少的精力了解前人和别人取得的经验和成果。

二、事实检索

事实检索是以特定的事实或事件为检索对象。事实内容包括大量的自然事件和社会事件。例如，查找"己所不欲，勿施于人"用英语怎么翻译，或查找"DANCE"的含义。事实检索是一个相当复杂的过程，目前通常还是依靠人工来完成。

三、数据检索

数据检索是以数据为对象的检索，是一种确定性检索。例如，检索 2017 年湖北省的工业产值，或尝试利用相关参考工具书检索你的手机所在城市的售后服务电话。

四、概念检索

概念检索就是查找特定概念的含义、作用、原理或使用范围等解释性内容或说明，如检索"零次文献""特许经销权"的含义等。

五、图像检索

图像检索是以图形、图像或图文信息为检索内容的信息检索。图像检索的发展是一个从简单到复杂、从低级到高级的过程，从最初的文本信息查询逐渐发展到基于内容等的图像检索。例如，想查找山水风景的图片，可以输入"山水风景"；想查找关于猫的图片，可以直接输入"猫"。

六、全文检索

全文检索是检索系统存储的整篇文章或整本图书，或指一种检索途径，如利用计算机索引程序通过扫描文章中的每一个词，对每一个词建立一个索引，指明该词在文章中出现的次数和位置，当用户查询时，检索程序就根据事先建立的索引进行查找，并将查找的结果反馈给用户的检索方式。例如在某篇论文中全文检索"教育"一词出现的频次。

七、超文本检索

超文本检索是对每个节点中所存储的信息与信息链构成的网络中信息的检索。超文本检索强调中心节点之间的语义连接结构，依靠专业系统做图示穿行和节点展示，提供浏览式查询，如百度、谷歌（Google）等。超文本检索技术提供的是一种崭新的接触和利用大容量复杂信息源的方法，用户既可根据不同的需要，按照不同的思维，采用不同的方式进行检索，又可使原有信息的线索不丢失。

八、多媒体检索

多媒体检索是以文字、图像、声音等多媒体信息为检索内容的信息检索。这种检索方式突破了传统的基于文本检索技术的局限，直接对图像、视频、音频内容进行分析，抽取特征和语义，建立索引并进行检索。在这一检索过程中，它主要以图像处理、模式识别、计算机视觉、图像理解等学科中的一些方法为部分基础技术，是多种技术的合成。

第二节 文献检索的途径

文献检索途径就是利用信息的特征作为检索标识来查询相关的信息。通常，信息的著录格式本身就是检索途径，主要包括主题途径、著者途径、分类途径、其他途径等。

期刊论文的著录格式作为检索途径的情况如图2所示，其中论文关键词等就是主题途径的标识，分类号就是分类途径的标识。标题、作者、作者单位、摘要、关键词、分类号为检索途径。

研究生参与导师课题研究的现状与对策

周文辉[1] 吴晓兵[2] 李明磊[3]

(1. 北京理工大学 教育研究院, 北京 100081; 2. 北京理工大学 远程教育学院, 北京 100081; 3. 清华大学 教育研究院, 北京 100084)

摘 要: 研究生参与导师课题研究是研究生培养的重要形式, 也是提高研究生教育质量的重要因素。本研究选取27所高校作为样本, 调查研究生参与导师课题研究的数量、质量、工作量、自身评价及意愿等, 针对性地提出了加强研究生参与导师课题的广度与深度、提高导师课题的学术水平、提高导师的有效指导、增加研究生参与导师课题在培养过程中的权重、加强相关理论研究等对策建议。

关键词: 研究生培养; 课题研究; 创新

中图分类号: G643 文献标识码: A 文章编号: 1001-4519(2011)04-0113-05

图2 论文样例检索途径

一、主题途径

主题途径是指通过反映文献资料内容的主题词来检索文献。由于主题途径能集中反映一个主题的各方面文献资料，因而便于读者对某一问题、某一事物和对象做全面系统的专题性研究。我们通过主题目录或索引，即可查到同一主题各方面的文献资料。广义的主题词可以分为规范词汇和自由词汇，包括关键词、主题词、标题词和叙词。主题检索途径具有直观、专指、方便等特点，主题途径表征概念准确、灵活，直接性好，并能满足多主题课题和交叉学科检索的需要，具有特性检索的功能，且查准率高。需要指出的是，作为主题词的检索词，词义应该具体，指向清晰；同时，同一文献可以供多种课题参考，因此，同一文献内容可以用不同的检索词组合表达。

二、著者途径

著者途径是指根据文献的外部特征，用文献的著者、编者、译者的姓名或团体著者名称编制检索特定的个人或团体所生产的文献。许多检索系统备有著者索引、机构（机构著者或著者所在机构）索引，专利文献检索系统有专利权人索引，我们可以利用这些索引根据著者、编者、译者、专利权人的姓名或机关团体名称字顺进行检索。以著者为线索，可以系统、连续地掌握他们的研究水平和研究方向。根据已知课题相关著者姓名，便可以依著者索引迅速准确地查到特定的资料，因此也具有特性检索的功能。

三、分类途径

分类途径是指按学科分类体系来检索文献。这一途径是以知识体系为中心分类排检的，因此，比较能体现学科系统性，反映学科与事物的隶属、派生与平行的关系，便于我们从学科所属范围来查找文献资料，并且可以起到触类旁通的作用。从分类途径检索文献资料，主要是利用分类目录和分类索引，包括图书期刊分类和专利文献分类。图书分类法包括中国图书馆图书分类法、中国科学院图书馆图书分类法、中国人民大学图书馆图书分类法等。专利分类法一般是根据专利的功能或其用途所属的行业部门来分类。目前，世界上大多数国家采用国际专利分类号（IPC）分类，分类表采用部、大类、小类、大组、小组的等级结构体系。

四、其他途径

其他途径包括引文途径、序号途径、代码途径、专门项目途径等。引文途径是指从被引论文出发检索引用论文的一种途径；序号途径是指按文献序号自身顺序检索文献信息的途径；代码途径是指利用事物的某种代码编成的索引（如分子式索引、环系索引等）进行检索的途径；专门项目途径是指利用文献信息所包含的或有关的名词术语、地名、人名、机构名、商品名、生物属名、年代等的特定顺序进行检索的途径。

一般而言，在文献检索时，主题途径和分类途径是文献检索的常用途径。检索时通常遵循"以主题检索途径为主，多种检索途径综合应用"的原则，可根据已知文献特征，结合课题检索要求，或从检索工具提供的索引等维度，来考虑选择具体的检索途径。

第三节　文献检索的方法

常用的文献检索方法主要有 3 种，分别为常规法、追溯法、循环法。在实际使用过程中，这 3 种方法经常混合使用，各有优势。

一、常规法

常规法是指直接利用检索工具检索文献信息的方法，是信息检索中最常用的一种检索方法。它又分为顺查法、倒查法和抽查法。

1. 顺查法

顺查法是指按照时间的顺序，由远及近地利用检索系统进行文献信息检索的方法。这种方法能收集到某一课题的系统文献，适用于较大课题的文献检索。例如，已知某课题的起始年代，现在需要了解其发展的全过程，就可以用顺查法从最初的年代开始，逐渐向近期查找。

2. 倒查法

倒查法是由近及远，从新到旧，逆着时间的顺序利用检索工具进行文献检索的方法。此法的重点是放在近期文献上。使用这种方法可以最快地获得最新资料。

3. 抽查法

抽查法是指针对项目的特点，选择有关该项目的文献信息最可能出现或最多出现的时间段,利用检索工具进行重点检索的方法。

二、追溯法

文献之间的引证和被引证关系揭示了文献之间存在的某种内在联系,追溯法的依据就是这种内在联系。追溯法不利用一般的检索系统,而是利用文献后面所列的参考文献或引文索引,逐一追查被引用文献或原文,然后再从这些被引用文献或原文后所列的参考文献目录逐一扩大文献信息范围,一环扣一环地追查下去。它可以像滚雪球一样,依据文献间的引用关系,获得更好的检索结果。一般而言,在检索工具不完备的条件下,可以广泛利用文献综述或述评、研究报告等文献后所附的参考文献,不失为扩大检索范围的好方法。中国知网的引文数据库一般都为相关文献提供了参考文献引文索引,在不打开原文的前提下,可以通过查看引文索引查找相关文献。以论文《高校 MBA 教育品牌战略实施研究》为例,在中国知网的引文数据库找到该文后,在节点文献页面,可以看到该文链接的文献网络图示,其中就包括该文的参考文献索引,如图 3 所示。

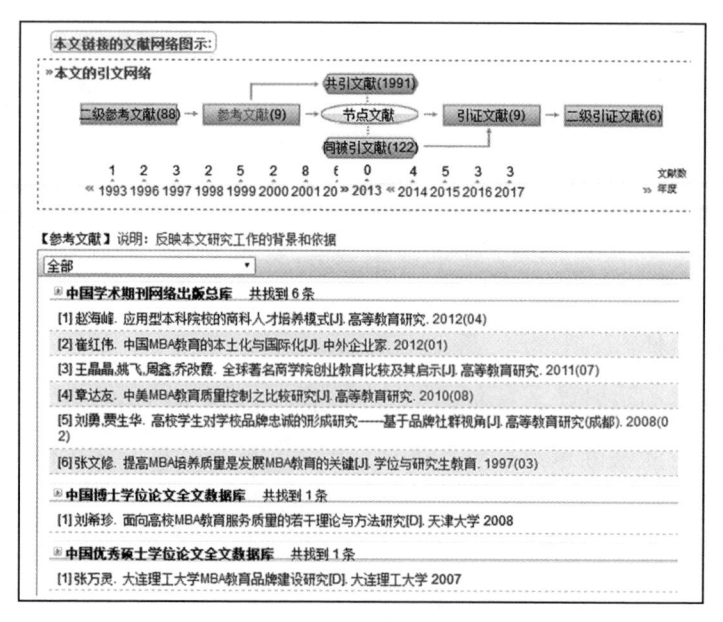

图 3 中国知网节点文献参考文献索引样例

三、循环法

循环法又称交替法、综合法，是分期分段交替使用常规法和追溯法，以期取长补短，相互配合，获得更好的检索结果的一种方法。其具体步骤是：先利用检索工具查到一批相关文献，然后再利用这批文献所附的参考资料进行追溯查找，从而得到更多的相关文献，如此交替使用，直至满足检索需求为止。这种方法兼具前两种方法的优势，但前提是原始文献必须收藏丰富，否则会造成漏检。

第四节　文献检索的平台

随着计算机技术和网络技术的发展，数据库资源越来越多，几乎所有的数据库都有自己独特的检索系统，而且不同的数据库，其检索方法和途径可能各不相同。读者如果要查询某一信息，往往需要依次进入各个电子资源的搜索界面进行搜索。为了更加方便读者进行文献检索，形成兼容更多数据库的检索和阅读平台就显得非常必要，跨库检索、统一检索、一站式检索等平台也应运而生。本节主要就常用的中文数据库跨库检索平台和外文数据库跨库检索平台进行介绍。

一、常用中文数据库跨库检索平台

常用中文数据库跨库检索平台主要有中国知识资源总库、万方数据资源系统、维普期刊资源整合服务平台、中华数字书苑、读秀学术知识库等。

1. 中国知识资源总库

中国知识资源总库简称中国知网（CNKI），是集期刊、博硕论文、会议论文、报纸、工具书、年鉴、专利、标准、科技成果、海外文献等资源为一体的网络出版平台。该平台支撑和满足学校、单位及个人科研、教学、日常学习等方面文献获取和知识服务的需求。截至 2023 年 1 月，中国知网的《中国学术期刊（网络版）》收录国内学术期刊 8490 余种，全文文献总量 5960 余万篇；外文学术期刊包括 80 个国家及地区 900 余家出版社的 7.5 万余种期刊，其中 1.2 亿余篇外文题录可链接全文；《中国博士学位论文全文数据库》收录 520 余家博士培养单位的博士学位论文 50 余万篇；《中国优秀硕士学位论文全文数据库》收录 790 余家硕士培养单位的硕士学位论文 530 余万篇；会议论文库收录国内会议、国际会议论文集 4.1 万余本，累计文献总量 360 余万篇。该平台提供了简单检索、标准检索、高级检索、专业检索、引文检索、作者发文检索、科研基金检索、句子检索、工具书检索、知识元检索等跨库检索方式。

2. 万方数据资源系统

万方数据资源系统依托强大的数据采集能力，应用先进的信息处理技术和检索技术，为科技界、企业界和政府部门提供高质量的信息资源产品，内容涉及理、工、农、医、人文等自然科学和社会科学的各个专业领域，主要表现为期刊、会议论文、学位论文、外文文献、专利、成果、标准、法规、机构、科技专家、新方志等资源。在丰富信息资源的基础上，万方数据还运用先进的分析和咨询方法，为用户提供信息增值服务，并陆续推出企业竞争情报系统和通信、电力与医药行业竞争情报系统等一系列信息增值产品。期刊论文是万方数据知识服务平台的重要组成部分，集纳了多种科技及人文和社会科学期刊的全文内容，其中，绝大部分是进入科技部科技论文统计源的核心期刊。万方数据检索平台提供了快速检索、各种分析链接、专题服务、科技动态、知识服务，以及数据更新信息等。

3. 维普期刊资源整合服务平台

维普期刊资源整合服务平台，由维普资讯有限公司出品，通过对国内出版发行的 8000 余种科技期刊、2600 万篇期刊全文进行内容分析和引文分析，为专业用户提供一站式文献服务。同时，该平台凭借强大的数据挖掘、数据分析能力，将学术文献资料与应用实践相结合，不仅为用户提供学术文献使用体验，更为用户提供集知识发现、知识管理、知识服务于一体的专业信息解决方案。该平台资源包括中文科技期刊数据库、中文科技期刊数据库（引文版）、中文科学指标数据库、中文科技期刊评价报告、维普–google 学术搜索、外文科技期刊数据库、中国基础教育信息服务平台等。

4. 中华数字书苑

中华数字书苑是方正阿帕比推出的专业的华文数字内容整合服务平台，收录了 1949 年以来大部分图书全文资源、全国各级各类报纸及年鉴、工具书、图片等特色资源产品，旨在为图书馆、学校、企业、政府等客户及其所属读者提供在线阅读、全文检索、离线借阅、移动阅读、下载、打印等数字内容和知识服务。中华数字书苑具体的数据库主要有中国电子图书资源库、中国年鉴资源全文数据库、中国报纸资源全文数据库、中国工具书资源全文数据库、特色资源库（如民国期刊库）等。该平台为用户提供了快速检索和分类浏览两种获取文献途径，但不同的单库检索方式和浏览方式也各有不同。

5. 读秀学术知识库

读秀学术知识库是一个由海量全文数据及元数据组成的超大型数据库，能够为读者提供 9 亿页全文资料等一系列中文学术资源的检索及使用。通过读秀学术搜索，读者能一站式检索馆藏纸质图书、电子图书，以及其他学术文献资源，没有购买的资源则可通过文献传递功能免费获取。读秀服务的主要内容是图书目录的查询。同时，读秀还为读者提供文献传递服务；读者也可以浏览指定图书的目录页、版权页、前言页、正文的前 17 页，以及按照书名、作者、所有字段三大途径进行书目检索。

二、常用外文数据库跨库检索平台

常用的外文数据库检索平台，根据检索文献性质的不同，其类型也是多样的。本节主要从二次文献检索、混合型文献检索与全文型数据库检索 3 个角度进行介绍。

1. 二次文献检索

二次文献是对一次文献进行加工整理后产生的一类文献。二次文献择优阅读是科研工作者常用的检索方法。世界著名的三大二次文献检索工具分别是 SCI、EI、CPCI-S（原名 ISTP）。

SCI 是科学引文索引，CPCI-S 是科技会议录索引，这两大索引均隶属于 Web of Science 数据库。该数据库是由美国汤姆森集团基于 Web 技术而建立的大型综合性、多学科、核心期刊引文索引数据库产品。2001 年 5 月，汤姆森集团推出了名为 Web of Knowledge 的应用平台，以 Web of Science 为核心，整合了期刊、专利、会议录、化学数据库、研究基金、互联网资源、学术分析与评价工具、学术社区等重要资源，成为自然科学、工程技术、生物医学、社会科学、艺术与人文等领域中高质量、可依赖的学术信息一站式检索平台。在 Web of Science 检索主界面可进行默认检索、被引参考文献检索和高级检索等操作。

Engineering Village 是由原美国工程信息公司开发的基于互联网的工程信息检索系统，是工程、应用科学领域最权威的文献检索系统。其中 Compendex 数据库，是世界著名的三大检索工具之一的美国工程索引（EI），涵盖一系列工程、应用科学领域高品质的文献资源。

2. 混合型文献检索

在混合型文献检索中，比较有代表性的是 EBSCO 检索平台、ProQuest 检索平台等。

EBSCO 检索平台主要包括学术期刊集成全文数据库（Academic Search Premier）和商业资源电子文献全文数据库（Business Source Premier）等全文数据库。学术期刊集成全文数据库主要涉及工商、经济、信息技术、人文科学、社会科学、通信传播、教育、艺术、文学、医药、通用科学等领域。商业资源电子文献全文数据库涉及的主题有国际商务、经济学、经济管理、金融、会计、劳动人事、银行等。另外，EBSCO 检索平台还包括教育资源文摘数据库（ERIC）、医学文摘数据库（MEDLINE）等。

ProQuest 检索平台可以检索普若凯斯特（ProQuest）公司的一组数据库，内容涉及商业管理、社会与人文科学、科学与技术、医学等广泛领域，文献类型有学位论文、期刊、报纸等。该平台中 ProQuest 数字化博硕士论文数据库（PQDT）是世界著名的学位论文数据库，收录有欧美 2000 余所大学 270 多万篇学位论文的文摘信息，涵盖文、理、工、农、医各个学科领域，是迄今为止世界上最大的国际性博硕士论文数据库。

3. 全文型数据库检索

全文型数据库检索，其检索方法与前面几种数据库平台相比大同小异，但因为包含全文内容，所以特别突出了浏览/分类检索方法。该类数据库比较多。如期刊全文数据库（Elsevier Science Direct，简称 Elsevier SD），是荷兰爱思唯尔（Elsevier）出版集团开发的世界著名的科学文献全文数据库之一。该平台上的资源分为四大学科领域：自然科学与工程、生命科学、医学/健康科学、社会科学与人文科学，涵盖 24 个学科，包括化学工程、化学、计算机科学、地球与行星学、工程、能源、材料科学、数学、物理学、天文学、农业与生物学、生物化学、遗传学和分子生物学、环境科学、免疫学、微生物学、神经系统科学、医学与口腔学、护理与健康、药理学、毒理学、药物学、兽医科学、艺术与人文科学、商业、管理和财会、决策科学、经济学、计量经济学、金融、心理学、社会科学等学科。通过一个简单直观的界面，研究人员可以浏览 2500 多种同行评审期刊，1300 多万篇 HTML 格式和 PDF 格式的文章全文，最早回溯至 1823 年。

第五节 文献检索的步骤

文献检索的方式、步骤，既常因检索课题的要求以及检索工具或检索系统的不同而不尽相同，又因不同的检索人员检索习惯和经验知识的差异而不尽相同。但一般而言，文献检索也存在共性的步骤，如图 4 所示。需要强调的是，在具体检索过程的各环节中，应该结合实际情况灵活运用，达到最佳的检索效果。

```
分析课题,明确检索要求
        ↓
     选择检索工具
        ↓
  确定检索途径及检索方法 ← 结果不满意
        ↓                调整检索式
     确定检索式 ─────────────┘
        ↓
     实施检索
        ↓
    查找文献线索
        ↓
    获取原始文献
```

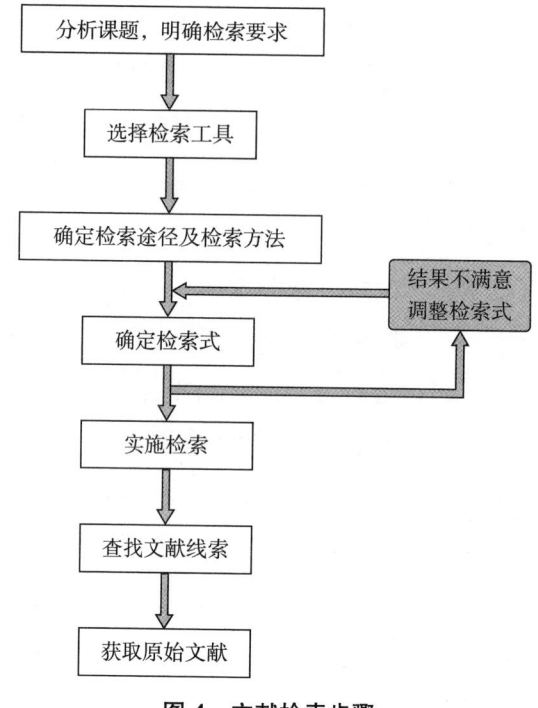

图 4　文献检索步骤

一、分析课题,明确检索要求

分析学位论文选题,明确检索的目的,确定选题涉及的学科范围、文献类型、需要查找的文献时间和地域范围等,这是文献检索的第一步。通过选题分析,归纳、整理并初步确定检索的标识,如专业名词、主题词、作者姓名等。总之,选题分析是整个检索过程的基础和准备阶段,决定选择什么样的检索工具和检索策略等。

二、选择检索工具

根据检索目的和课题内容、要求,以及文献性质,结合检索人员对检索手段的熟悉程度,选择合适的检索工具。由于各种检索工具的收录范围、提供的检索途径和功能用途等各不相同,所以就要求检索人员对所选择的检索工具有一定的了解。

三、确定检索途径及检索方法

确定检索途径要考虑两方面因素，一是学位论文选题的已知条件与检索的深度、广度要求，二是选用的检索工具本身能够提供的检索途径。一般而言，应根据已知条件选择最易查获所需文献的途径。检索途径确定后，要根据检索课题对年限、语种、新颖性、检准率、检全率等的要求，考虑选择常规法、追溯法或循环法等相应的检测方法。

四、确定检索表达式

在明确检索途径后，即可确定作为检索标识的作者姓名、文献题目、关键词及各种符号，用各种检索算符进行有机组合，形成可供计算机识别的表达式。一般而言，数据库系统都集成了多种检索方式，典型的有文献类型选择，如论文、标准等，可选择一项或多项；查询范围选择，如作者、标题、文摘、关键词、分类号或全文检索等，可从其中任选一项；查询年限选择，用于选择欲查询文献的出版年份；输入检索词，可以输入与查询主题密切相关的单个词进行检索，也可以通过"and（与）""or（或）""not（非）"进行组配，构成比较复杂的逻辑检索式。检索表达式的确定是检索成功与否的最关键环节。

五、实施检索和修正检索

根据检索表达式，实施尝试性检索，并对初步检索结果进行判断，先浏览题目和文摘，判断是否满足要求。如果不能满足要求，应及时修改检索策略，加以调整，重新检索。

六、查找文献线索

利用上述途径和方法，可以直接查出所需要的文献，或查找到有关文献的索引，再根据索引指示的地址在文献部分或题录部分查得相应的文献线索，如题目、内容摘要、作者及作者单位、文献出处等。

七、获取原始文献

获取原始文献是文献检索的最后一步。首先要对文献出处进行文献类型辨识，对文献出处为缩写的要还原原名称。其次，按文献出处的全称查找相应的馆藏目录与收藏单位。最后，索借或复制原文。在用计算机检索时，检索全文型数据库可以直接提供全文或者联机订购原文。

知识拓展：文献检索的技巧推荐与案例参考

基于编者的研究经历，结合相关文献，针对文献检索过程中经常发生的效率不高、检索失败等问题进行总结，拟就常常被专业学位研究生忽视的检索技巧进行补充说明。

检索技巧一：重视检索词的选择

检索词是完成检索、获取文献的关键，也是表达信息需求和检索课题内容的基本单元。检索词选择恰当与否，直接影响检索的效果。很多研究生，通常根据自身的语言习惯或直观感受，随意使用自由词，如随意输入貌似与自己相关的主题，或不规范的术语等，结果浪费了很多时间，没有找到对自己有价值的信息，或已忘记自己的研究初衷，迷失在信息的海洋里，最终导致误检、漏检。

根据语言的规范性来划分，检索词可以划分为两类：受控词和非受控词。受控词是事先规范化的检索语言，取自主题词表、叙词表、分类表等。非受控词是指非规范化的自然语言词汇，又称自由词。检索词的选择与确定要遵循以下5个原则。

原则一：立足受控词，兼顾非受控词（自由词）。

原则二：注意词的全称、简称及缩写形式。

原则三：必要时应向上下位词扩展检索。

原则四：注意外来词的译写形式。

原则五：慎用词组或短语。

下面两个案例充分说明检索词的选择至关重要。

案例一：因忽视英文拼写上的变化，或忽视不同国家语言上的差异带来的漏检。比如"天线"，英国和美国的表述是不同的（aerial 和 antenna）；再如颜色的英文拼写有两种（colour 和 color），忽视其中任何一种情况均会导致漏检。

案例二：有研究生需要就"新型冠状病毒感染"相关文献进行检索。但在检索的时候，没有考虑立足受控词的原则，只选择"新冠病毒感染"进行文献检索，结果就遗漏了大量的专业性文献。原则上，从事该类文献检索，应同步考虑标准性、全称性表述，如"新型冠状病毒感染""Corona Virus Disease 2019""COVID-19"，以及世界卫生组织命名的表述"2019 冠状病毒病"等。

检索技巧二：善于利用搜索引擎

搜索引擎往往能够帮助文献检索者较快地获取某一学科领域的最新文献，也可以了解和跟踪某一机构、研究团队，或知名专家、核心作者等发表的系列文献。搜索引擎有很多技巧和方法，这里针对 3 个案例，介绍 3 种常用的搜索指令，能够帮助我们快捷地寻找相关网络资源。

案例一：精确搜索包括"搜索引擎"一词（完整匹配，包括顺序）的网络文献。

检索方法：利用双引号，将检索词括起来作为一个整体，即输入"搜索引擎"，搜索结果中就会包含双引号中出现的所有字词，连顺序也完全匹配。

案例二：请在复旦大学脑科学研究院网站（https//:iobs.fudan.edu.cn/）上搜索包括"脑科学"检索词的文献。

检索方法：输入"脑科学 site:iobs.fudan.edu.cn/"。在搜索引擎中，输入"检索词＋空格＋site:＋网址"，通过这一指令，可以在指定的网址搜索相应的检索词。

案例三：搜索文件名为"新能源汽车"PDF文件。

检索方法：输入"新能源汽车 filetype:PDF"。在搜索引擎中，输入"关键词＋filetype：格式"，即可以找到对应的格式类型文件；平时也可以直接用"文件名＋格式"搜索，如该案例中，可以输入"新能源汽车.PDF"。需要指出的是，只有搜索引擎支持的格式才可以使用该方法，如doc、ppt、pdf等。

检索技巧三：善用文献管理工具

工欲善其事，必先利其器。文献检索往往穿插于整个研究过程，它并不是单一的检索行为，还包括文献的阅读、组织和管理等。一旦离开了文献的阅读、组织和管理，不但检索的精确性、针对性往往会减弱，而且文献的后期处理也非常麻烦。因此，一款方便、快捷、高效的文献管理工具此时就显得十分重要。目前比较流行的文献管理软件，如国外的Mendeley、End Note，以及国内的NoteFirst、Note Express等。这些软件的核心功能大致相似，但各有侧重。专业学位研究生在攻读学位阶段，可以熟悉并找到一款适合自己的文献管理工具，最好是能够熟练掌握和应用所在学校图书馆推荐的文献管理工具，这样便于获取和处理学校购买的文献资源。相关的文献管理工具，读者们可以咨询所在学校图书馆，或在网络上下载使用。

第三章
专业学位论文的研究设计

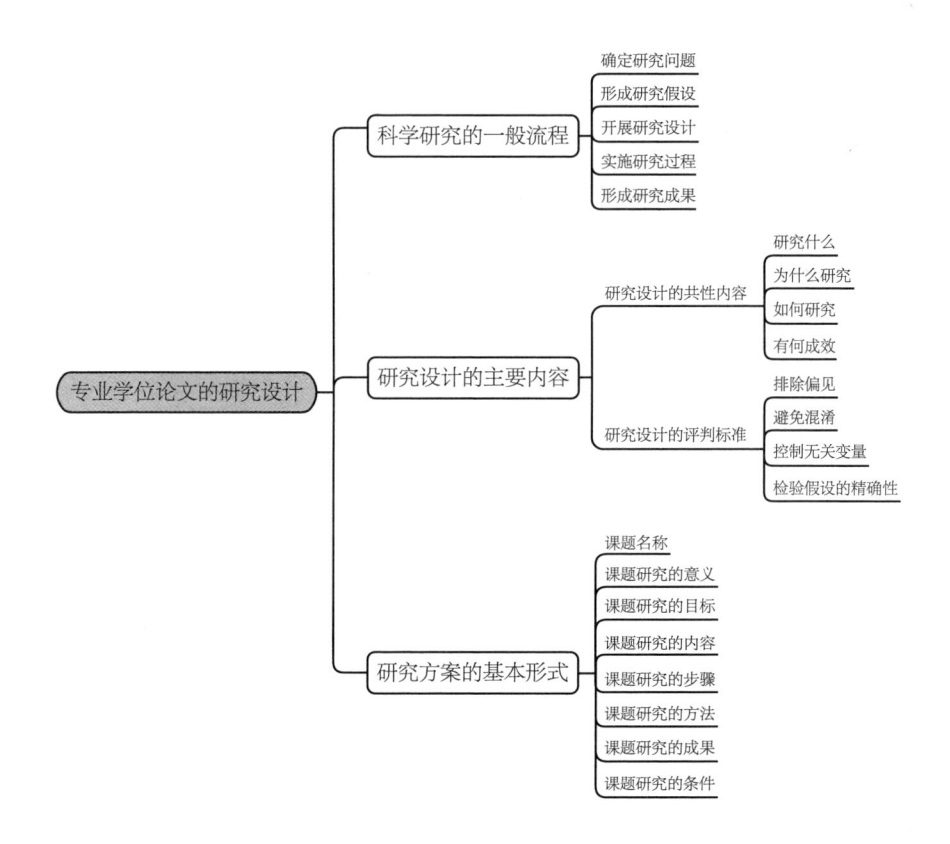

```
专业学位论文的研究设计
├── 科学研究的一般流程
│   ├── 确定研究问题
│   ├── 形成研究假设
│   ├── 开展研究设计
│   ├── 实施研究过程
│   └── 形成研究成果
├── 研究设计的主要内容
│   ├── 研究设计的共性内容
│   │   ├── 研究什么
│   │   ├── 为什么研究
│   │   ├── 如何研究
│   │   └── 有何成效
│   └── 研究设计的评判标准
│       ├── 排除偏见
│       ├── 避免混淆
│       ├── 控制无关变量
│       └── 检验假设的精确性
└── 研究方案的基本形式
    ├── 课题名称
    ├── 课题研究的意义
    ├── 课题研究的目标
    ├── 课题研究的内容
    ├── 课题研究的步骤
    ├── 课题研究的方法
    ├── 课题研究的成果
    └── 课题研究的条件
```

研究课题确定之后，就需要进行研究设计。研究设计是研究工作进行之初所做的书面规划，是如何进行研究的具体设想，是研究实施的蓝图。很多专业学位研究生并不明白研究设计的意义，或不清楚研究设计的重要性。他们经常会问："为什么在开始研究之前就要对研究进行详细的设计呢？"要知道一旦进入研究，情况就会发生变化。计划似乎总是赶不上变化，变化是不可避免的，但科学研究是一件严谨的事情，现在多一些考虑，将来会少一些后悔。[①] 通常，高质量的研究设计是高质量研究的基础，是撰写高质量学位论文的前提。虽然专业学位论文形式多样，有实验报告、案例研究、文献综述、产品研发等，但无论怎样的学位论文形式，都是思维的产物，都离不开研究设计。在日常的科学研究中，如果研究比较简单，则可以用"构思"来代替书面的研究设计。但专业学位论文相对而言，还具有一定的深度，所以最好还是写出研究设计方案。本章分别介绍了科学研究的一般流程、研究设计的主要内容、研究方案的基本形式、研究方案的参考案例。

第一节　科学研究的一般流程

一般意义上，科学研究有一个基本的流程，即计划、实施和总结3个阶段。计划阶段进行选题和设计，选题即确定研究课题，设计即制订研究方案；实施阶段进行研究工作的具体操作，通过实施使研究方案变为现实；总结阶段进行分析资料、解释结果、得出结论、形成研究成果。研究领域不同，科学研究程序也有所不同。但总的来看，科学研究大致可以分为如下5个阶段：确定研究问题、形成研究假设、开展研究设计、实施研究过程、形成研究成果，如图5所示。

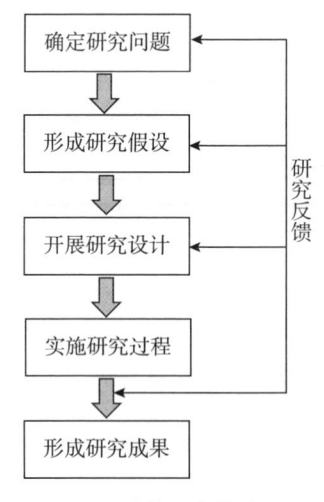

图5　科学研究的流程

---

① 杰克·R. 弗林克尔，诺曼·E. 瓦伦. 教育研究的设计与评估 [M]. 蔡永红，等，译. 北京：华夏出版社，2004.

一、确定研究问题

确定研究问题在科学研究中具有战略意义。研究问题的选择与可行性论证，对研究的成败至关重要。确立研究问题，核心在于明确地提出问题。前文已经就如何进行论文选题进行了系统的阐述。显然，如果能够清楚地界定选题范围，问题的陈述就好办多了。反之，如果能够清楚地陈述研究问题，则表明问题也就基本确定了。正如查尔斯·F. 凯特灵（Charles F. Kettering）所言：一个问题能被清晰地陈述出来，就已经解决了一半。选择好了一个研究问题并不意味着它有了恰当的陈述，而问题陈述得好可以为研究者提供从事该研究计划的方向、资料的收集与分析方法等，因而十分重要。研究问题的陈述可以是叙述式或描述式，也可以是问题形式。问题形式对焦点问题的研究效果较好，尤其是当大问题中包括小问题时效果更好。在很多实验研究和调查研究中，问题的陈述具有说明两个变量或两个以上变量之间的关系的特点。例如，儿童的学习能力是否随年龄而增加？但最终陈述问题究竟采取什么形式在很大程度上取决于个人的爱好，重要的是，问题的陈述应该为研究的进行提供焦点和方向，要精确和无可置疑，应有助于研究的进行。

二、形成研究假设

尽管专业学位论文形式多样，但无论哪种形式，其学位论文都必然要以基本结论形式呈现。这种形式或者是学术观点，或者是产品形式，或者是创意设计等，但无论哪种形式，都是对前期问题的一种回答。这种回答，在研究之初就是假设，是一种揣测或对问题答案与情况状态的一种猜测。正如爱因斯坦所言："人们总想以最适当的方式来画出一幅简化的和易领悟的世界图像，于是他就试图用他的这种世界体系来代替经验的世界，并来征服它。这就是画家、诗人、思辨哲学家和自然科学家所做的，他们都按自己的方式去做。"这里的世界图像的原型，其实就是最初的假设。研究假设与研究问题极为相似，但研究假设通常是研究问题的一种猜测，研究问题通常不能直接验证，必须间接从所产生的假设上加以验证。因此，假设在研究中起着重要的指导作用，是研究设计的主要依据之一。一个良好的研究假设，可以提示哪种研究设计才能够配合研究的需要，甚至提示需要哪种受试者、研究工具、统计方法、实施的过程，以及指导资料的收集等。从这个意义上而言，假设是研究的核心。

三、开展研究设计

凡事预则立，不预则废。研究设计可以避免失误，可以获得更多的成功机会。选题确定后，有了初步的假设，接下来就是要全面规划整个研究过程，合理安排研究中的各项工作，制订切实可行的研究计划。一般而言，各个学校都要求自己的专业学位研究生拿出明确的研究计划，即便没有明确提出该要求，这仍然是一件很重要的事情。评估论文选题是否符合大学的要求，结果是否重要，是否采用了恰当的方法，以及结论和最初的假设、目标是否一致等，都是专业学位论文评价中不可回避的。现在做总比以后再做要好。等你已经投入大量时间和精力，再要更改已完成的工作就很难了。因此，开展研究设计，能够现实地将你放到实际操作的位置，让你能够更加清楚地看到研究的结果。

四、实施研究过程

研究设计是一种方案，方案要付诸实施。不同的研究设计，其研究过程也各有不同。但如果抛开研究方法不谈，其实所有研究过程，研究者都参与了大量相似的活动，包括概念定义、文献综述、数据采集、工具使用、资料分析、撰写论文等。在研究实施过程中，你会发现研究设计能够让你更加清晰地开展研究，为你节约很多时间成本。研究设计在具体的实施过程中，尤其面对复杂问题时，可能还要制订更加详细的阶段性步骤。因此，有经验的研究者在进行研究设计时，往往会同时考虑好几个研究步骤。需要特别指出的是，有时伴随着研究的深入，可能会发现当初的研究设计需要调整，甚至出现极端的情况，即最初的研究问题、研究假设都可能面临着更换的窘境。因此，在研究实施过程中，还要及时地进行反馈，根据实际情况对研究设计进行调整，并避免可能出现的极端情形。

五、形成研究成果

形成研究成果是研究的最后阶段。不同的专业学位论文，其研究成果要求也各有不同。例如实验类论文，要完成对整个实验设计和实验过程的描述，对实验过程中的各种重要因素和实验结果进行分析。案例研究类论文，应说明案例的来源、问题的描述、诊断和分析，以及解决问题的建议和对策。设计计算类论文，应包括问题的介绍，同时应涵盖设计方案、设计图纸、设计过程、设计说明书等。无论哪种论文形式，都应有基本的形式和内容要求，且形式与内容应保持一致，并能够回答研究最初提出的问题，完成最初提出的研究目标。

第二节 研究设计的主要内容

研究设计虽然只是科学研究的一个流程，但却是对科学研究活动全过程的设计。研究设计必须思考详细的研究程序与步骤，合理安排研究资源，还要设想可能遇到的困难和解决方案。

一、研究设计的共性内容

研究设计是研究行动的指南，它重在将研究内容细化，使研究内容更加具体化、可操作化。在这个意义上，研究设计具有共性要求，即回答4个问题：研究什么？为什么研究？如何研究？有何成效？

1. 研究什么

研究设计首先要思考研究什么。这是一个非常宽泛的问题。具体而言，专业学位研究生要围绕3个层面来回答这个问题。首先，在准确理解课题内涵的基础上，将问题具体化，将问题转化为合适的标题，明确界定课题的研究范围。其次，要将问题分解为具体的问题和内容，可以将研究问题变成若干子问题，然后根据子问题确定相应的研究内容。最后，对研究中涉及的变量、概念给予明确的界定，必要时要明确写出概念性定义和操作性定义，明确其内涵和外延。

2. 为什么研究

在解决了研究什么问题之后，研究设计还必须回答为什么研究的问题。专业学位研究生必须不断自问研究的动机，说明研究的意义和价值，阐明研究的目的，必要时能够列举具体的研究目标。如果不能厘清研究的动机、意义、目标，就意味着研究非常盲目，没有方向。对一条盲目航行的船来说，所有的风都是逆风。没有目标的研究或研究目标不清晰，就意味着研究工作不可行或研究难以深入。而要准确回答为什么要研究，不能绕过的就是文献研究。文献研究的目的是探明本课题的研究成果、别人所做过的研究工作，以及研究的新进展等。通过文献研究可以进一步证明你选择的问题具有研究的必要性。如果你研究的问题别人很容易就能解决，或者别人已经在解决中了，那么你研究的意义也就丧失了。

3. 如何研究

如何研究，本质上就是要回答研究的方法、流程、资源、条件等。解决问题的方法总是和问题一同产生的。要回答如何研究，首先，要厘清研究的方法和程序。不同的研究方法，其程序通常也是不一样的，甚至同一种研究方法也可能采用不同的程序。其次，要明确研究思路，包括从不同维度和方向去思考问题与具体的实施步骤。再次，明确资料数据收集的程序，包括时间、地点、对象、内容、工作进程等。最后，要考虑合理配备研究资源，包括研究人员的条件、研究经费的预算等。例如，通过试验来完成的专业学位论文，不仅要明确指出采用的试验方法，而且要阐明试验的目的、对象、步骤等，在此基础上，还需要说明试验进行过程中数据的采集程序，以及试验可能遇到的困难、应对措施和试验经费的预算等。

4. 有何成效

专业学位研究生在进行研究设计的时候，也需要对研究的预期进行判断，即研究会有何成效？会产生怎样的研究成果？由于专业学位论文的选题更偏向于应用性和实践性，其研究成果往往也更多指向应用和实践。专业学位研究生应能够阐明研究的成效，并且清楚地阐明成果的表现形式（如研究论文、研究报告、系统设计、产品研发等）。以工程硕士专业学位论文《环保型大豆油墨的研制》为例，其在研究设计阶段，预期研究成效是适应当前环保要求，开发出具有更高性能的大豆油墨，以替代传统油墨；其成果的表现形式则是工程设计论文。

二、研究设计的评判标准

上述4个问题，只是回答了研究设计的共性内容。那么什么是好的研究设计呢？美国学者威廉·维尔斯曼从教育研究的角度，就良好的研究设计提出了4个判断标准。他认为，一个良好的研究设计不仅必须是适当和易操作的，而且应该能从研究中得出能够充分解释的结论。它应该具备4个特征。[①]

1. 排除偏见

良好的研究设计所收集到的研究资料应是客观的、没有偏见的资料。仅仅凭主观意志出发，违反研究设计的科学程序，或随意捏造材料、修改数据，是不允许的；脱离客观标准，凭个人喜好去评价事物，也是不应该的。优良的研究设计应防止这些现象的发生。这也是科学研究的基本态度。

2. 避免混淆

有的研究设计没有阐明哪些是自变量，哪些是因变量，哪些是研究者操作的变量，哪些是无关变量，混淆了各种变量之间的界限。良好的研究设计应对各种变量给予清晰的界定。另外，当多种变量混合在一起，且它们的影

---

① 威廉·维尔斯曼. 教育研究方法导论［M］. 北京：教育科学出版社，1997：119-122.

响又无法分开时,也会导致混淆,生成的效果也无法被清楚地解释。良好的研究设计应减少变量的混淆,或使这种混淆处于最低限度。

3. 控制无关变量

任何研究,都是在特定的情境下进行的,其研究结论也通常是有既定的条件限制的。为了保证研究结果的可信度,就有必要控制无关变量对研究本身的影响。特别是运用实验法开展研究时,应更加注意对无关变量的控制,以便使我们能够更加清晰地看到研究者操纵的研究变量对因变量的真正影响程度。一个良好的研究设计应能有效地控制无关变量,而不是将之与有关变量混淆或者忽视无关变量的作用。

4. 检验假设的精确性

任何研究,都有基本的猜想和推测,但科学研究必须对猜想和推测进行检验。一个良好的研究设计,应反映出为精确检验假设所需要的各种资料收集的设计。研究者必须为检验假设去设计获得什么样的资料,并设计怎样才能精确地检验假设。

维尔斯曼关于良好的研究设计的判断标准,是针对教育研究中的定量研究和实证研究而言的。一般意义而言,实证性的定量研究,对研究设计的严密性要求较高;思辨性的定性研究,对研究设计的要求较低。但对定性研究、思辨研究,维尔斯曼的判断标准也具有同样的借鉴作用。

第三节 研究方案的基本形式

研究设计最终会通过研究方案来呈现。但无论哪种研究方案,都必须围绕研究设计的共性内容来展开。具备了研究设计的共性内容,研究方案才不会遗漏必要的信息。一般而言,专业学位研究生所在学校对专业学位论文的研究方案形式要求各有不同。尽管如此,不同的研究方案形式也存在基本的格式规范。

一、课题名称

课题名称很多时候会直接作为专业学位论文的题目。因此，课题名称的选择、措辞至关重要。第一，课题名称要准确。准确就是要将课题名称与课题研究的问题关联起来，能够明确研究对象，并且和研究内容保持一致，不能名实不符。题目不能太大，也不能太小，要准确地把研究的对象、问题概括出来。第二，课题名称要规范。规范就是要求课题名称使用的词语要规范、科学，概念使用要精确，不能似是而非；句型要标准、严整，口号式、结论式的句型不要用。第三，课题名称要简洁，不宜太长。无论是课题名称还是学位论文名称，都不宜太长。这不仅是形式美的要求，也是研究的通行规则。一般而言，课题或学位论文名称不要超过20个字，如果名称较长，可以考虑用主标题加副标题的形式呈现。

二、课题研究的意义

课题研究的意义也就是回答为什么要研究，研究的价值是什么。专业学位论文选题多源于实践和应用需求，因此，一般可以先从现实需要方面去论述，指出现实当中存在某问题和目前关于该问题的研究处在怎样的状态，进而说明选题的必要性和意义。在此基础上，可以根据课题的研究目标，说明课题的理论和学术价值。相对于专业硕士学位论文而言，专业博士学位论文应该具有更高的理论和学术价值。

三、课题研究的目标

课题研究的目标也就是课题最后要达到的具体目的。课题研究目标的阐述，必须要紧扣课题提出的问题，即课题要回答或解决什么问题。很多时候，不少专业学位研究生即便明确了课题名称，可能依然无法准确陈述课题要解决的问题。厘清课题要解决的问题，是陈述课题研究目标的前提。课题研究目标既不能抽象地表述，也不能笼统地表达，应能够具体翔实地陈述。只有目标明确而具体，才能知道工作的具体方向是什么、研究的重点是什么，研究思路才能够清晰，研究方法才具有可操作性。

四、课题研究的内容

问题和目标决定了课题需要研究的具体内容。问题、目标与内容之间存在内在的逻辑关联。问题的不断分解，可以细化为具体的研究内容；具体的研究内容在最后也必须聚合，从而达成研究目标。内容与问题、目标之间不一定是一一对应的关系。因此，确定课题研究的基本内容有两个途径：一是通过问题的分解；二是通过目标的反推。相对问题和目标而言，研究内容要更具体、更明确。专业学位研究生在确定研究内容的时候，一定要基于内容确定的方法论，尽可能将内容具体化，避免研究内容的笼统、模糊。只有将研究内容陈述清楚，研究才具有推进的可能。

五、课题研究的步骤

课题研究的步骤是课题研究的程序安排。研究步骤要结合研究目标的达成和研究内容的落实来进行，要充分考虑研究内容的相互关系和难易程度。每个步骤从什么时间开始至什么时间结束，开展什么活动，达到什么要求，都应有明确具体的规定。一般情况下，课题研究都是从基础问题开始，分阶段进行的。研究步骤中各阶段的工作必须与研究目标、内容、方法相配套进行。

六、课题研究的方法

问题和解决问题的方法是一道产生的。方法和问题之间存在着高度关联。"工欲善其事，必先利其器"。毛泽东也曾指出："我们不但要提出任务，而且要解决完成任务的方法问题。我们的任务是过河，但是没有桥或船就不能过。不解决桥或船的问题，过河就是一句空话。不解决方法问题，任务也只是瞎说一顿。"① 研究方法的选择，第一，要根据问题性质、研究内容的需要。方法要服务于研究问题和研究内容。例如，现实的问题并不符合简单的学科分类，因此，很多问题可能需要跨学科的研究方法来解决。第二，要考虑专业学位研究生自身的能力和偏好。不同学科、领域的研究方法各有不同，方法的操作程序往往也有其专门化要求。不同的知识背景和研究基础，对方法本身的选择和利用会产生一定的影响。第三，要结合研究进度选择相应的方法。在课题研究的不同阶段，应根据不同的研究内容选择相应的研究方法。一般来说，在课题准备阶段，文献法是最经常采用的方法。

七、课题研究的成果

课题研究的成果形式包括论文、报告、专著、软件、课件等。通常课题不同，研究成果的内容、形式也不一样。作为专业学位论文的课题研究成果，虽然统一称为"学位论文"，但形式也各有不同。例如，法律硕士学位通常提倡将案例分析（针对同一主题的3个以上相关案件进行研究分析）、研究报告、专项调查作为学位论文形式。但不管形式是什么，课题研究必须有成果，成果必须有相应的表现形式。

八、课题研究的条件

课题研究是否具备相应的条件，也是研究方案的重要内容。这里的条件，根据课题的性质，涵盖内容各有不同，包括人员、经费、平台、数据等。例如，复杂的课题，可能需要很多人参与。虽然专业学位论文应该由研究生本人独立完成，但在研究过程中，可能需要多人共同合作才能完成。有些专业学位论文的选题，需要足够的经费支持，或者需要相应的实验条件做支撑。还有些专业学位论文的选题，需要研究者本人具有相应的实践经历，或者需要获取相关的数据才能够深入。这些都需要在研究方案中明确，以说明研究的可行性。

---

① 毛泽东. 毛泽东选集：第1卷［M］. 北京：人民出版社，1991：139.

知识拓展：研究设计的5个要素与3种格式

研究设计是整个研究的施工蓝图和实施计划，对研究的成功与否起着重要的保障作用。研究设计最终通过研究方案来呈现。研究方案表现形式是多样的。研究方案没有统一的格式规范。但学界通常认为，研究方案应包括5个要素，分别是立题、解题、方法、实施和成果。围绕这5个要素，我们给出3个参考案例。

要素一：立题

立题就是要说明研究什么？为何研究？如果研究方案不能明确研究什么以及为何研究，那么研究方案也就失去了根基，研究不可能具体和深入，后期也就无从明确研究方法与步骤。

要素二：解题

解题就是将研究进一步具体化、明朗化，将问题进行横向和（或）纵向分解。在这个过程中，往往出现研究的切入点、聚焦点、突破点或创新点。任何一个问题在解决的过程中，必然会引申出新问题，从而促进研究的不断深入和拓展。

要素三：方法

方法就是我们尝试用来破解问题的工具。我们如何解决前面提出的问题？用什么方法来解决？这需要借助一定的工具。工具可以是具体的，也可以是抽象的；既可以是定性的，也可以是定量的；既可以是思辨的，也可以是实证的；既可以是单一的，也可以是多元的。但无论如何，工具要服从问题解决的需要，要适切和可操作。

要素四：实施

实施就是将研究方案付诸行动。而行动就需要计划和步骤。因此，研究方案中的实施，就是要提前明确计划、步骤以及必要的准备，明确研究的重点、难点，以及具体的操作方案，以保证研究得以落地，并应对研究中可能出现的新问题，尽可能做到未雨绸缪。

要素五：成果

成果必须回应立题。科学研究是一个螺旋式的上升过程，是在解决问题的基础上提出和发现新问题的过程。研究成果如果不能回应立题，不能回答研究初期提出的问题，那就说明研究至少没有完成研究任务，没有达成研究目的。在这个意义上，研究方案五要素之间的关系可以用图6呈现。

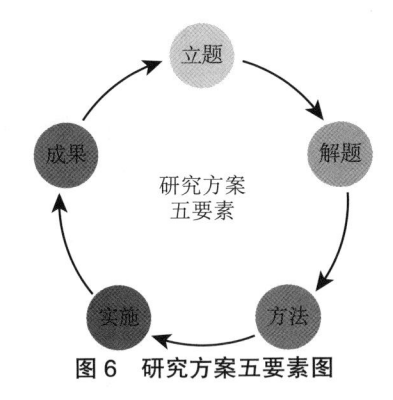

图6 研究方案五要素图

下面给出3种格式案例。

1. 格式一

课题名称

一、研究动机与研究目的

二、问题提出与研究假设

三、研究变量与研究范围

四、文献综述

五、研究方法与设计

六、预期成效

七、研究进度

八、研究条件

参考文献

2. 格式二

课题名称

一、研究主旨：研究缘起与目的

二、问题背景与现状

三、研究过程与方法

1. 理论前提与假设
2. 运用资料的范围
3. 收集资料的程序
4. 分析资料的方法

四、研究步骤

五、预期研究成果

六、研究条件

参考文献

3. 格式三

课题名称

一、绪论

1. 研究缘起
2. 研究目的
3. 研究假设
4. 概念定义
5. 研究范围

二、文献综述

三、研究方法

1. 研究对象及取样方法
2. 研究主要方法及设计
3. 研究工具
4. 实施程序
5. 资料处理及统计方法

四、预期成效

1. 预期结果
2. 预期效用

五、研究条件

参考文献

第四章 专业学位论文的谋篇布局

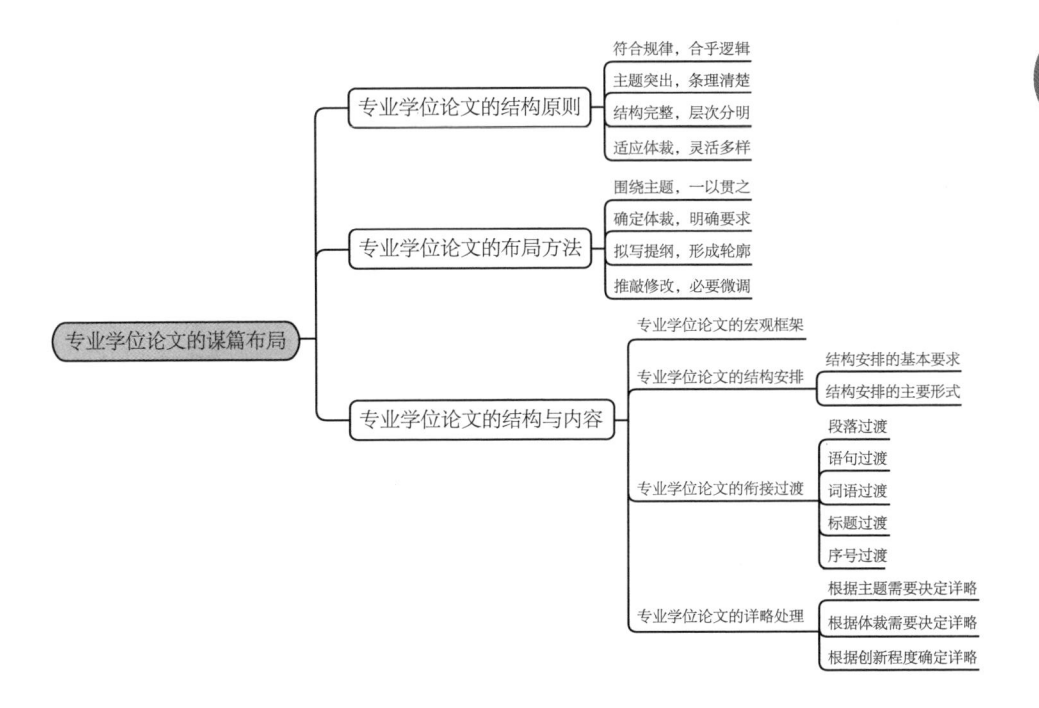

```
专业学位论文的谋篇布局
├─ 专业学位论文的结构原则
│   ├─ 符合规律，合乎逻辑
│   ├─ 主题突出，条理清楚
│   ├─ 结构完整，层次分明
│   └─ 适应体裁，灵活多样
├─ 专业学位论文的布局方法
│   ├─ 围绕主题，一以贯之
│   ├─ 确定体裁，明确要求
│   ├─ 拟写提纲，形成轮廓
│   └─ 推敲修改，必要微调
└─ 专业学位论文的结构与内容
    ├─ 专业学位论文的宏观框架
    ├─ 专业学位论文的结构安排
    │   ├─ 结构安排的基本要求
    │   └─ 结构安排的主要形式
    ├─ 专业学位论文的衔接过渡
    │   ├─ 段落过渡
    │   ├─ 语句过渡
    │   ├─ 词语过渡
    │   ├─ 标题过渡
    │   └─ 序号过渡
    └─ 专业学位论文的详略处理
        ├─ 根据主题需要决定详略
        ├─ 根据体裁需要决定详略
        └─ 根据创新程度确定详略
```

专业学位论文的谋篇布局，就是指对论文的结构和要素的安排。专业学位论文结构，是专业学位论文各组成部分的总体布局和全部材料的具体安排，是论文部分与部分、部分与整体之间的内在联系和外部形式的统一。结构是论文表现形式之首，也是论文本身论证力度的重要表现。我国古代对写作提出的基本要求是"有物有序"。"有物"即要求文章要有内容；"有序"即要求文章要有条理。论文结构是由论文诸多要素有机形成的基本"骨架"。本章就专业学位论文的结构安排及其各要素的写作进行说明，以期为专业学位研究生谋篇布局提供参考。

第一节　专业学位论文的结构原则

一、符合规律，合乎逻辑

文章是客观事物的反映，而客观事物的存在与发展，均有必然的联系和内部的规律。[①] 因此，我们不能全凭主观臆想来进行论文写作，而是要认清客观事物的规律及其相互之间的关系，以此为依据来对文章的结构进行合理的安排。

规律是逻辑的前提。在尊重规律的基础上，还要有合乎逻辑的组织材料。例如，以探讨现象成因为主题的文章，一般而言，其结构可包含两部分，即原因与结果。作者在组织材料时，可以从结果来推断现象产生的原因，也可以从原因推导结果的产生可能。又例如，讨论事物的整体与个体的关系时，可以从个体的特征来推导整体特征，也可先总结整体的普遍规律，从而推断个体的特征。这种关系反映在结构上，不论是从个体到整体还是从整体到个体，都有各自的发展逻辑可遵循，并且要符合人们的思维规律，这样不仅有利于作者组织材料，也有利于读者阅读思考。尽管有时为了更好地表现主题，可能会在层次上进行适当的调整与变动，但这么做的前提是必须使文章看起来衔接自然，符合规律；否则，所得结果就会显得不尽合理，从而影响论文的整体可信度。

---

① 李炳炎. 实用科技文体大全［M］. 海口：南海出版公司，1991：76.

二、主题突出，条理清楚

在学位论文中，结构是其论证过程的框架，论文的主题确定后，需要通过结构将主题表达清楚。① 主题是文章的灵魂和统帅，结构是表现主题的形式和手段。② 因此，写作时必须明确哪些内容为主、哪些内容为辅。对主题需要的内容，要进行具体细致的描述；而对辅助性内容，只需要概括性地描述即可，甚至可以不写。总而言之，一切都要围绕主题而展开，详略得当，突出主题。

主题通过内容来呈现、通过篇章段落来展开。在呈现和展开过程中，必须思路清晰、条理清楚。论文是作者对客观事物的认识和反映，是作者基本思路的体现。要清晰地呈现作者的思路，就必须对研究对象有深刻的了解，并力求对它的内部规律有一个全面的、清晰的认识。③ 只有当作者对事物认识足够清楚后，并形成清晰的逻辑思路和结构框架，才能将主题明确地表达出来；如果作者自身没有深刻的认识，反映在文章中就会主题不明确、条理不清晰。

三、结构完整，层次分明

一篇合格的学位论文，理应结构完整、层次分明。所谓结构完整，是指组成部分没有残缺。例如，通常学位论文由标题、摘要、关键词、前言、正文、注释、参考文献等要素组成，缺一不可。由此可见，完整的结构是论文必不可少的基础，展现的是作者思维的连贯性与整体性。

文章的层次是指各章节内容的顺序及地位，是依据事物的不同发展阶段而撰写的文字内容，也是作者的思维历程在文中的一种体现。在安排文章层次时，必须做到主次分明，何时以递进式的方式进行呈现，何时以并列式的

---

① 胡南．主题、结构、语言：学位论文的评判标准与写作逻辑［J］．中国研究生，2011（4）：26-27．
② 李炳炎．实用科技文体大全［M］．海口：南海出版公司，1991：77．
③ 孙洁．毕业论文写作与规范［M］．北京：高等教育出版社，2009：149．

方式进行呈现,都要经过深思熟虑方能定夺,不能喧宾夺主、主次不分。只有这样,文章才能层次分明。

四、适应体裁,灵活多样

专业学位论文体裁多样,不同的专业学位类型,对学位论文的体裁要求也不尽一致,有的还大相径庭,甚至同一种专业学位,其学位论文包含多种体裁形式。在撰写专业学位论文时,首先应在可能的范围内选择合适的体裁。选择合适的体裁就好比人们选择衣服,只有对自己的身型、样貌足够了解,再去选择与之相匹配的衣服,才能使自己看上去落落大方。通过这种方法写出来的论文才能引人注目。

体裁确定后,并不代表学位论文框架的固化。体裁既定,结构形式仍有写作发挥的余地。学位论文的写作虽然不能像其他类型的文章一样有引人入胜的故事情节或幽默诙谐的语言,但是如果能够适应体裁要求,并结合内容,灵活地展现结构形式,也能有自己的出彩之处。例如,调查研究类的学位论文,如果能够以图(表)文并茂的形式展现论证过程,则往往更能增强论文的观感,引起读者的阅读兴趣。

第二节 专业学位论文的布局方法

一、围绕主题,一以贯之

主题是一篇文章的精髓,它体现的是作者的学术观点与学术见解。论文影响读者主要就是靠主题来实现的。主题就如一条项链的串绳,将一颗颗看似散乱的珠子串起。若想使文章条理清楚、层次分明,就必须围绕主题进行阐述,这样才不至于使文章看起来杂乱无章。因此,专业学位论文的构思,必须围绕主题展开,为主题服务。正如法国的画家米勒所说:"所谓构思,是指把一个人的思想传递给别人的艺术。"①

主题犹如文章的灵魂和中心。要写好学位论文，就要抓住学位论文的灵魂和中心。这个中心应当简单明了，能够一言以蔽之，可以达到以简治繁的目的。抓住这样的中心紧紧不放、贯彻始终，就能达到"首尾贯一"的目的。②一篇学位论文，要如洋葱一样，一层包裹着一层，紧密相连，按思想发展的历程，讲完一层再继续讲另一层。在论文前面部分提出过的问题，后面要加以分析，结尾的部分要对所提问题进行解答，做到环环相扣、前后呼应、形散神不散，才能将文章主题完好地表述出来。

二、确定体裁，明确要求

专业学位类型不同，学位论文的体裁也有不同。不同的体裁对学位论文的要求也各有不同，如调查研究类、实验研究类，其论文撰写要求存在显著差异。即便在同一学位类型下，学位论文的体裁也不尽一致，如工程硕士类学位论文的形式是多元的，不同形式的论文写作要求也不一样。因此，在撰写专业学位论文时，必须确定学位论文的体裁。

不同的体裁有不同的写作方法与收集资料的方法，这就需要我们从中选择一种最适当的体裁。而在选择的过程中，随着对论点的不断深入了解，写作思路会越来越开阔，从万千思绪中找到一条最合适的线索，当机立断，确定一种较好的方案。

当论文体裁确定后，就必须进一步把握该类型体裁的写作要求。这里需要强调的是，虽然不同体裁的写作要求不尽相同，但写作时一定要把握共性特征。在对一篇论文构思时，有时需要按时间顺序组织材料，有时需要按空间顺序组织材料，但无论采用哪种顺序组织材料，都需要按逻辑关系来进行，即要求符合客观事物的内在联系和规律、符合科学研究和认识事物的逻

---

① 百度百科. 学位论文谋篇布局［EB/OL］.［2018-01-02］. https://jingyan.baidu.com/article/4dc40848fb6d97c8d846f17e.html.

② 孙洁. 毕业论文写作与规范［M］. 北京：高等教育出版社，2009：149.

辑。① 不论哪种情形，都要保持协调统一、合情合理。

三、拟写提纲，形成轮廓

所谓论文提纲，顾名思义，就是作者在写作前对文章的一个整体构思，是纲领性的存在，是论文作者写作前的必要准备，也是论文谋篇布局的具体体现。拟写提纲的意义在于，设计学位论文的篇章结构，以便作者更好地收集相关材料、展开论证。一个好的提纲能够纲举目张，论文的基本骨架合理，使文章结构完整统一；也能使作者分清主次，将文章各部分有机地结合与统一；还能根据安排最大限度地利用资料，让其发挥最大价值。

拟定论文提纲与确定房屋建造图纸，在原理上有着异曲同工之处。建筑师在建造房子前，会先设计好房屋的构造，在图纸上画好房屋的框架，甚至精确到哪里的门宽多少、高多少，窗户有几扇，然后再计算建造过程中所需的材料数量，一切都安排好了之后才能动工。写论文也是相似的过程，需要先在脑海中构思出自己想要写的内容，对文章有一个初步的设想，然后拟写提纲，将思路清晰地整理出来，在梳理的过程中明白哪些是自身所缺乏的，然后进行材料的收集，整理出对论文有用的材料，形成轮廓再进行写作。确定论文提纲，一般先拟标题，写出总论点，然后考虑全篇论文结构框架，即从几方面，以什么顺序来论述总论点。在此基础上，应将论文分成节次并编码，节次通常具体到三级标题，以标题形式明确各节次的主旨，并根据主旨准备好拟使用的写作材料。最后，对写作提纲进行全面检查，做必要的增删。

四、推敲修改，必要微调

文章的推敲修改是论文写作过程中不可或缺的一个重要环节。推敲修改不仅包括初稿形成后的改动，还包括动笔前的一系列斟酌。最重要的修改一

---

① 百度百科. 学位论文谋篇布局［EB/OL］.［2018-01-02］. https://jingyan.baidu.com/article/4dc40848fb6d97c8d846f17e.html.

般在论文初稿完成后进行，此时对文章进行系统检查，对其所表达的思想主题、框架结构、语义语序反复推敲，不断调整，以使文章实现质的飞跃。

文章之所以要经过反复的修改才能定稿，是因为其是客观事物经过人脑加工后的反映。[1] 人对于事物的认识，是一个反复观察和思考的过程，随着认识的不断深入，往往会有新的想法产生。因此，文章会被反复修改。正如古人所言"文章不厌百回改"，一篇高品质的论文必定是经过多次修改完善的。

修改的范围主要包含以下 4 方面：深化主题，明确论点；增减材料，调整结构；校正标题，润色语言；规范书写，修改标点。以上 4 方面既包括内容上的修改，也包括形式上的修正。作者要理清思路，弄清楚文章的内部逻辑关系，再开始着手修改。经过这样修改过的文章，主题思想更为鲜明，语言表达更为准确和流畅。

第三节　专业学位论文的结构与内容

一、专业学位论文的宏观框架

一篇完整的专业学位论文，包括前置部分、主体部分及附属部分，详见图 7。[2] 前置部分主要包括题名页、摘要、关键词、目录等内容；主体部分包括导论、本论、结论等；附属部分包括附录、参考文献、致谢、个人科研成果简介等。

论文的标题是文章的眉目，标题在一定程度上体现了文章的主旨与写作意图。论文标题通常包括正标题和副标题，正标题是文章内容的体现，副标题是对正标题的补充说明。只有需要对正标题进行必要的补充说明时，才附加副标题。

---

[1]　李炳炎. 实用科技文体大全［M］. 海口：南海出版公司，1991：318.
[2]　注：此处资料参考《学位论文写作指导》（于志刚著），略有调整。

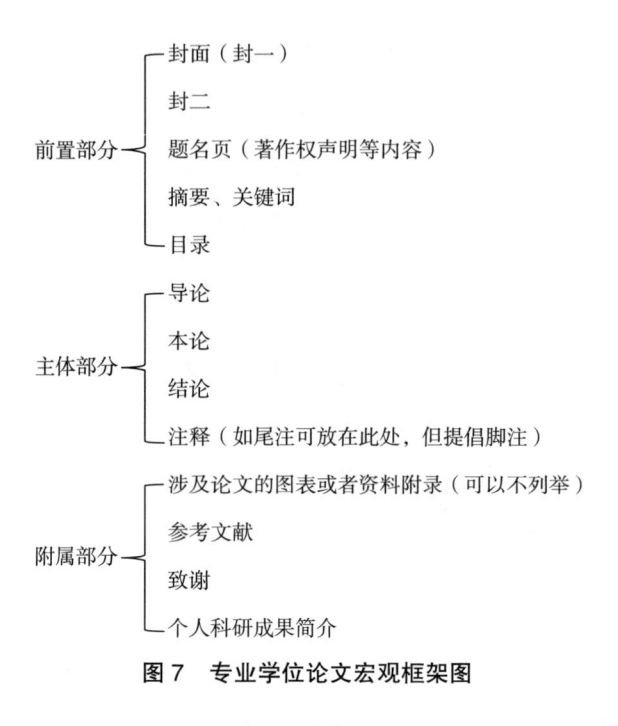

```
                    ┌─ 封面（封一）
                    │  封二
         前置部分 ──┤  题名页（著作权声明等内容）
                    │  摘要、关键词
                    └─ 目录

                    ┌─ 导论
                    │  本论
         主体部分 ──┤  结论
                    │
                    └─ 注释（如尾注可放在此处，但提倡脚注）

                    ┌─ 涉及论文的图表或者资料附录（可以不列举）
                    │  参考文献
         附属部分 ──┤  致谢
                    │
                    └─ 个人科研成果简介
```

图7　专业学位论文宏观框架图

摘要是对文章内容的简要概述，短小精悍，具有独立性和自明性，包含文章的主要信息。摘要撰写应结构严谨，表达简明，语义确切，通常采用第三人称的写法，不对论文内容作诠释和评论（尤其是自我评价）；摘要使用规范化的名词术语，不用非公知公用的符号和术语；除了实在无法变通，一般不用数学公式和化学结构式，不出现插图、表格；不用引文，除非该文献证实或否定了他人已出版的著作。值得注意的是，论文摘要切忌写成全文的提纲，尤其要避免"第1章　×××；第2章　×××"这样的或类似的陈述方式。

导论也称作"序言""绪言""绪论"。规范的学位论文中，此部分通常不可或缺。一般情况下，导论的内容至少应该包括选题的价值与意义、文献评论、本文的思路、资料和方法、各章节的主要内容及逻辑安排等。不同体裁的专业学位论文，其导论呈现的形式各有不同，但其内容都应囊括其中。

本论即论文的正文主体部分，是整篇文章的核心所在，反映了作者收集资料、学习研究后形成的论点。正文由于学科不同或选用不同研究方法等差异，也不尽相同。

结论是对学位论文的研究成果和价值的总结，是经过归纳总结各类材料而得出的新的学术观点和见解。结论应准确、简明、完整、有条理。结论部分通常在归纳论文主要研究成果和论点的基础上，还要阐述研究的创造性及所取得的研究成果在本学术领域中的地位、作用，以及存在的不足、未来的展望等。

参考文献是指在学术研究过程中，对相关著作或论文等成果的整体参考或借鉴。列出参考文献，既是对他人研究成果的尊重，也是对文章科学依据的说明。专业硕士学位论文必须附上参考文献。

致谢是专业硕士学位论文不可或缺的内容。致谢形式多样，不拘一格，重在致以问候，表达谢意。通常首先向导师致谢，然后再向读研过程中，对自己的学业、生活、个人发展等给予帮助的其他老师致以谢意；紧接着，如果必要的话，还可以向朋友、同窗致谢，感谢他们在读研和论文写作过程中的鼎力相助，风雨同舟；最后，应向自己的父母、家人等表示感谢，感谢他们的默默奉献和无私支持。

二、专业学位论文的结构安排

专业学位论文的结构安排，是指文章部分与部分、部分与整体之间的内在联系和外部形式的统一。合理的结构安排，既便于作者表达，条理清晰地展示作者的思维过程，也便于读者阅读，快速了解论文的思想内容。

1. 结构安排的基本要求

（1）完整性

完整性是指安排论文的篇章段落时，同一章节或段落，应完整地表达该章节或段落内容，只有一个中心思想讲完了才能另起一章节或另起一段，不能一个意思分成两个章节或两个段落来讲述，不能把前面章节或段落没有表达完整的意思放在后面章节或段落接着讲。

（2）意义性

意义性是指论文各章节和段落应具有明确的思想内容和表达目的。这些思想内容既相互独立又相互联系。相互独立要求各章节、段落表达的思想内容应自成体系，避免重复；相互联系要求各章节、段落表达的思想内容应围绕主题展开，彼此之间具有内在的逻辑关联。只有具有了意义性，论文的篇章段落才具有存在的价值，写出来的内容才不至于空洞无物。

（3）逻辑性

逻辑性是指论文写作应注意思维规律。逻辑性是论文的生命力所在。结构安排缺乏逻辑，论文就难免层次不清、次序颠倒、前后脱节，甚至彼此重叠、前后矛盾、难以成章。学位论文的整体就是一个逻辑过程，从前言开始，而终于结论。前言提出的相关问题和选题的意义，通过中间的研究结果，最后指向研究结论，这是整体布局的逻辑。[①] 而段落之间层次清晰，是论文整体具有逻辑性的必要前提。

（4）匀称性

匀称性是指论文篇幅段落安排的形式美。通常，写作论文时，各篇章、段落应注意篇幅比例协调，宜长则长，宜短则短，整体上应体现出匀称美。匀称性以服务于主题为前提。如果段落过长，容易把中心思想埋没，还会扼杀读者继续读下去的欲望。段落过短，很有可能不能将主旨完好地表达。适度的长短既使段落看起来形式工整，又有助于读者掌握中心思想。

2. 结构安排的主要形式

（1）并列式

并列式是指在论证过程中，对中心论点进行条分缕析，分解出几个分论点，共同来阐述文章的中心论点。各个分论点平行列举，各个阐述。并列式要求论文的各章节、段落相对独立，按照所要论述的问题的性质进行分节或分段，每节或每段落所表达的内容各不相同，不可交叉，不可重复，不可包容，不可矛盾。

[①] 王振中. 谈谈研究生学位论文的组织和写作原则［J］. 学位与研究生教育，2008（1）：7-9.

（2）递进式

递进式是指根据事物发展历程逐步将主题表述清楚。递进式结构，在写作安排上常见有两种形式。一是由此及彼，环环相扣，如"问题表现、原因分析、改进对策"，是常见的递进形式。二是由浅入深，层层深入，论文结构安排体现为由小到大或由表及里，越来越接近问题的实质所在。

（3）分总式

分总式是先分后总，指先提出问题，再对问题加以分析，最后再归纳总结，是论文写作过程中常用的一种方式。分总式中的分述部分，可根据内容性质，采用并列、递进等形式安排结构、组织材料。

（4）总分式

总分式，是先将论点抛出，再从不同的角度来进行论述。通常总分式结构，总说部分提出中心论点，分说部分则进行论点分解，横向开拓。这种结构形式中，分述的各项通常是以并列的形式呈现的。

（5）总分总式

总分总式是分总式与总分式的结合统一，即先提出问题，再进行分析，最后进行总结得出结论。具体而言，即先抛出论文的中心论点，再分层叙述，逐层深入，最后对论文加以总结。这种方式在学位论文写作中运用较为广泛。

三、专业学位论文的衔接过渡

过渡，是指文章层次之间、段落之间的衔接。过渡犹如架在层次、段落间的一座桥梁，起承上启下的作用，让转换不至于显得太过僵硬，使结构如行云流水。学位论文写作中常用的5种过渡方式如下。

1. 段落过渡

段落过渡就是单独用一个较为简短的段落进行过渡，使文章看起来有条理，过渡自然。段落过渡比较适用于内容相距较远或跨度较大的情况，承上启下，达到前后相邻的两层意思和段落上下贯通、浑然一体的目的。

2. 语句过渡

语句过渡即采用过渡句过渡。过渡句一般位于上一段的结尾处或者下一段的开首，主要用于承接或总结上面的内容，同时提示或领起下面的内容。语句过渡处在两个内容的接驳处，发挥承上启下的作用。

3. 词语过渡

词语过渡既可用于段落之间，也可用于同一段内，用于内容的转折、总结等。常见的表达转折的过渡词有"可是""但是""然而"；表达总结的过渡词有"总而言之""综上所述"等。

4. 标题过渡

标题过渡是指在论文各部分之前冠以小标题连接文章整体的过渡。标题过渡是学位论文写作中运用较为广泛的一种过渡方式，有助于论文的结构贯通，更能让读者较快地辨别接下来所要表达的内容，从而在心理上产生连续感。

5. 序号过渡

序号过渡即在段首标上序号，这是最为明显的一种过渡方式，如标上"一""二""三"或"首先""其次""再次"等。序号过渡能够增加论文内容表达的条理性和逻辑性，既有助于作者理清思路，也有助于读者阅读论文。

四、专业学位论文的详略处理

专业学位论文内容安排应详略得当。详写，是指对表达的重要内容用较多的笔墨和篇幅，要写得充分和清楚；略写，是对次要但又需要呈现的内容用较少的笔墨和篇幅，要写得精当简略。如果只有详写而无略写，则会喧宾夺主，中心不明；如果只有略写而无详写，则会空洞抽象，表达无力。

1. 根据主题需要决定详略

内容必须围绕主题展开，因此内容的详略安排，首先应根据主题的需要进行。与主题相关的内容要详细描述，用更多的材料来支撑主题的观点，使其更具说服力。与主题无关的，或关系不大的，则不写或略写，让读者对主题思想一目了然。总而言之，一切以突出主题为目的展开论述。

2. 根据体裁需要决定详略

不同体裁的论文，对内容的详略安排也存在差异性，详略处理的方式也不尽相同。例如，实验报告类论文，一般要求说明性部分要相对详细；工程设计类论文，则应有详细的推导、计算过程；文献研究类论文，则需要对文献的基本情况有较为详细的分类描述。总之，专业学位研究生应结合相应类别论文的具体要求组织内容，决定详略，在写作的过程中应仔细揣摩，掌控好具体的度。

3. 根据创新程度确定详略

学位论文作为对学习期间科研成果的总结，通常强调有一定的创新性。但创新性在一篇论文中的体现通常是局部的，或表现为理论创新，或表现为技术、方法、工艺创新，或表现为对策建议创新。在安排论文内容时，对创新的部分，应在文中细致地展现出来。因为这代表着作者对研究对象深入地分析之后得出的独到见解，也是读者最期望看到的内容。

知识拓展：谋篇布局的写作技巧与方法借鉴[①]

写文章选择了材料、确定了主题、进行了构思，接着就该安排文章的结构了。这就是布局。布局是谋划文章的篇章结构，把文章的各部分组织成一个严密而有序的整体。结构是文章内部的组织构造，也就是文章安排内容材料的具体形式。它是文章表现形式的重要组成部分，是表达思想内容的必要手段。

布局是写文章中的一个重要环节。如果不安排文章的结构，材料和主题就结合不到一起，文章就成不了形；结构安排得不好，写起来就会"十步九

---

① 注：该文摘自覃可霖教授撰写的论文《布局谋篇　提高写作技能——写作思维技巧探秘之三》。摘录时标题有变动，局部有删节和调整。该文虽然是针对文学作品的写作分析，但对学位论文写作而言，也有异曲同工之处。原文详见：覃可霖. 布局谋篇　提高写作技能——写作思维技巧探秘之三[J]. 广西师范学院学报（哲学社会科学版），2013，34（1）：108-112.

回头"，写出来的文章断痕累累，文气不畅。而只有"袖手于前"把全文结构布局精心谋划一番，才有可能"疾书于后"，一气呵成。

一、剪裁的写作技巧

所谓"剪裁"，原是裁缝的专用名词，引用到创作中，就是对所选的材料进行取舍，确定详略的工作。我们写文章时，面对大量的素材，不能"拾到篮子里都是菜"，不分轻重、主次，随便使用，而必须根据主题的需要，对材料进行剪裁。剪裁是写作中的一项重要工作，因为主题要用材料来表现，只有经过剪裁，才能选出能够表现主题的材料，并根据它们与主题的关系进行妥善的处理。罗丹说得好：雕刻是怎样的呢？你拿起斧头来，大刀阔斧，把不需要的东西统统砍去就是了。只有经过"去粗取精，去伪存真"的筛选，详其所当详，略其所当略，才能做到繁简得当、中心突出、表现力强。

那么，怎样把握剪裁的技巧呢？

（一）要适合表现主题和人物的需要

客观事物是纷繁复杂的，人物的经历、事迹也是多方面的，但是，对表现事物的本质和人物的性格、思想有用的材料，往往仅仅是其中的一部分。因此，作者剪裁时要心中有数，注意识别事物的本质和人物的特征，抓住最能表现主题和人物的某一方面，作为重点进行精描细写，其余的概括叙述，进而连缀成篇。

（二）要善于截取

写文章无论是记事还是写人，若把有关的材料都写下来，既无必要也不可能。高明的作者，总是将笔墨集中在一方面，写一个最有特征意义的片段，而将其他一些材料汇聚在它的周围或穿插其中，这样，经过作者的精心调度，巧妙穿插既可以节省笔墨，又能突出人物和主题。人们把这种剪裁方法叫作写"横断面"。

（三）要处理好文章的详略关系

详略，也叫"疏密"，是指文章一定篇幅内所包含的内容，即叙写的详略程度，写得详尽谓之"密"，写得简略谓之"疏"。文章的布局应该处理好材料的详略关系，达到"淡妆浓抹总相宜"的境界。处理文章的详略关系，不仅能以较少的笔墨表现丰富的内容，而且由于文章疏密相间，浓淡得当，会使文章错落有致，富有节奏感，给文章平添一种艺术魅力。

（四）要巧用空白艺术

写作中的"空白"就是对某些内容，该说的不说，该写的不写，在时间、空间和逻辑上作一次次的跳跃，只作一点揭示和暗示，让读者去想象，去补充跳跃中所省略的内容。这样，使无字之处皆有字，大大突破了文章叙事的空间界限，将读者的眼光和神思引向无限，以少胜多，给文章平添了一种清简俊逸、空灵秀拔的韵味，使文章获得更大的艺术生命力。

二、线索的写作技巧

所谓线索，就是贯穿在文章中的情节发展和思想感情发展的线路，它是把全部内容材料串联起来的链条，是把文章各部分组成一个严密有序整体的纽带。

线索有实线和虚线之分。所谓实线，就是能把表现主题的材料勾连起来的客观存在的事物，它大都是以语言形式为标志，表现出来的有形的脉络；所谓虚线，是指贯穿文章的思想红线，它是隐伏的无形的思想脉络。

线索在文章中具有重要作用，体现在以下3方面。

其一，巧用线索，可以把互不关联的材料连接在一起，组成一个有机整体，使结构更严谨。"千言文章一线牵"须贯穿文章的始终，否则，就不能称之为线索，这是线索的一个主要特点。安排文章的布局，首先要理清文章的脉络，寻找那根串珠之线，把零散片段的材料连缀起来，前前后后联系紧密，层层段段有条不紊，就能使文章"外文绮交，内义脉注，跗萼相衔，首尾一体"。

其二，巧用线索，可以使文章的布局富有变化，跌宕多姿。刘熙载说："惟能线索在手，则错综变化，惟吾所施。"陆机也说："苟达变而相次，犹开流以纳泉。"文章布局最忌呆板平直，腾挪跌宕，才见功力。而要做到这一点，选用一个适当的线索是不可少的。唯其如此，才能既放得开，又能收得拢，使布局既完整紧凑，又摇曳多姿。

其三，巧用线索，还有助于表现主题和人物思想性格。这常见于以物为线索的文章里，因为这类文章中当作线索的物，大都与主题和主要情节密切相关，或是具有象征意义的。

三、呼应的写作技巧

所谓呼应，就是指布局中的伏笔和照应。伏笔，是指对那些将要出现的人物、事件，先做一个提示，不让人感到突然、穿凿；照应，是指对前面埋下的伏笔的呼应，也就是对前面提出的问题予以解答，对前面简单的暗示予以具体细致的描写。这是文章布局常用的一种技巧，对结构的完整、紧凑、浑合，是极其重要的。

写文章要充分利用伏笔与照应，要巧设悬念与随机释念，做到伏处不必即应，断处不必即续，伏而不露，阳断阴连，从而使文章产生如山起伏、似水潆洄的曲折境地，体现在伏一笔、应一笔的运用上。所谓伏一笔、应一笔，就是作者在写作时，把前面提到的人物、事件，只作个简略的露天隐尾或有果无因的交代，故意按下不作细说，一旦契机成熟，才一泻无遗，详加叙述。这种伏应的方法，既不打乱全文的主线发展，又能给读者以谋篇巧妙、兴味无穷的感觉。呼应在篇章中的应用是多种多样的。那些高明的作者，总是根据材料的特点，结合自己的思路，运用恰当的呼应形式，把文章安排得"首尾圆合，条贯统序"，形成一个有机的整体。常见的呼应形式有以下4种。

（一）开头与结尾的呼应

开头和结尾在文章中占据重要的地位，具有特殊的作用，因此，文章的作者总是把开头和结尾作为整体构思中的重要环节，精心设计，使之首尾相援、意脉贯通。

（二）文中前后的呼应

在文章中前后呼应有两种表现：其一，有的文章先设伏笔与全文的主要情节呼应。如莫泊桑的《项链》结局揭示出玛蒂尔德借佛来思节夫人的项链是假的，这是情节的高潮，也是作品的点睛之笔。这异峰突现的结局似乎出人意料，其实前文已多处为此设下伏笔，为作品的结局留下蛛丝马迹，等后面的情节出现，与前文的伏笔照应，就会使读者不感到突然，发出原来如此的会心一笑。

其二，文章中前后细节的呼应。如《为了周总理的嘱托——记农民科学家吴吉昌》的第二节中，有这样一个细节：林彪反党集团覆灭后，吴吉昌的冤案得到了平反，他可以展翅高飞了。为了能够处处观察和研究棉株理想的株型，"他特意在家的檐下、墙头、窗前、树上，到处挂起了一株株的棉花。这银花满目的庭院，迎着阳光发出灿烂的光华！"这满院的银花，把吴吉昌试验棉花的劲头、欣喜若狂的心情和盘托出。此情此景，哀切动人，前后呼应，物同情异，把吴吉昌丰富的内心世界披露得淋漓尽致。

（三）围绕中心反复呼应

围绕中心反复呼应有3种情况。

其一，有的文章围绕主题反复呼应。例如《谁是最可爱的人》作者在开头提出"我们的战士，我感觉他们是最可爱的人"这个主题后，每讲完一个故事，都用抒情的笔调吟诵："你不觉得我们的战士是可爱的人吗？"文章的结尾是："他们确实是我们最可爱的人。"这样反复呼应，使主题犹如乐曲中的主旋律一样，弥布全篇，起到突出、强调中心思想的作用。

其二，有的文章围绕中心事件反复呼应。例如《为了周总理的嘱托——记农民科学家吴吉昌》这篇文章的中心事件是"周总理的嘱托"，作者在开头点明吴吉昌接受了周总理的嘱托之后，"文化大革命"就开始了，为了完成这个使命，吴吉昌遭受了残酷的迫害，经历了不懈的斗争。作者每写一段就照应一下嘱托，反复吟叹，处处扣在中心事件上。

其三，有的文章围绕中心线索反复照应。如朱自清的《背影》这篇文章是以人物的特征，即"我"父亲的"背影"为线索的。"背影"在文章里出现了4次。

（四）正文和标题的呼应

正文与标题的呼应有两种情况。

其一，在文章写作中，有时需要点明题目，而点题之处又往往是文"眼"所在，它能把文章的主旨形象地表现出来，引起读者的注意和思考。

其二，有的文章标题立得很含蓄，就要在正文里加以解释，与标题呼应。例如鲁迅的《为了忘却的记念》标题很含蓄，使人难以理解。于是，文章的第一段就交代了写作原因，解释题意。

无论是文章首尾呼应，文中前后呼应，或是围绕中心反复呼应，还是正文和标题的呼应，都不是刻板的、固定的。优秀的作家，总是根据自己文章表达感情、内容的需要，有时择一用之，有时兼而用之，有时只是考虑一般结构的完整、紧凑而用它，有时却将它作为构思的掣制而刻意用它。总之，在复杂纷繁的写作实践中，只有根据实际而灵活运用，才会取得满意的效果。

四、悬念的写作技巧

悬念又称关子，它指的是人们在阅读作品时的一种心理活动，即读者以作品中人物命运、情节发展变化的一种紧张、期待的心情。要想把作品写得引人入胜、富有吸引力，使文章具有一种扣人心弦的力量、叫人有一种强烈读下去的欲望，悬念这一写作技巧不可不用。设置悬念，常用4种方法。

（一）切取故事中的某个部分或画面，造成悬念

采用这种方法，一般是用倒叙先把事情惊人的结尾或某个精彩的片段告诉读者，引起读者心理上更多的需求和探究兴趣，产生一种究根问底的欲望，从而与作者再叙述原委的结构安排正好达到契合，这就造成了悬念。直到作者把事情的经过叙述完毕、读者搞清楚事件的前因后果和人物的来龙去脉之后才释念，从而获得心理上的满足，也使主题得到突出的表现。正如列夫·托尔斯泰所说，戏剧不是告诉我们一个人一生的故事，它得把那个人放

在一个局面里，拴上一个扣子，等到扣子一打开，整个那个人就变得清清楚楚了。

（二）揭示人物的反常行动，造成悬念

正常的事件人们不足为奇，超越常规，一反常态的行为，新鲜奇异，就会引起人们的警觉。构思文章的悬念，巧妙地把人物的反常行为，意外的事件或违背常理的"怪现状"，故意摆到读者面前，这样立即把读者置于悬念之中了。然后，文章顺理成章地慢慢道来，一旦揭开谜底，读者释念，从而获得心理上的满足和艺术上的享受。这类带有悬念的材料，在许多惊险、侦破、武侠小说中常常可以看到。普希金的短篇小说《射击》描写了一个叫西尔维奥的退伍军人，这个原本很平常的青年退役后却有了个癖好，就是每天练习手枪射击，而且枪法出奇地精妙。他的"房间的四壁被打得千疮百孔"，他能把子弹"一颗接一颗"打在贴在门上的扑克牌的红心上，甚至用手枪将苍蝇打进墙壁里去。这个富有悬念的开头大大调动了读者阅读的兴趣和期待。后来人们才知道他是为了一场决斗而作准备。小说末了再次强调了主人公惊人的射击本领，却又以他主动放弃复仇机会作结（为了不给对方的妻子带来痛苦）。这就把他的顽强个性和善良心灵映现得更加光彩夺目了。

（三）把人物置于危险的局势中，造成悬念

成功的悬念，不只是在开头吸引读者，而且在造成悬念之后，运用各种手法，不断强化它的力量，使读者期待的心情越来越急切，把兴趣一直维持到终篇，而把人物置于危险的局势之中的悬念，更能增加读者的兴趣。作品常置人物于危急的局势中，使读者为他捏一把汗，对人物的命运倍加关注，造成悬念。如《鸿门宴》首先就交代了沛公（刘邦）所处的极其危险的境地。项羽一听沛公的左司马曹无伤派人来报告刘邦"欲王关中"便大怒："且日飨士卒，为击破沛公军！"加之范增唆使项羽"急击勿失！"充分揭示出刘邦、项羽之间矛盾的尖锐性。而当时，项羽兵 40 万人，在新丰鸿门；沛公兵 10 万人，在霸上。力量的悬殊使刘邦危在旦夕，这就由对人物命运的关注，勾起读者的阅读兴趣，急于要将文章读完。

（四）利用误会，造成悬念

误会是作品中人物与人物间、人物与事件间的特殊形式的表现。作品中的人物对某一人物或某一事物产生了误会，造成错觉，这种误会也使不明真相的读者感到疑惑和好奇，悬念由此而生。悬念这种技巧在具体运作中，有两种形式：其一，单一式悬念，即整个作品中只有一个悬念。这个悬念的一结一解，构成了作品的基本情节，如微型小说《羞于启齿》便属于此类。其二，复杂式悬念，即作品中不只有一个悬念，而是由若干个悬念组成的悬念群。

运用悬念的技巧，应该注意悬念一经引起，就不应让它拖得太久，以致失去悬念应有的效果。既然造成悬念，提出问题，就必须在适当的地方解答问题，切不可悬而不解，问而不答。悬念宜持续，抑制和拖延决不等于中断，而是保护悬念不被冲淡。悬念宜集中，不宜分散，尽管可以多种多样，但必须分清主次，切不可喧宾夺主。

第五章 专业学位论文的文本表达

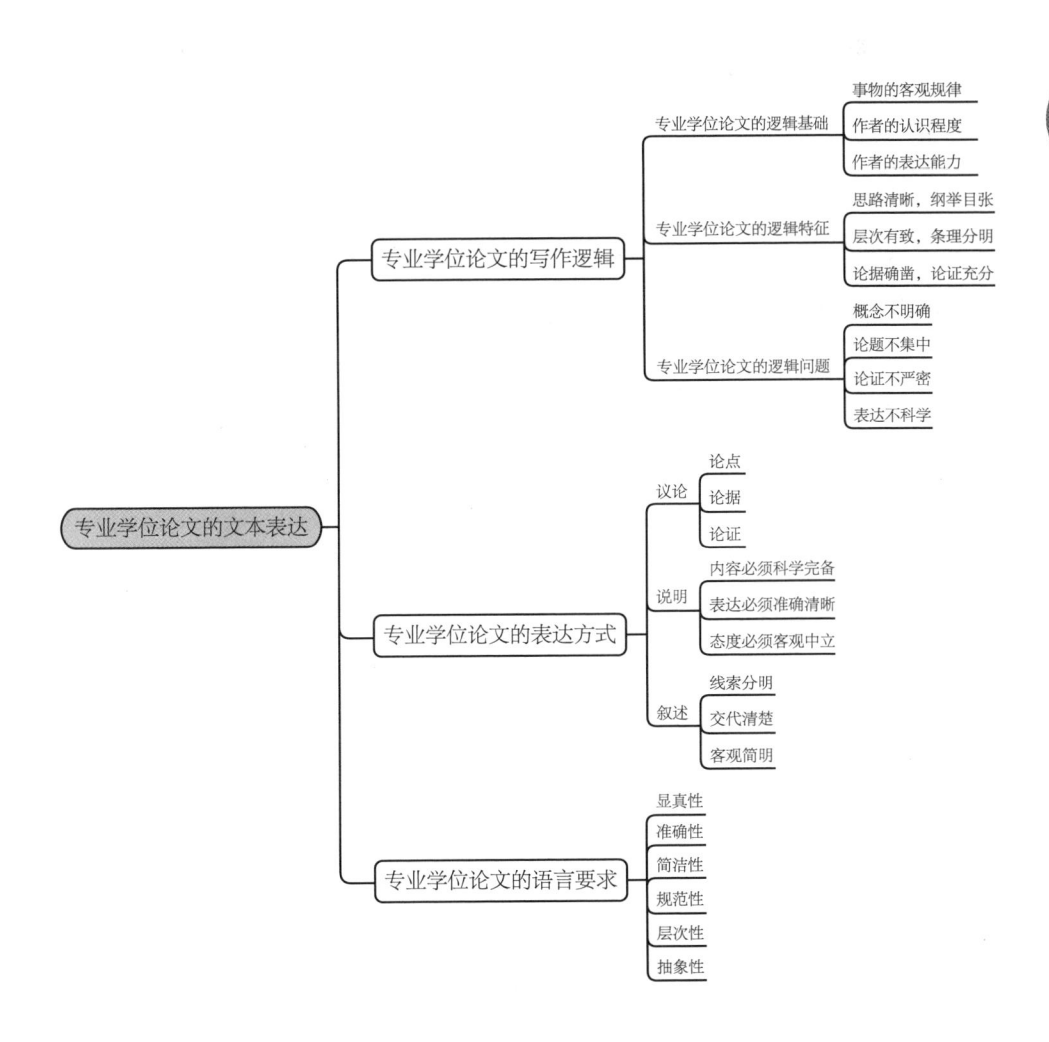

专业学位论文的文本表达
- 专业学位论文的写作逻辑
  - 专业学位论文的逻辑基础
    - 事物的客观规律
    - 作者的认识程度
    - 作者的表达能力
  - 专业学位论文的逻辑特征
    - 思路清晰，纲举目张
    - 层次有致，条理分明
    - 论据确凿，论证充分
  - 专业学位论文的逻辑问题
    - 概念不明确
    - 论题不集中
    - 论证不严密
    - 表达不科学
- 专业学位论文的表达方式
  - 议论
    - 论点
    - 论据
    - 论证
  - 说明
    - 内容必须科学完备
    - 表达必须准确清晰
    - 态度必须客观中立
  - 叙述
    - 线索分明
    - 交代清楚
    - 客观简明
- 专业学位论文的语言要求
  - 显真性
  - 准确性
  - 简洁性
  - 规范性
  - 层次性
  - 抽象性

专业学位论文，是内容与形式的统一体。内容与形式是辩证统一的。从写作角度而言，关注文本内容，就必须要重视文本表达。文本表达必须逻辑严密，方式恰当，语言规范。专业学位论文虽然在写作规范上有自身的特殊要求，但具体到文本表达上，则遵循学术学位论文文本表达的一般要求。本章分别就写作逻辑、表达方式、语言规范3个维度就一般要求进行说明，以期为专业学位论文的文本表达提供参考。

第一节 专业学位论文的写作逻辑

毛泽东说："写文章要讲逻辑。就是要注意整篇文章、整篇说话的结构，开头、中间、尾巴要有一种关系，要有一种内在的联系，不要互相冲突。"专业学位论文是对某个领域的问题进行系统和专门研究的成果。因此，要增加学位论文的逻辑力量，做到概念明确、论证充分、条理清楚。思路通畅是写好学位论文的关键。

一、专业学位论文的逻辑基础

逻辑指的是思维的规律和规则，是对思维过程的抽象。以文本形式表现出来的专业学位论文，本质上是抽象思维过程的物化形式，是专业学位研究生的思维过程的体现。专业学位论文的逻辑基础取决于3个因素，一是事物的客观规律，二是作者的认识程度，三是作者的表达能力。

1. 事物的客观规律

认识源于实践。认识逻辑，本质上是实践逻辑的反映。认识的科学合理，是建立在事物发展的客观规律基础上的。恩格斯说："历史从哪里开始，思想进程也应当从哪里开始，而思想进程的进一步发展不过是历史过程在通向理论上前后一贯的形式上的反映。"[①] 换言之，论文的逻辑性，是由事物决定的。

---

① 中共中央马克思恩格斯列宁斯大林著作编译局. 马克思恩格斯选集：第2卷 [M]. 北京：人民出版社，2012：122.

在这个意义上，专业学位论文不是写出来的，而是做出来的，是实践逻辑的体现。成功的、有条理的专业学位论文，必须建立在对问题成功解决的基础之上。

2. 作者的认识程度

专业学位论文的研究和写作过程，是对事物本质的显现过程，是事物客观规律的揭示过程。因此，对客观规律的揭示程度和论文逻辑性的好坏，与专业学位研究生认识事物的水平和能力紧密相关。认知能力决定了认识程度。换言之，提高论文的逻辑性，本质上需要提高对事物的认知能力。

3. 作者的表达能力

表达能力是在语言能力（语言表达能力）基础上发展的一种能力。即使对事物发展规律有较好的认识，对论文所撰写的内容也了然于胸，但如果缺乏良好的表达能力，也很难准确地展现事物的发展规律，体现认识的内在逻辑。但可以肯定的是，正如认识能力能够提高一样，表达能力也是可以训练的。专业学位研究生必须重视文本表达能力的培养。

二、专业学位论文的逻辑特征

一篇好的专业学位论文，通常都具有较强的逻辑感和逻辑力。这种逻辑感和逻辑力，通常表现为以下 3 个特征。

1. 思路清晰，纲举目张

叶圣陶说过："思想是有一条路的，一句一句，一段一段，都是有路的，好文章的作者是决不乱走的。"[1] 清晰的思路，是撰写论文的前提。有了清晰的思路，还必须做到纲举目张。论文的"纲"，就是论文的主题或论点；论文的"目"就是支撑论文的各类观点和材料。论文的撰写，要紧扣主题或论点，以清晰的思路，将观点和材料有机地组织起来。只有这样，论文的逻辑性才能得到保证。

---

[1] 蒲红果. 新媒体时代文章结构新路数 [J]. 新闻与写作，2016（10）：87-90.

2. 层次有致，条理分明

学位论文，是由篇章段落构成的。学位论文的逻辑性，在结构上体现为篇章段落的安排。逻辑感强的论文，不同的篇章和段落之间的安排体现出显著的层次感，或者参照事物的发展规律来安排，或者参照认识的逻辑先后来组织，具有较强的顺序性。虽然学位论文的表达结构具有多样性，但只要做到层次有致、条理分明，就能够便于读者理解，反之则会导致阅读的障碍。

3. 论据确凿，论证充分

逻辑感必须建立在确凿的论据基础之上。客观的事实材料、精确的数据信息，是专业学位论文逻辑性的前提，是展现逻辑力的依据。在确凿的论据基础上，科学合理的论证方式是增强论文逻辑性的关键。论证的方式方法有很多种，归纳和演绎，分析和判断，从个别到一般，从感性的具体到抽象的规定等。但无论哪种方法，必须坚持说理透彻。"理论只要说服人，就能掌握群众；而理论只要彻底，就能说服人。"[①]

三、专业学位论文的逻辑问题

逻辑是论文的生命线。但专业学位论文中逻辑问题并不少见。专业学位研究生在学位论文写作中常见的逻辑问题主要表现在以下 4 方面。

1. 概念不明确

学位论文通常是以概念为基础构成的系统，概念是人脑对客观事物本质的反映。概念具备两个基本特征，即内涵与外延。所谓内涵，是概念质的方面，阐述的是概念所反映对象的本质属性或特有属性。外延则是概念量的方面，即概念的适用范围。概念不明确，通常表现为内涵不明确或外延不清晰。而且，内涵不明确，通常也必然伴随着外延不清晰。概念不明确，通常导致前后论题不一致、判断不准确、推理不严密等一系列问题。

---

① 中共中央马克思恩格斯列宁斯大林著作编译局. 马克思恩格斯选集：第 1 卷 [M]. 北京：人民出版社，1995：9.

2. 论题不集中

论题集中是学位论文写作的基本要求。学位论文写作论题不集中主要表现为转移论题（偷换论题）、自相矛盾、模棱两可等。转移论题（偷换论题）是指有意识地违背同一律的要求而出现的逻辑错误。其表现是有意识地改变论题内容，偷梁换柱，从而达到某种目的。自相矛盾是指在同一思维过程中，出现两种互相矛盾或互相对立的观点和判断，难以自圆其说。模棱两可是指观点模糊，不够清晰，主要结论游离不定，使人在阅读过程中充满疑惑。

3. 论证不严密

学位论文的写作过程，是运用科学理论依据和客观事实进行论证，提出观点的过程。论证不严密，通常表现在 3 方面。一是论证语言的不严密，如论证语言缺乏科学性、准确性，表达不清晰，指向不明确等。二是论证过程的不严密，如论据不充分，论证说理性不够，推导逻辑性不强。三是论据本身不恰当，如论据不充分、不饱满，或者不准确、不真实，或者针对性不强，与论点关联度不高等。

4. 表达不科学

莫里哀说过："语言是人类表达思想的工具。"思想由言语传达，由字面书写来展现。在学位论文写作中，科学准确地表达思路和观点至关重要。将思路和观点清晰地陈述，需要具备强大的语言功底与表达能力。一些专业学位研究生在学位论文写作中经常出现表达不科学的情况，使论文传达的信息不够清晰，甚至给读者带来歧义或误导。

第二节　专业学位论文的表达方式

表达方式是指表述特定内容所使用的特定的方法、手段。它是文章构成的一种形式要素，是文章中反映主客观事物的工具。一篇论文没有理想的表达方式，丰富的思想内容也就难以得到完美的再现。就文章的表达方式而言，主要有记叙、说明、议论、描写和抒情5种。表达方式通常是文体特征的重要标志。在学位论文中，常用的表达方式有议论、说明、叙述。

一、议论

议论是对事物的分析和评论，以表明作者的观点、态度。在学位论文常用的表达方式中，议论则是最主要的表达方式。议论是通过概念、判断、推理等逻辑形式进行的，旨在使文章具有逻辑力量和理论深度。议论由论点、论据、论证3个要素构成。采用议论为表达方式的论文，论点是其灵魂，论据是其躯体，论证则是其服饰。因此，论点、论据、论证是论文不可或缺的三要素。

1. 论点

论点是作者对论述的问题提出的基本主张，是文章主题的集中表现，是文章的中心所在。论点是文章的"灵魂"和"统帅"，它在论文中起到纲举目张的作用。学位论文一般包含中心论点和分论点。中心论点是学位论文的核心；分论点是为中心论点服务的，对中心论点起到证明、补充和扩展的作用。作为论文的灵魂，论点必须鲜明、正确、深刻，能够反映客观事物的本质和规律。同时，如果论点能够做到新颖，具有新见解、新策略，则能进一步展现论文的价值。

2. 论据

论据是用来证明论点的理由和根据，是为论点服务的。选用论据，一定要围绕论点进行。要证明论点，论据必须翔实有力。论据有很多种类型，但总的来看，包括事实论据和理论论据。事实论据是对客观事物的直接概括，理论论据是被实践证明和检验过的真理。无论是事实论据，还是理论论据，都必须真实、典型和有代表性，事实胜于雄辩。如果论据单薄、空泛，不具有事实依据，则很难产生说服力。如果论据缺少典型性和代表性，则不能反映事物的普遍规律，不能说明事物的本质。

3. 论证

论证是运用论据证明论点的逻辑过程和方法，是将论点和论据有机结合起来的桥梁，体现着论点和论据之间严密的逻辑关系。论文必须根据客观事物内在联系进行组织安排，层层深入，环环相扣，自成一体。论证的过程，就是分析问题、解决问题的过程，是论文自成一体的方法和工具。论证的方法多种多样，如例证法、引证法、因果论证法、对比法、类比法等。运用论证方法时，要因文而异，务求逻辑严密，条理清晰，论证有力。

二、说明

说明，是用简明扼要的文字、图表等，将事物的性质、形状、特征、关系、程序、功用等解说清楚的表达方式。在产品研发类、工程设计类专业学位论文中，说明表达方式经常被采用；在其他类型的学位论文中，说明也常常是一种重要的辅助表达手段。说明的类型有很多种，常用的说明主要有定义说明、诠释说明、比较说明、引用说明、数字说明、图表说明等。但无论哪种类型的说明，在使用时都应该注意以下 3 点要求。

1. 内容必须科学完备

说明，一般是用来表达某种知识，传达某种事理。要起到正确的表达和传达的作用，说明必须能够正确反映客观事物的特征、本质及其规律。如果说议论文注重逻辑美，那么说明文追求的就是科学美。要正确运用说明表达方式，使用者应对事物了解深入，观察细致入微，能够抓住事物的特点，在表达时做到概念准确、判断恰当、顺序清楚、言说确切，不能含糊其词、模棱两可。

2. 表述必须准确清晰

作为知识传达的重要方式，说明首先应表述准确，用极简极精的语言通俗地展现事物的本来面貌。同时，说明还要表述清晰，应参照事物的发展过程、内在联系，合理地安排说明顺序；结合人们的认识逻辑，由浅入深、由简到繁，能够将复杂内容深入浅出、通俗易懂地呈现。虽然专业学位论文在使用说明表达方式时，经常会涉及专业术语，但应尽可能地选用约定俗成的概念，避免晦涩难懂。

3. 态度必须客观中立

说明旨在客观地说明事物或阐明事理，给人以知识，或说明事物的状态、性质、功能等。因此，说明表达方式的使用，应坚持客观原则，如实地反映事物的本来面貌。只有坚持客观的立场，对事物或事理进行实事求是的说明，不夸大、不渲染，不融入作者的感情角色，才能达到说明的目的，体现说明的科学性和准确性。

三、叙述

叙述是指记录或陈述某一事件的发生背景、发展变化，以及结果结局的一种表述方法。它也是学位论文写作中最基本、最常用的表达方式。该方式既可以用来表述事物发展的全过程，也可以表述作者的论点和论据，为论证提供依据。叙述的方法有很多，如按叙述的顺序来分，大体上可以分为顺叙、倒叙、插叙、平叙、补叙等。专业学位论文在使用叙述方法时，应注意3点。

1. 线索分明

任何表达方式的使用，都强调条理清楚。叙述方法在使用时，对较简单的现象或原理的叙述，做到条理清楚似乎并不困难。但是遇到较为复杂的现象和理论时，要做到条理清楚，就必须确定线索。线索的作用就是将纷繁复杂的材料贯穿起来，形成一个有机的整体。复杂现象或理论的叙述，有时还要分清主次，抓住主要线索，分清次要线索，做到层次分明。

2. 交代清楚

叙述通常包括"六要素"，即时间、地点、人物、情节、原因、结果。写记叙文时，通常强调要将"六要素"交代清楚，以便读者了解事物的来龙去脉。在学位论文中使用叙述表达方式时，虽然不一定都涉及"六要素"，但也必须要清楚明白地陈述，让评阅者能够掌握事件的全貌，从而达到叙述的目的。当然，有时可以根据专业学位论文的文体特点或表达内容的特殊需求，采用直接交代或间接交代，或详写或略写，从而使信息的传达能够更加轮廓分明，重点突出。

3. 客观简明

叙述作为一种表达方式，在各种文体中都有采用。但与记叙文中的叙述不同，叙述在学位论文中使用时，更加强调简明概括。叙述通常是对事例、案例的陈述，充当论点的根据，是为论证服务的。因此，学位论文中的叙述所反映的内容，要反映事物的本来面目，要求内容真实，语言准确，表达简明。

第三节　专业学位论文的语言要求

语言是信息的载体，是构成专业学位论文的基本要素。离开了语言，任何深刻的思想、精妙的结构、丰富的内容、创新的观点，都无法表达。一篇好的学位论文，语言表达也必然经得起推敲，经得住检验。根据语言的来源和交际条件的不同，语言可以分为口头语言和书面语言。专业学位论文写作使用的是书面语言。作为书面语言，在学位论文中使用时应满足以下几点要求。

一、显真性

显真性是指语言表达要显示事物的本来面貌。学位论文揭示或反映客观事物的本来面貌，其语言必须体现显真性特点。"学术论文的论点即学术研究的成果结论。这个结论应能反映客观事物的本质规律，揭示客观真理，符合客观实际，经得起实践验证，经得起推敲和逻辑推理"。[1] 达到如此标准的学位论文，其语言也必然体现出"真"的要求。显真性也要求专业性，是专业之真。学位论文是关于某个领域问题的专门性和系统性探讨。该问题的探讨应体现出一定的深度，具有较强的专业性。专业性也是显真性的表现形式，

---

[1] 陈妙云. 学术论文写作 [M]. 广州：广东人民出版社，2001：101.

是学位论文语言的基本要求。显真性是学位论文语言表达的前提。

二、准确性

准确性是以客观性和真实性为基础的，是显真性的必然要求。准确性，"从狭义来讲，是指用字用词、计量单位、公式等语言符号的准确、客观、真实。从广义上来说，则是指文本语言在整体上力求概念明晰、判断准确、逻辑推理严密、语法合乎规范、结论鲜明，是对审美对象真实、客观的表达"。[①] 要做到准确性，就要求能够精选恰当的词语准确地描述事物特征。而且，在同一篇论文中，同一个概念一般只能用同一个术语表达，尽量避免意义相近术语的交替使用。在涉及数量表达时，要尽可能少用或不用"可能""大概"等词汇。

三、简洁性

简洁性是指用语经济，尽可能用最少的语言符号，表达出最丰富的内容。古人云，"句中无余字""篇中无余句""字字紧要，字字珠玑"。这是对简洁的形象化表述。简洁是文章，尤其是学位论文的用语基础。简洁是一种语言美，追求的是言简意赅，规避的是重复啰唆。简洁首先是建立在语言运用的准确性基础之上，它强调用字用词的准确性。因此，简洁并不等同于文章的简短。有时，对复杂事物的叙述，可能需要较长的篇幅来进行；而在较长的篇幅中，同样需要强调字词的准确简洁，做到行文自然流畅，不粉饰，不做作，表达准确，意义明晰。用最简洁的语言表达最丰富的含义，简洁而不简单，是简洁的最高境界。

四、规范性

规范性是指语言的使用既应遵守人们日常的语音、词汇、语法、书写等

[①] 李建军. 论学术论文语言美的特征［J］. 东疆学刊，2010，27（4）：55-57.

方面的标准和规范,也应遵循学术团体约定俗成的用语要求。就前者而言,主要强调用语应符合书面语的要求,遣词造句要符合语法规范,句子语意应完整通顺,词语搭配要恰到好处,语言运用要严谨庄重。就后者而言,主要强调用语应体现出科学性、严谨性、先进性,要采用学术共同体普遍认可的概念、范畴,不可随意生造概念和用语。因此,规范性也是学位论文专业性的重要体现。

五、层次性

层次性是指语言结构的层次性。乔姆斯基曾指出:作为语言基本结构单位的句子,具有深层结构和表层结构。表层结构是由深层结构转换而成的,深层结构说明作为表层结构基础的语法关系。一个句子的表层结构可以表达不同的深层结构,一个深层结构可以由不同的表层结构表达出来。语言的深层结构可以使句子的意义更加明确。学位论文是通过语言来呈现的,是语言的有机组成。因此,学位论文中语言都不是孤立存在的,而是分层次的,有上位层次和下位层次之分,体现出组合的有机性,在结构上表现为句与句之间、段与段之间、上下文之间、整体与部分之间,乃至语体与语言风格之间的组合关系等。① 因此,学位论文写作必须关注语言的层次性,要追求语言的结构层次美。

六、抽象性

抽象性是指语言内容的抽象性,它是相对语言的具体性而言的。语言的具体性和抽象性是语言发展过程中的阶段性特征。语言的具体性,反映的是语言具有实体性特征;语言的抽象性,反映的是语言具有符号性特征。与人类认识规律相一致,人类认识是从感性的具体上升到抽象的规定;语言的使用,通常也经历了从具体性语言到抽象性语言发展过程。在学位论文写作中,

---

① 李建军.论学术论文语言美的特征[J].东疆学刊,2010,27(4):55-57.

抽象化语言是最常用的形式，它能够摆脱实体指向性，从而有利于精确地揭示事物的普遍规律。当然，不同的学位论文，语言的抽象性也存在差异性。一般来说，相对社会科学论文而言，自然科学论文的抽象度相对较高，研究结果的普遍性更强。

知识拓展：文本表达的两大误区与常见错误

专业学位论文，在语言表达上，与所有的学术论文具有共通性，即要求用学术语言进行思想表达。但学术语言在使用过程中，也存在很多共性问题。本书整理了杜秀杰等关于学术语言表达范式的分析[①]，供专业学位研究生借鉴。

一、两大误区

误区一：学术论文通过表达上的"陌生化"手段，使文章语言晦涩难懂，让人读起越艰难，就认为学术水平越高。其实，这是一种故弄玄虚欺骗读者的伪学术语言。广西师范大学出版社的赵明节曾说过："长期以来，我有一个明显的感觉，我们的学术著作大多面孔严肃乃至刻板，语言瘦硬生涩。大概著作者本来也没怎么弄明白，一味引用、推演，越闹越糊涂。"毕竟写文章、著书立说不是让人看了头痛才算是高水平的。

误区二：学术论文的语言就需要严肃、科学、一板一眼，不需要具有鲜活的生动性。学术论文讲究的是科学和准确，一些学术问题的描述确实不需要比喻、夸张等修辞手法，但就学术问题表达上，一板一眼、枯燥乏味与清晰流畅的表述还是有很大区别的。优秀的学术论文总是能将学术性和可读性融为一体，任是再复杂、艰深的学术理论，都能清楚明白地讲给你听，表述出来不着痕迹，读者接受起来也不费劲。如果能够达到这种状态，就是好的学术语言表达方式了。

---

① 杜秀杰，赵大良. 学术论文语言表达范式分析 [J]. 编辑学报，2018, 30（3）：260-263.

二、主要问题

1. 无主句

学术论文就全文思想通常可以使用无主语的句子（尤其是在摘要中），这样的无主句不是没有主语，因为可以默认句子的主语是本文或本文作者。这可能使一些作者在语言表达上发生混乱，在涉及具体问题时使用无主句，导致句子成分残缺，意思表达不清楚。

2. 句子主干成分分离

在一些学术论文中，会有句子主干成分分离，即主谓分离、动词和宾语分离的情况发生。例如，"如图3所示为名义工况为5/36℃、排气温度为52.7℃、回抽量为1400kg/h时，压缩机排气腔内压力信号P1和排气管内压力信号P2随时间的变化"。这个句子里主干动词"为"与它的宾语离得太远，读起来很不顺畅，"为"这个动词一直吊着，不能落到它的对象上。这不符合学术语言简洁性的要求，原因是那些实验条件没有在之前交代清楚，在这么长的句子里应加在宾语之前。另外，最好在之前就对P1、P2进行定义，那么前面那个长句子的主句就可以写成"图3所示为P1和P2随时间的变化"或者"P1和P2随时间的变化如图3所示"。修改后的句子变成了很清晰的简单句。句子主干成分分离的情况通常是一些复合句造成的，不符合语言表达简洁性要求，影响阅读和对句子的理解。

3. 双谓语

双谓语借用的是英文中的一种语法错误名称，就是一个句子中有2个动词。例如，"电压波形是满足实验要求的"。例句中"是"和"满足"都是动词，在这里不应同时出现，改成"电压波形满足实验要求"。修改后的句子意思完整。

4. 西语化的倒装句

由于很多作者大量阅读英文文献，深受英语语言表达方式的影响，致使自然科学学术论文中经常会出现倒装句，虽然能看明白，但不符合中文语序习惯。所以，在学术论文语言表达中，还是提倡使用"主语—谓语—宾语"

这样的正序表达，避免出现生硬的、西语化的倒装句。

5. 仅用量名称作为图题

在一些学术论文中，有时作者会直接使用量名称进行叙述，缺少量的主体，导致句子意思表达不完整。这种情况在图题和表题上居多。例如，一个图的名称叫发电功率图。这个图题中只有一个发电功率这个量名称，虽然其他信息都在图上，要表达的意思可以看懂，但仅就图题来说是不合适的。这个图题修改成"晃动摆质量对装置发电功率的影响"，表述就比较完整了。

6. 并列成分不对等

在一个句子中，当有并列成分共同搭配使用动词、形容词等时，需要注意并列成分应当对等，而且都能与搭配词匹配。例如，"将方均根值电压表的作用与平均值电压表的读数相对比来验证电压波形及计算损耗。"这个句子中"作用"和"读数"对比成分不对等，不能并列对比，并且并列成分较多，意思表达不清楚。根据原文的意思，把这个句子修改成"将方均根值电压表与平均值电压表的读数对比来验证电压波形，并计算变压器铁芯的损耗"。两种电压表的读数是可以比较的，对比成分对等了，同时变成两个简单句，意思就比较清楚了。所以，在论述一个比较复杂的问题时，尽量使用简单句，分开叙述，让人产生娓娓道来的感觉。很多成分并列在一起，不但句子长，不好理解，还容易产生成分不对等的语法错误。

7. 量符号使用不当或者量名称使用混乱

在一篇规范的学术论文中，要使用国家标准给出的名称及符号表示量，至少需要符合一般习惯，不能随意定义。例如，国家标准中定义电压符号为U，你就不能够随意定义成D，而且全文不同处的电压主体符号都必须是U，差异之处可用上、下角标表示。另外，要使用标准的量名称，且全文统一。例如，磁感应强度是标准名称，还有别名磁密、磁密度、磁密值、磁通密度。如果一篇文章中几种名称混用，那简直是灾难。在学术论文中规范使用量名称和符号，有助于读者对文章的理解，使阅读变得相对轻松，是一种好的语言表达方式。

第六章
专业学位论文的著录规范

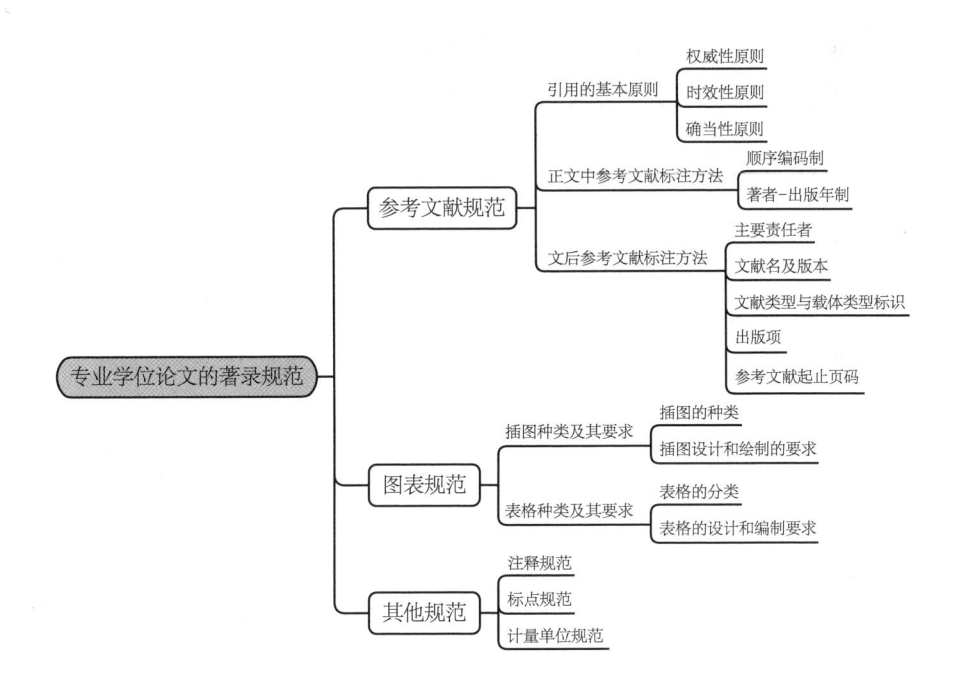

```
专业学位论文的著录规范
├── 参考文献规范
│   ├── 引用的基本原则
│   │   ├── 权威性原则
│   │   ├── 时效性原则
│   │   └── 确当性原则
│   ├── 正文中参考文献标注方法
│   │   ├── 顺序编码制
│   │   └── 著者-出版年制
│   └── 文后参考文献标注方法
│       ├── 主要责任者
│       ├── 文献名及版本
│       ├── 文献类型与载体类型标识
│       ├── 出版项
│       └── 参考文献起止页码
├── 图表规范
│   ├── 插图种类及其要求
│   │   ├── 插图的种类
│   │   └── 插图设计和绘制的要求
│   └── 表格种类及其要求
│       ├── 表格的分类
│       └── 表格的设计和编制要求
└── 其他规范
    ├── 注释规范
    ├── 标点规范
    └── 计量单位规范
```

专业学位论文的著录规范是指专业学位论文写作中引文、注释、参考文献、图表等内容和格式的规范与要求。著录规范是学术规范的重要内容，是专业学位研究生撰写学位论文时必须遵循的准则。良好的著录规范不仅使论文版面更加清晰规整，有利于评阅者阅读，也反映了专业学位研究生的学术功底和学术态度。专业学位论文的体例虽然具有自身的特殊性，但在著录规范上，与学术学位论文具有一致性。本章分别介绍了参考文献、图表、标点符号、计量单位等使用规范，以期为专业学位研究生提供参考。

第一节　参考文献规范

参考文献是指为撰写论文或著作而引用或参考的有关文献资料，通常附在学位论文的结论之后，有时也出现在正文中。参考文献是学位论文的重要组成部分。因为绝大多数研究都是在前人研究的基础之上完成的，不可避免地要学习和借鉴他人的研究成果。既然是借鉴他人的研究成果，就应该标明出处。正确使用和标注参考文献是专业学位研究生写作的基本要求。

一、引用的基本原则

在学位论文中，文献引用的重要性不言而喻。不少高校关于专业学位论文写作都明确提出了文献引用的基本要求，包括文献引用的数量、来源等。一般而言，文献的引用，应遵循3个原则，即权威性原则、时效性原则、确当性原则。

1. 权威性原则

每个领域、每个学科都有一些为学术界普遍认可或认可度较高的机构、学者、论文、著作等。因此，在进行文献引用时，应尽可能地引用这些权威机构、人士的观点，以及经典论文、著作。如果不引用这些成果，或刻意回避这些成果，论证的可信度难免受到影响，论文的创新性也可能受人质疑。

2. 时效性原则

科学在时间的长河中持续向前发展，知识在不断更新，文献也在不断更替。因此，参考文献的引用应尽量注意文献的时效性。时效性是论文质量的重要指标。一般而言，时效性要求参考文献的引用以近期为主。以期刊论文为例，期刊出版周期短，研究内容较新颖，更能反映科学研究的选题背景与发展动态，因此，期刊论文的引用一般以近 5 年的文献为主。当然，不同的学科和研究领域要求也不尽相同。例如，历史研究、考古研究等方向的论文可能更加需要相对久远的文献作为支撑。

3. 确当性原则

文献引用必须建立在论证需要的基础之上，这就要求引文应确切、适当。虽然引用文献的数量、时效性是论文质量的重要指标，但数量和时效性必须建立在文献的确当性基础之上。作者必须正确理解论文的关键问题和关键论点，根据研究的需要进行文献的引用。引用文献绝不是越多越好、越新越好。自己没看过的论文不要引，不需要的论文不要引，将所引用的最重要、最关键和最新的文献列出即可。

二、正文中参考文献标注方法

正文中引用的文献的标注方法主要有两种，分别是顺序编码制和著者-出版年制。同一篇论文中只能采用一种标注方法，不能混合使用。

1. 顺序编码制

顺序编码制是参考文献的一种标注体系，即按正文中引用的文献出现的先后顺序连续编码，并在正文引用处用上标形式标出，序号置于方括号中。如果顺序编码制用脚注方式时，序号可由计算机自动生成圈码。如：

参考文献的著录，反映作者写作材料占有的途径。"同一篇论文中，只能选用一种标注方式，不能混合使用"。[1]

用顺序编码制著录参考文献时，经常会遇到两种特殊情况。

一是同一处引用多篇文献。此时只需要将各篇文章的序号在方括号内全部列出，各序号间用","分隔。如果遇到连续序号，起讫序号间用短横线连接。此规则不适用于用计算机自动编码的序号。如：

引文的数量是评价文章质量的重要指标。但文献引用时，不能一味强调数量指标。正如张三、李四、王五等[3-5]指出："参考文献一般不用全部列出，应只著录最必要和最新的文献……"

二是多次引用同一著者的同一文献。这时，一般只标注首次出现的文献序号。为了区别对待，通常在相应的"[ ]"外著录引文页码。如果用计算机自动编序号时，应重复著录参考文献，但参考文献表中的著录项目可简化为文献序号及引文页码。如：

张三认为，工程设计是为满足目标需求而创造某种系统、部件或方法的过程[1]31。工程设计的难度也是分层次的，如改装设计、改进设计和全新设计等。张三认为，改装设计指产品在具体细节上与已有产品有所不同，但在原理上与已有产品并没有很大的改变[1]32。

2. 著者-出版年制

医学论文常采用此文献著录格式。正文引用的文献采用著者-出版年制时，各篇文献的标注内容由著者姓氏与出版年构成，并置于圆括号"（ ）"内，字体字号与正文相同。倘若只标注著者姓氏无法识别该人名时，可标注著者姓名，例如中国人、韩国人、日本人用汉字书写的姓名。集体著者著述的文献可标注机关团体名称。倘若正文中已提及著者姓名，则只需在其后的"（ ）"内著录出版年。在正文中引用多著者文献时，对欧美著者只需标注第一个著者的姓，其后附"et al."；对中国著者应标注第一著者的姓名，其后附"等"字，姓氏与"等"之间留适当空隙。多次引用同一著者的同一文献，在正文中标注著者与出版年，并在"（ ）"外以右上标的形式著录引文页码。如：

武丽志等认为，个案研究法不是完全独立的研究方法（2015）。
个案研究法不是完全独立的研究方法（武丽志 等，2015）。

张三（2016）[31]认为，工程设计是为满足目标需求而创造某种系统、部件或方法的过程。工程设计的难度也是分层次的，如改装设计、改进设计和全新设计等。张三（2016）[32]认为，改装设计指产品在具体细节上与已有产品有所不同，但在原理上与已有产品并没有很大的改变。

三、文后参考文献标注方法

引用文献，除了要在正文中标注来源和出处，还要在论文后面列出参考文献。学位论文的文后参考文献一般按著者姓氏笔画或姓氏首字母的顺序排列。同时，如果参考文献涉及多文种（如中文、英文、日文等），则应根据文种分类列出。文后参考文献的内容和格式也有基本的规范和要求，其著录内容与格式如下。

1. 主要责任者

主要责任者是指对文献的知识内容负主要责任的个人或团体。多个责任者之间以","分隔，责任者超过3人时，只著录前3个责任者，其后加"，等"，英文加", et al"。当作者不明时，此项可省略。如：

［1］杜光海.学术论文写作ABC［M］.广州：广东高等教育出版社，2006：15-16.

2. 文献名及版本

文献名包括书名、论文题名、专利题名、析出题名等。文献名不加书名号"《》"。

3. 文献类型与载体类型标识

根据国家标准GB/T 7714—2015《文献类型与文献载体代码》规定，以英文大写字母方式标识以下各种参考文献类型标识：专著［M］，会议录［C］，汇编［G］，报纸文章［N］，期刊文章［J］，学位论文［D］，报告［R］，标准［S］，专利［P］，档案［A］，电子公告［EB］，其他未说明的文献［Z］。

对非纸张型载体的电子文献，当被引用为参考文献时需在参考文献类型标识中同时标明其载体类型，一般采用以下标识：磁带［MT］，磁盘［DK］，光盘［CD］，联机网络［OL］。电子文献类型与载体类型标识基本格式为［文献类型标识／载体类型标识］，例如［EB／OL］——网上电子公告。

4. 出版项

出版项包括出版地、出版者、出版年，或其他文献出处等信息。出版地指出版者的城市名。出版社必须全称。对报纸和专利文献，要著录出版日期，其形式为YYYY-MM-DD。对电子文献需要标明其可获得的地址。

5. 参考文献起止页码

参考文献的最末一项一般为"页码"，指引文所在的位置编码。如果正文中已经标注了页码，文后参考文献页码通常可以省略。在文后标注页码时，如为起止页，则在2个数字之间用"-"号。若论文中多次引用同一文献的多处内容，则应依次著录相应的引文所在页码或起止页码，各次之间用","相隔。

第二节　图表规范

图表是学位论文成果可视化的重要手段。在很多学位论文中，图表是数据体现的重要载体，也是结论展示的重要形式。图表能够直观地显示信息属性，具有其他表述方法所不能替代的特征。从某种意义上讲，图表可以理解为与叙述、议论、说明等并列的一种独立的表达方法。图表在学位论文，尤其在理工科类学位论文中，被誉为"工程语言"。图表在学位论文中的使用，有其基本的规范和要求，即规矩、简单、美观、专业。

一、插图种类及其要求

1. 插图的种类

插图是形象化的语言，能够使内容的表述更加简洁、清晰和准确，便于阅读和理解。学位论文中的插图形式多样化，主要包括函数曲线图、点图、等值线图、直条图、构成图、示意图、流程图、照片图等。它们的区别如表 4① 所示。

表 4　插图类型及其特点

插图类型	特　　点
函数曲线图	函数曲线图由图序、图题、标目、标值、坐标轴、曲线、图注、说明组成
点图	点图是用散点表示的函数关系，其构成与函数曲线图相同，同一属性的点采用同一种点表示，同一个图形有多种属性点时，可分别用不同的符号来表示
等值线图	等值线图是用线条反映某种物理量在平面、曲面或切割面上分布的图形，常见的有地形图等高线、海洋或湖泊的等深线等，需标出每条线条的物理量大小和单位
直条图	直条图或称直方图，使用宽度相同而高度不同的直条表示相对独立的量的大小，其特点是能非常直观地反映物理量的大小。直条图可以直画，也可横画，但必须有共同的基线，从"0"开始。直条图较长时，中间可用折线，并标明数字
构成图	构成图可以是直条构成图的形式，更多的时候，我们会用饼状图的形式
示意图	示意图包括结构示意图和工作原理图两种。结构示意图将构成简单示意进行呈现，电路图、施工步骤图则是常见工作原理图
流程图	流程图包括计算机程序图、施工工艺流程图、机构设置图等
照片图	照片图多用来作为需要分清深浅浓淡、层次变化丰富的插图。具有形象逼真、立体感强的特点，可以是黑白照片图，也可以是彩色照片图。彩色照片色彩丰富、形象逼真，表达效果理想，但印制成本高。学术论文中一般采用黑白照片图

2. 插图设计和绘制的要求

（1）插图必须服务于论文内容表达的需要。插图应与论文其他表达形式有机融合，形成一体，服务论文的内容表达。

（2）插图应当写实，应客观地呈现对象，不能夸张更不能杜撰。插图通常是对文字内容的进一步说明，必须与文字内容契合，保持一致。

（3）插图应具有自明性。插图虽然作为论文的一个组成部分，但同时也具有相对独立性，即只看插图本身，不看正文也能直观明了地理解图意。

---

① 武丽志，陈小兰. 毕业论文写作与答辩 [M]. 北京：高等教育出版社，2015：170.

（4）插图一般随文编排。在论文写作中，对能够用简明文字表述的内容，可不设计插图。插图通常是文字内容的形象化表达。因此，不能先出现插图再出现文字，插图通常出现在文中第一次提到它的段落后面。

（5）插图要注明图序和图题，并居中标注在图下方。如有多张插图，可用阿拉伯数字，如图1、图2、图3等，依序标注。

（6）插图内图注、计量单位等的表述应简洁，明确，准确，规范。插图内各种符号、计量单位名称、专业术语的使用必须符合专业标准，术语名称也应与文中保持一致。

二、表格种类及其要求

表格是一种可视化交流模式，用来表达数据和事物分类的一种手段。相对文字而言，表格对数据和事物分类的表述，通常更加准确、简洁、清晰，具有逻辑性，便于理解。

1. 表格的分类

常见的表格主要有3类，分别为无线表、系统表和卡线表。其中，卡线表经过改造，简化为三线表，成为当前学位论文中最主要的表格形式。

（1）无线表

无线表，顾名思义，即表中无任何表线的表格。该类表通常涉及的项目较少，内容也较为简单（表5）。

表 5　考试科目成绩表

编号	科目	成绩
1	语文	95
2	数学	98
3	英语	96

（2）系统表

凡表述隶属关系的多层次事项时，采用系统表。系统表只用横线、竖线或括号将文字连接起来，形成一个有机的系统（表6）。

表6　测量的条件与方法

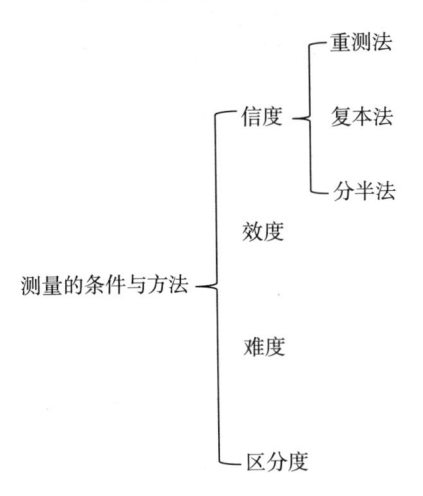

```
                    ┌─ 重测法
              ┌ 信度 ├─ 复本法
              │     └─ 分半法
              │
测量的条件与方法 ┼ 效度
              │
              ├ 难度
              │
              └ 区分度
```

（3）卡线表

卡线表是论文中普遍采用的表格形式。通常项目多、数据复杂的内容，都采用这种形式。它是由横线、竖线组成表格的行线和栏线，从而形成许多小方框，项目名称和数据相应填在小方框中。表格栏头用斜线分开，斜线左下方标注纵向栏目的属性，斜线右上方标注横向栏目的属性。卡线表的示例见表7。

表7　学生成绩方差分析表

类别指标	平方和	自由度	方差	F
组间差异	339.6	4	84.9	15.72[**]
组内差异	54	10	5.4	—
总差异	393.6	14	—	—

注：—表示无数据，全书后同。

卡线表虽然阅读清晰，避免串行，但有栏头斜线排版难度大，而且分隔线过多。为此，通过对卡线表简化和改造，相应产生了三线表。三线表取消了栏头斜线，省略了横、竖分隔线，通常一张表只有3条线，即顶线、底线和栏目线。三线表保留了传统的卡线表的全部功能，克服了卡线表的不足，增强了表格的简明性，减少了排版的难度。所以，目前学位论文普遍推荐采用三线表。三线表的示例见表 8。

表 8 学生成绩方差分析表

差异来源	平方和	自由度	方差	F
组间差异	339.6	4	84.9	15.72**
组内差异	54	10	5.4	—
总差异	393.6	14	—	—

2. 表格的设计和编制要求

（1）表格内容应精选。以列表的形式呈现论文内容，目的就在于以简洁、直观的形式表达内容。因此，应根据要描述的对象和表格功能确定是否采用表格；能够用简洁的文字说明，或已经通过其他形式表述过的内容，可不再列表，以免重复。

（2）表格应具有自明性。不仅表格的数据要与表格栏目名称保持一致，而且表格栏目名称应与正文保持一致。术语和符号的使用要科学规范。

（3）表格的编制应科学有序，栏目对应的内容应清晰、规范。表格一般由表序、表题、栏目、表身、表注等组成。

表序应依其在正文中出现的先后顺序用阿拉伯数字进行编号，如只有一个表格，应编号为 1。表序与表题之间应空一字格，居中排列于表格顶线上方。

栏目内的信息归类要正确，能够反映该栏信息的特征和属性。当栏目呈现多层级时，可以用辅助线解决项目多层次问题。

栏目线以下、底线以上的部分称作表身，构成了表格的主体。表格中同类型数字的单位应归并在项目栏中；如果表格内所有栏目的量和单位均相同，可将共同的单位标在表格顶线的右上角处。表格中的同类型数字的小数点上下应对齐，保留相同位数或有效数字。表身内上下栏或左右栏内容相同时，应逐项填写，不能用"同上""同左"来代替。

表注是对表格中有关事项做补充说明的文字，一般排在表格下方。如果表注存在多条时,可以给每条表注编上序号;注释之间用分号隔开。另外,也可以在表身的右端加上备注栏。

第三节 其他规范

专业学位论文的著录规范,除了参考文献、图表规范,还涉及注释、标点、计量单位等规范。

一、注释规范

在学位论文写作中,经常出现研究生将注释与参考文献混淆的现象。注释是对论文中相关内容、特定词汇与资料来源等所做的解释和说明。参考文献则是为撰写或编辑论文和著作而引用的有关文献信息资源。因此,相对参考文献而言,注释"不只是起到注明所引用资料出处的作用,方便读者知悉文章引用了哪些文献资料,分辨哪些是作者本人的观点,且更有助于进一步阐述正文中没有的观点和问题,增强文章的权威性和说服力"①。

学位论文的注释一般多采用脚注,便于读者查阅。也偶尔见到尾注,但以尾注形式呈现时,应与参考文献进行区分对待。无论是脚注还是尾注,注释一般均应采用数字加圆圈标注(如①②③),以区别于参考文献用数字加方括号标注(如[1][2][3])。由于在实际撰写时,注释与参考文献的区分存在界限不够明晰的问题,注释有时也仅仅是注明引文出处,而没有对引文进行特别的释义和说明。此时,除了应采用数字加圆圈标注,其他格式和规范均应参照前文关于参考文献的标注方法。

二、标点规范

标点是论文表述的有机组成部分,是书面上用于标明句读和语气的符

---

① 康兰媛.注释与参考文献辨析及其规范化著录探讨[J].编辑之友,2014(1):85-87.

号。标点在论文写作中具有重要的作用。标点包括点号与标号。点号的作用是点断，主要表示停顿和语气。点号分为句末点号和句内点号。句末点号包括句号、问号、叹号；句内点号包括逗号、顿号、分号、冒号。标号的作用是标明，主要标示某些成分（主要是词语）的特定性质和作用。标号包括引号、括号、破折号、省略号、着重号、连接号、间隔号、书名号、专名号、分隔号。

标点的使用，应参照中华人民共和国国家标准《标点符号用法》（GB/T 15834—2011）。一般而言，标点符号在全文中应统一规范，如果论文中不得不引用某些不易为同行或读者所理解的，或系作者自定的符号，均应在第一次出现时加以说明，并给出明确的定义。

三、计量单位规范

计量单位是指为定量表示同种量的大小而约定的定义和采用的特定量。计量单位是研究数据必不可少的组成部分。计量单位的使用，应参照我国在1984年颁布的以国际单位制单位为主体的《中华人民共和国法定计量单位》规定标准。为准确使用法定计量单位，可参考根据中华人民共和国国家标准GB 3100～3102—1993《量和单位》编制的《常用量和单位表》。

知识拓展：学位论文常见著录文化与问题镜鉴

引证和注释是学术的基本规范。但很多研究生在学术研究过程中，缺少引证和注释的基本规范意识。有研究者曾感慨自己在国外读书时的经历："刚开始在美国写读书汇报或小论文，最让我不适应的是'引经据典'。文章里的每一句话，只要不是自己原创的，哪怕是人人皆知的道理，也必须找到出处且必须用严格正确的格式附在文章最后。我们每个学生都有一本宝贝书，天天塞在包里，书里枚举了引用文献时要用到的所有规范。这些'引经据典'的训练使我慢慢培养了缜密的学术风格。"[1]

---

[1] 陆静斐，周仕兴. 如此"拿来主义"行吗？[N]. 文汇报，2003-03-13.

可能是因为缺少著录规范意识，以及缺少对著录规范知识的学习，现实中的著录问题可谓层出不穷。有研究者曾选择某大学馆藏的55篇优秀硕士学位论文期刊类参考文献为研究对象，分析发现其研究对象著录错误率平均为29.11%，中文文献著录错误率（35.81%）明显高于英文文献（28.15%）；著录项目错误最多是作者姓名，紧跟其后依次为题名、页码、卷（期）号、刊名和出版年[①]。因此，学位论文的著录规范问题，不容小觑。学位论文的著录规范，不同专业学位研究生培养单位的要求也不尽一致。但整体上具有共通性。有研究者[②]结合自身的编辑经历，就常见的著录问题进行了汇总，特整理如下，以避免专业学位研究生重蹈覆辙。

1. 未著录参考文献

有借鉴引用但没有进行注释或标注参考文献的做法，学术界是不予认可的。无论出于何种原因，也无论是直接或间接引用，理论上都应标明出处。这也是基本的学术伦理。著录的形式错误是技术性问题，但未著录则可以上升到学术伦理问题。专业学位研究生在进行论文撰写时，应切忌出现该问题。

2. 著者项错误

著者项错误包括姓和名的错误，以及漏、少作者等。如有的作者图省力只著录第一作者而不加"等"的情况，不符合多位作者要署名3位后用"等"的要求；或将中间一名作者或最后一名作者视作完整的著录者。除了缺少部分著者，缺"等"字、著者顺序有错等情况，姓名差错还有同音不同形、形似字相互代替等情况。

3. 题名错误

题名错误主要包括错别字、多字或漏字（词组）等。常见的有副题名的遗漏，同音、形似字相互混用，介词的遗漏或多余等情况。如将题名为"基于不规则三角网数字高程模型（DEM）的土方计算方法"误写为"基于不规

[①] 石小华. 优秀硕士学位论文参考文献著录准确性分析——以广东医科大学为例[J]. 内蒙古科技与经济, 2018（4）: 131-132, 134.

[②] 周红云. 科技论文来稿中参考文献著录格式存在的问题及解决方案[J]. 云南大学学报（自然科学版）, 2011, 33（S2）: 63-64, 67.

则三角网 DEM 的土方计算方法"。

4. 连续出版物文献错漏颇多

在引用连续出版物时，刊名、出版年、卷、期、起止页码错误或不全，此类情况最为普遍，主要包括刊名错误、刊名不全、卷（期）次错误；只标注主要责任者、题名和刊名，而忽略了出版年、卷（期）次、起止页码等信息，尤其以缺少卷（期）次、起止页码的情况最普遍，缺少转页的情况也时有发生。这种差错会给查阅者带来很大的困难。

5. 出版项错误

主要出现在引用论文集或专著时。在引用论文集时，往往只标出作者、论文篇名和时间，漏标论文集名称、出版者、出版地等信息。出版项应包括出版地、出版者、出版年 3 项，但有的作者仅标注其中的 1~2 项，出现最多的是缺少出版地的情况。如文献"[1] 张国良. 矿山测量学 [M]. 中国矿业大学出版社，2006."，正确的标注格式应为"[1] 张国良. 矿山测量学 [M]. 徐州：中国矿业大学出版社，2006."。

6. 标点符号使用不规范

如多位作者之间用空格代替逗号"，"，把著者和题名间应用的句点"."误为句号"。"或逗号"，"，一个逗号到底或者是一个顿号到底等。

7. 外文文献的书写错误

常见的书写错误为：①字母错误、大小写错误，有的单词拼写错误；②西文词连排，或错误分开，移行不按音节；③外文期刊名缩写错误，刊名与书名、论文集混淆等。

8. 正文中缺文献序号

未在文中相应位置标注参考文献序号或者文中缺漏一些参考文献序号。

第七章
专业学位论文的开题报告

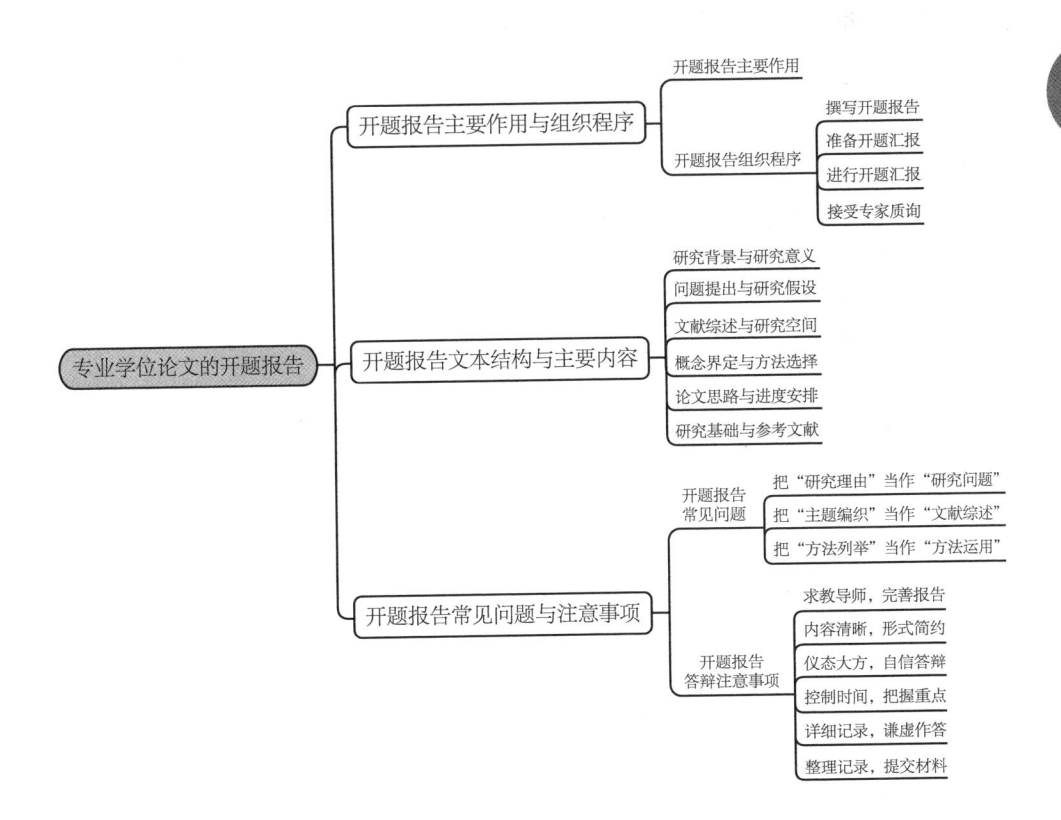

```
                                          ┌─ 开题报告主要作用
          ┌─ 开题报告主要作用与组织程序 ─┤              ┌─ 撰写开题报告
          │                               │              ├─ 准备开题汇报
          │                               └─ 开题报告组织程序 ─┤
          │                                              ├─ 进行开题汇报
          │                                              └─ 接受专家质询
          │
          │                              ┌─ 研究背景与研究意义
          │                              ├─ 问题提出与研究假设
专业学位论文 │                              ├─ 文献综述与研究空间
的开题报告 ─┼─ 开题报告文本结构与主要内容 ─┤─ 概念界定与方法选择
          │                              ├─ 论文思路与进度安排
          │                              └─ 研究基础与参考文献
          │
          │                              ┌─ 开题报告    ┌─ 把"研究理由"当作"研究问题"
          │                              │  常见问题  ─┤─ 把"主题编织"当作"文献综述"
          │                              │            └─ 把"方法列举"当作"方法运用"
          └─ 开题报告常见问题与注意事项 ─┤
                                         │            ┌─ 求教导师，完善报告
                                         │            ├─ 内容清晰，形式简约
                                         │  开题报告  ├─ 仪态大方，自信答辩
                                         └─ 答辩注意事项 ─┤─ 控制时间，把握重点
                                                      ├─ 详细记录，谦虚作答
                                                      └─ 整理记录，提交材料
```

论文开题是专业学位研究生学位论文撰写的一个重要环节。开题报告是研究生在导师指导下完成的学位论文课题论证报告，是研究生向开题报告会

议提交的课题任务计划书。开题报告在研究生学位论文质量管理中具有重要作用。每位研究生在学位论文撰写阶段都要参加开题，通过审核后才能正式进入课题研究阶段。写好开题报告并顺利通过开题答辩，是专业学位研究生学位论文撰写的必经阶段。

第一节　开题报告主要作用与组织程序

研究生培养质量是研究生教育的生命线，而学位论文质量是衡量研究生培养质量的重要标志。学位论文质量的高低，很大程度上取决于开题报告的质量。开题报告是研究生关于学位论文的文字说明材料，它包括选题、综述、关键技术、可行性分析和时间安排等内容。

一、开题报告主要作用

开题报告的目的是对研究生论文选题的可行性进行论证。有关专家、学者听取研究生的汇报，并据此判断研究选题的价值、研究方法是否奏效、论证逻辑有没有明显缺陷，从而最终确定是否批准论文的选题。开题报告通常也是很多学校毕业论文答辩委员会对学生答辩资格审查的依据材料之一。

成功的开题报告，往往意味着学位论文工作完成了一半。撰写开题报告的过程，本质上就是论文选题的论证和设计过程，也是论证和设计的文本化过程。开题报告如果相对成熟，论文撰写通常就很顺手，能够做到胸有成竹，从而保证论文能保质保量地完成；开题报告如果流于形式，思路不清晰，写论文就会没有目标，没有方向，可能就要多走弯路，也很难保证论文的质量。因此，开题报告对学位论文的撰写具有重要作用。

二、开题报告组织程序

开题报告是研究生学位论文质量管理的重要环节，也是研究生撰写学位论文必须经过的环节。了解该环节的基本流程，并根据流程做好相关准备，对研究生而言至关重要。开题报告活动通常是以开题报告会的形式来进行。开题报告会一般由学院、学科或系为主体组织召开，有时也由导师为主体组织召开。虽然不同的研究生培养单位，其开题报告的组织程序与要求各有不同，但大致而言，其活动流程具有相似性。对研究生而言，要完成开题报告，要重点关注以下4个流程。

1. 撰写开题报告

开题报告会，就是听取研究生的开题汇报，审阅研究生提交的纸质开题报告文本。因此，召开开题报告会之前，研究生必须完成开题报告文本的撰写。通常研究生在导师的指导下，在第一学年内就应确定学位论文的研究方向，确定论文的选题，并做好开题报告撰写的准备。开题报告文本的撰写有基本的形式、内容要求，各培养单位通常都为研究生开题报告文本提供了基本的模本。研究生应依照该模本认真撰写开题报告，并经导师认可后，提前数天呈送给开题报告会相关专家委员，以供提前审阅。研究生提交给各专家委员的开题报告，有时根据导师要求或课题研究的需要，还需要附加相关的支撑材料，如调查问卷、实验设计等。

2. 准备开题汇报

开题报告文本撰写完成后，研究生应开始着手准备开题汇报。开题汇报通常以演示文稿（PPT）形式汇报。研究生应熟悉PPT制作和操作规范，同时应对开题报告汇报内容了然于胸。只有做到这两点，才可能做出符合基本要求的PPT汇报材料。PPT开题汇报，首先应思路清晰，逻辑严谨。PPT汇报逻辑，一般适宜参照开题报告模本规定的顺序逐一进行，这样既方便研究生组织内容，也便于专家审阅报告。其次，开题汇报应内容简约。开题报告的文本内容很多，信息量大。但制作PPT时，应删繁就简，将核心思想和重要内容呈现其中，避免在开题报告中堆砌大量的内容。最后应形式美观。PPT汇报主要是以视觉传达的方式进行选题论证和设计，要发挥视觉传达的优点，应符合人们的正常审美观，做到形式美观，陈列合理。

3. 进行开题汇报

研究生根据开题报告文本，完成PPT制作。接下来，就要根据开题报告会议的安排，按时参加开题答辩。研究生开题汇报的时间，一般以15～25分钟为宜。汇报时，应参照PPT内容安排逻辑，逐页进行，但应重点突出，确保开题报告文本的逻辑，通过PPT的视觉传达及研究生的语言传达相结合的方式，得到完整充分的呈现。一般而言，应重点说明选题拟解决的问题与研究的意义，宜具体，忌空泛；然后简单说明文献综述，重点在评述，以突出论文选题在当前研究中的位置、优势与突破点；在此基础上，应详细说明研究设计，如研究方法、技术路线、研究步骤等；最后说明课题的可行性和创新性。

4. 接受专家质询

研究生汇报完毕后，就要接受专家质询。专家质询的时间通常在15分钟左右，但质询的时间受多重因素影响，如研究生汇报的质量、课题选题本身和专家组对选题的兴趣度等。因此，实际质询时间往往表现出较大的差异性。研究生在接受专家质询过程中，应保持谦虚好学的精神，准备好纸笔，虚心求教，详细记录。开题不是答辩会，更不是辩论会。一般而言，在开题过程中，主要以听取专家意见为主，如果专家没有要求研究生对提出的问题给予回答，则研究生通常不必进行回应。对相关的问题，研究生应在会上统一受理并在会后逐一消化。对开题报告会上专家提出的一些没有明确要求作答，但研究生又心存疑惑的问题，适宜在会后单独征求专家更加深入的观点，并最终将相关意见再反馈给导师，征询导师的意见。

研究生接受质询环节结束后，也就意味着开题报告会基本结束。此时，参加开题报告的评审小组通常要进行集体评议，给出评审意见、评定成绩等级，并在纸质的开题报告上填写评审意见和成绩等级。开题报告的成绩，直接决定研究生是否能够进入学位论文撰写的下一个环节。

第二节 开题报告文本结构与主要内容

开题报告是研究生学位论文选题的论证和设计的文本呈现。不同的研究生培养单位,对开题报告文本框架都有基本的规定。例如,某校关于开题报告的文本内容规定如下:选题意义和研究价值;国内外研究现状和发展动态;主要研究思路、研究内容和在学术方面的创新点;拟采取的研究方法和技术路线;进度安排和预期成果;已有基础,包括与本项目有关的工作积累和已取得的成绩、已具备的条件、尚缺少的条件与解决途径;主要参考文献[①]。尽管研究生培养单位关于开题报告的文本框架表述不同,但整体来看,其论证和设计的内容基本是相同的。一般而言,开题报告的文本框架主要包括以下6方面。

一、研究背景与研究意义

科学的论文选题都不是凭空而来的,都应有一定的研究背景与研究意义。恰恰正是这些研究背景与研究意义的铺垫,才使课题的研究有了明确的方向和目标。

研究背景即选题的依据与缘起。研究背景应阐明是什么因素促成这次研究的、为什么要对此进行研究、研究的理论依据或现实需要是什么等。研究背景的表述应要点明确,不要将背景无限放大,必须紧扣选题本身,能够自然引出选题,说明选题的逻辑根据或实践依据。研究背景的篇幅不要太多,必要时可分层分段,但要保证各层意思的连贯性。

研究意义即研究的价值。研究价值通常包括理论价值和实践价值。实践价值指的是该选题是否关注当下,是否能为解决现实问题提供参考和依据;

---

① 中南大学研究生院. 中南大学研究生学位论文开题报告管理办法 [EB/OL]. (2017-07-25) [2018-10-10]. http://gra.its.csu.edu.cn/yjsy/pygl/wjtzxq62971_2_6.html.

理论价值指的是选题是否有助于在理论上对前人的研究有所发展与推进，或者开拓出新的研究领域，弥补空白等。研究意义的表述，一般先从实践价值的角度去论述，指出研究对现实问题解决意义所在，然后再论述课题研究的理论与学术价值。

二、问题提出与研究假设

论文开题，最核心的任务就是提出问题。问题是课题研究的中心，是研究切入的关键点，它决定着其他部分。只有恰当地提出问题，才能成功地解决问题。因而问题必须贯穿研究的始终。

提出问题比解决问题更重要。开题报告中对问题的提出，不能突兀，应基于研究背景自然地呈现，应从研究缘起出发，要从理论需要和现实需要等维度，像讲故事一样，将拟研究的问题娓娓道来。只有清晰地将选题内容呈现，才能真实地展现问题研究的必要性及其价值所在，才能自然地获得开题报告审阅者的理解和认同。问题提出后，还需要对问题进行精确的表述，既需要对相关专业术语进行界定，也需要以明确清晰的逻辑进行表达。只有清晰、严谨地表达出来的问题，才能进一步说明问题研究的深度和广度，进一步证明研究的必要性。

在问题提出后，我们就必须对这些问题进行回答。研究假设就是研究者对问题的尝试性回答，是研究者发现的可能成立的新观点。从某种意义上说，学位论文的撰写过程，也就是研究假设的证明过程。研究假设是问题的一个暂时答案。一个好的研究假设，所得的结果和答案必定能使人心服口服。因此，研究假设应具有3个特点：一是要有科学性，即提出的假设要合乎规律和逻辑，要建立在科学理论或事实基础之上。二是陈述的明确性，即假设的阐述必须清晰、简明、准确，切忌宽泛、冗长、模糊。三是具有可检验性，即能在研究与以后的实践中被证实。虽然不是所有的学位论文在开题报告中都应明确提出研究假设，但既然提出了问题，作为研究者都应该有关于问题的预设性回答。预设性回答，实际上为问题的进一步深入提供了方向。

三、文献综述与研究空间

一篇好的研究生开题报告，都有一篇与课题相关的文献综述。在研究问题确定后，就需要进行文献综述。文献综述是指围绕某一主题，广泛收集一定时间内的大量资料，并在深入了解国内外新进展的基础上，将所选资料经过分析、综合、归纳和述评后写成的文章。

文献综述可以为研究选题提供思路与依据。因此，做好文献综述对学术研究有着至关重要的作用。但是，大部分研究生在撰写文献综述时，总会存在一个根本性的问题，即不明确文献综述的目的。文献综述写作的目的，是通过比较和借鉴前人的研究成果，为论文研究提供理论和方法论参考，以进一步厘清自己研究的问题，证明研究的意义和价值。好的文献综述，能够让评阅者在较短时间内就能够了解论文选题在当前研究中所处的位置，揭示研究的深入空间。

文献综述的写作，一定要瞄准主流。一般而言，文献综述中展现的文献，应该是通过甄别、筛选后找出的与研究相关的经典、高质量的文献。不是所有相关的经典文献都应该阐述，事实上，很多时候在文献综述中重点阐述的文献，可能并不是经典文献，但却与课题的相关度很高。文献综述不是相关文献的简单堆砌。对文献的组织陈述，必须紧扣研究所要解决的问题，有条理地呈现。最后，文献综述必须有综有述。文献综述的目的就在于弄清楚前人在某领域已经研究到何种程度，有何借鉴之处，从而找到我们自己研究的切入点、创新点和能进一步拓展的研究空间。值得注意的是，研究空间应和研究提出的问题紧密联系。研究问题的可研究性，也就是研究空间和研究的可行性。

四、概念界定与方法选择

通过文献综述，进一步揭示了研究空间，为研究问题的具体化和研究方法的选择提供了参考和借鉴。此时，开题报告应基于此，将研究中可能涉及的核心或关键概念进行界定，尤其要考虑赋予抽象的概念性定义以及操作性内容，这样既避免理解的分歧，也尽可能使抽象的问题得以可操作化，使研究更加可行。同时，开题报告还需要对论文解决的问题的理论、方法、技术、工艺等进行说明。在进行理论、方法、技术、工艺等进行说明时，开题报告的重点不是对它们逐一进行介绍，而是要说明如何应用它们解决论文所提出的问题。

五、论文思路与进度安排

专业学位论文形式虽然多样，但文本式的学位论文是其不可或缺的表现形式。作为文本形式呈现，就应该有基本的逻辑框架和表达思路。开题报告通常应将文本的写作框架呈现出来，在展现写作框架时，最好能够具体化到三级标题，这样更容易让参加开题报告会的专家理解论文的研究思路，提出针对性的意见。

开题报告通常还需要给出基本的进度安排，以确保研究生能够参照预期计划顺利完成任务。进度安排是从时间维度上将研究过程划分为几个阶段，并分别说明各阶段的主要研究任务和要实现的目标。

六、研究基础与参考文献

为了进一步说明研究的可行性，开题报告通常还对研究基础进行说明。研究基础包括课题前期取得的成果情况和课题研究所需要的文献资料、设施设备、时间、经费等条件相关情况。

参考文献是研究生在撰写开题报告过程中参考或借鉴的文献。开题报告通常除了在正文中要标注文献的来源和出处，还需要在文后列出参考文献。参考文献的格式应符合基本规范，通常按著者字顺（姓氏笔画或姓氏首字母的顺序）排列，标明序号、作者姓名、著作或文章名称、出版单位、出版时间、页码等。对来源渠道不一样的文献，还要标明文献类型标识。

第三节　开题报告常见问题与注意事项

一篇高质量的开题报告可以说是学位论文成功的一半，然而有很多研究生的开题报告往往出现各种问题，需要大改，甚至重新开题。为了避免做无用功，研究生应对开题报告常见问题与注意事项给予高度关注。

一、开题报告常见问题[1]

关于开题报告，研究生基本会根据开题报告的内容板块对应撰写，从书面来看，要素齐全，形式齐整，但在写作中往往隐藏着一些误区，严重影响开题报告的质量，这不得不引起我们的重视。

1. 把"研究理由"当作"研究问题"

有些研究生对开题报告中"问题提出"或"问题缘起"只阐述该问题研究的必要性，即"研究理由"，而忽视"研究问题"本身。为了避免把"研究理由"当作"研究问题"，首先得明白什么是"研究问题"。"研究问题"是指在理论或实践中，研究者所探究的是之前存在但尚未发现或有待解决的疑问。"研究问题"可以是①尚未被发现的新问题；②从新视角或新方法出发，使已有的研究呈现出的新现象；③已有的研究随时代背景各因素的变化呈现出的新变化；④研究者对研究对象做出的研究假设。所以，开题报告首先要呈现的是你要解决什么问题，然后再阐述问题研究的必要性。

2. 把"主题编织"当作"文献综述"

很多研究生在刚开始撰写开题报告时，不知道"文献综述"的作用，将"文献综述"写成了"主题编织"，即围绕某一研究主题罗列相关的文献，仅仅将文献的作者、题目、核心观点一一列出。这违背了"文献综述"撰写的

---

[1] 李润洲. 走出开题报告撰写的三个误区[J]. 学位与研究生教育，2014（2）：8-11.

初衷。"文献综述"应该以问题为导向，不仅罗列相关文献的作者、题目、核心观点，而且要全面陈述还有哪些问题尚待解决或者对已解决问题所采用的不同研究方法或材料。也就是说，"文献综述"的目的是通过相关研究成果的陈述来凸显自己研究的价值，要展现出研究生自我思考的亮点。因此，在介绍完相关文献的作者、题目、核心观点之后，一定要加上自己关于该问题的思考，如是否赞成这些观点，有哪些新见解，还存在哪些问题等。

3. 把"方法列举"当成"方法运用"

研究问题、研究方法和对研究问题的基本观点是开题报告的基本要素。开题报告至少要告诉读者"研究什么、如何研究和预期结论是什么"等内容。如果说问题提出和文献综述旨在阐明研究问题的话，那么研究方法则是阐释如何解决拟要研究的问题的，而这并不是列举各种研究方法，而是展示研究方法的运用。为了避免单纯的"方法列举"，应重点阐述方法是如何用于拟解决的问题的。在阐述研究方法时，正确的做法是首先对研究内容所涉及的问题加以归类，然后根据各类问题设计适合的研究方法。如果无法做到如此精细的话，至少要说明所提出的问题，准备用什么方法解决，以及怎么去解决的，而不只是简单地列举研究方法。

二、开题报告答辩注意事项

细节决定成败。开题报告会，主要以汇报答辩的形式进行。因此，做好开题报告答辩至关重要。下面分别就开题报告答辩相关注意事项进行陈述。

1. 求教导师，完善报告

论文选题应尽早与导师交流，导师会根据自己的学术经验让你少走弯路，确定选题是否具有可塑性、有没有研究价值等。在撰写开题报告过程中出现问题时，也应及时求教导师，并将问题具体化，争取得到导师的深度指导。在开题报告初稿完成后，也一定要再次反馈给导师，让报告得到进一步的完善。

2. 内容清晰，形式简约

在答辩时，阐述的内容应该条理清晰，重点突出，尽量用直观、简明的方式来呈现内容。PPT形式简约，图文并茂。图优于表，表优于文字。比如，有数据时就用条形图、折线图或表格等来代替。PPT要给人耳目一新、简洁大气的感觉，不能太过烦琐、杂乱无章。

3. 仪态大方，自信答辩

在台上时，不管是进行PPT汇报，还是回答评委提出的问题，一定要声音洪亮，语速中等，精神饱满，仪态大方，表情自然。昂首挺胸，微笑作答是给评委老师留下好印象的第一步。切忌有身体飘忽不定、叉腰、搓手等紧张不安的表现。

4. 控制时间，把握重点

在答辩的时间范围内，把问题讲清楚，特别是做到重点突出、详略得当。可以提前试练一遍，把握好相应的时间。重点要说清楚研究什么、为什么要研究、如何研究、你的研究与别人的研究有何不同等问题。

5. 详细记录，谦虚作答

上台答辩时，记得带上纸笔。在评委老师提出问题时，要详细记录，并抓住重点，简明扼要地谦虚作答。如果是不会或不清楚的问题，或者陈述中出现的漏洞、错误等，一定要如实说明。对老师给出的建议，一定要虚心接受并表示感谢。对一些细节问题，切勿在答辩时纠缠不清，可在答辩结束后再请教老师。

6. 整理记录，提交材料

答辩结束后，一定要认真整理老师的提问、意见和建议。结合老师给出的建议和意见，对自己的开题报告进行修改完善，如果再遇到不明确的地方，可再次找机会向老师请教，并最终向导师汇报，根据导师意见进行修改，整理完善后再上交。

知识拓展：开题报告制度摘编与模板摘录[①]

开题报告是研究生培养的重要环节。每个研究生培养单位关于研究生开题报告通常都有相关的制度安排，或约定俗成的技术标准。本书选择了国内 A、B 两所高校，对 A 高校专业学位论文开题报告要求与考核办法进行了内容摘编，对 B 高校专业学位论文开题报告模板进行了摘录。需要指出的是，不同高校关于开题报告要求，尤其是技术细节上，会有所不同。此处摘录的内容仅供专业学位研究生尽早熟悉开题报告要求，当真正进入开题报告培养环节时，专业学位研究生应研究熟悉所在研究生培养单位的要求。

一、A 高校专业学位论文开题报告与考核办法（摘编）

第四条 开题报告应在导师指导下由研究生撰写。导师负责对研究生的文献综述、研究方案等进行审查，经导师同意方可开题。

第五条 开题报告应包含以下内容：

1 课题来源、项目名称

2 文献综述部分

2.1 本课题相关领域的历史、现状和前沿发展情况

2.2 前人的研究成果

2.3 本课题的创新之处

2.4 已查阅的文献目录（硕士研究生应阅读至少 25 篇与课题相关的国内外重要文献，其中外文文献不少于 15 篇。）

3 研究计划部分

3.1 论文选题的立论、目的和意义

3.2 本课题的主要研究内容

3.3 研究方案

（1）技术方案（技术路线、技术措施）

---

① 该资料系 A、B 大学的内部资料，具体来源隐去。

（2）实施方案所需要的条件

（3）拟解决的关键问题

3.4 本课题难点分析

3.5 预期的研究成果及创新点

3.6 工作计划进度及经费预算

第六条 硕士论文的开题报告总字数应为 10000 字左右，其中文献综述部分不超过 5000 字，研究计划部分应为 5000 字左右。开题报告应双面打印，撰写要求参见《A 大学研究生学位论文撰写规范》。

第八条 专业学位研究生开题报告成绩合格的标准要求如下：

1 选题须有明确的职业背景和应用价值，对选题所涉及的国内外状况有清晰的认识与分析。

2 研究方案可行，具有独立见解；对可能遇到的主要问题的分析思路基本正确。

3 研究工作计划安排合理，经费预算可行。

第九条 开题报告审核程序为：开题报告审核的组织一般由导师负责，提倡学院按学科集中组织。研究生须在审核小组会上宣读并答辩。硕士论文开题报告审核小组由至少 3 名具有高级职称的教师组成，提倡邀请外单位专家参加。审核小组听取开题报告后，根据专业学位论文的考核标准进行审核，做出"通过"或"责令修改"的决议。被责令修改的硕士研究生应对报告进行修改，在两个月内向审核小组提交书面报告，不需再次答辩，由审核小组集体做出"通过"或"不通过"的决议。不能通过开题报告审核的硕士研究生将被取消学籍。

二、B高校专业学位论文开题报告模板（摘录）

封面（略）

一、选题意义和研究价值
二、国内外研究现状和发展动态
三、主要研究思路、研究内容和在学术方面的创新点
四、拟采取的研究方法和技术路线
五、进度安排和预期成果
六、已有基础（与本项目有关的工作积累和已取得的成绩、已具备的条件、尚缺少的条件及解决途径）
七、主要参考文献
八、指导教师意见
指导教师签字：　　　　　　　　　　　　日期：
九、专家评审意见

评审小组成员	姓名	职称	工作单位	本人签名
组长				
成员				
秘书				

评审意见：

评定结果（在□内打"√"选择）：

　　优秀（□A+、□A、□A-）　　良好（□B+、□B、□B-）

　　合格（□C+、□C、□C-）　　不合格（□D）

　　　　　　　　评审小组组长签字：　　　　　　　日期：

十、所在二级单位意见

　　　　　　　　负责人签字：　　　　　　（单位盖章）日期：

下 篇
专业学位论文的写作体例

  文无定法，有规可循。本篇选取专业学位论文常见的 8 种形式（案例研究类、调查研究类、政策分析类、实施方案类、产品研发类、文献研究类、工程设计类、实验研究类）的写作体例进行解读。由于各种形式的专业学位论文的写作难点和形式重心各有不同，即便同种形式的学位论文，写作体例有时也表现多元、要求各异，所以本篇各章节叙述架构各有侧重，形式安排各有不同。

第八章
案例研究类专业学位论文写作

```
案例研究类专业学位论文写作
├── 什么是案例研究
├── 案例研究的类型
│   ├── 根据案例使用的数量来划分
│   └── 根据研究目的的不同来划分
├── 案例研究的设计
│   ├── 明确研究问题
│   ├── 形成理论假设
│   ├── 确定分析单位
│   └── 建立逻辑、明确标准
├── 案例研究的步骤
│   ├── 选择案例
│   ├── 采集数据
│   ├── 分析数据
│   └── 撰写报告与检验结果
└── 案例研究报告写作体例
    ├── 线性分析式
    ├── 比较式
    ├── 时间顺序式
    ├── 理论建构式
    ├── 悬念式
    └── 无序（混合）式
```

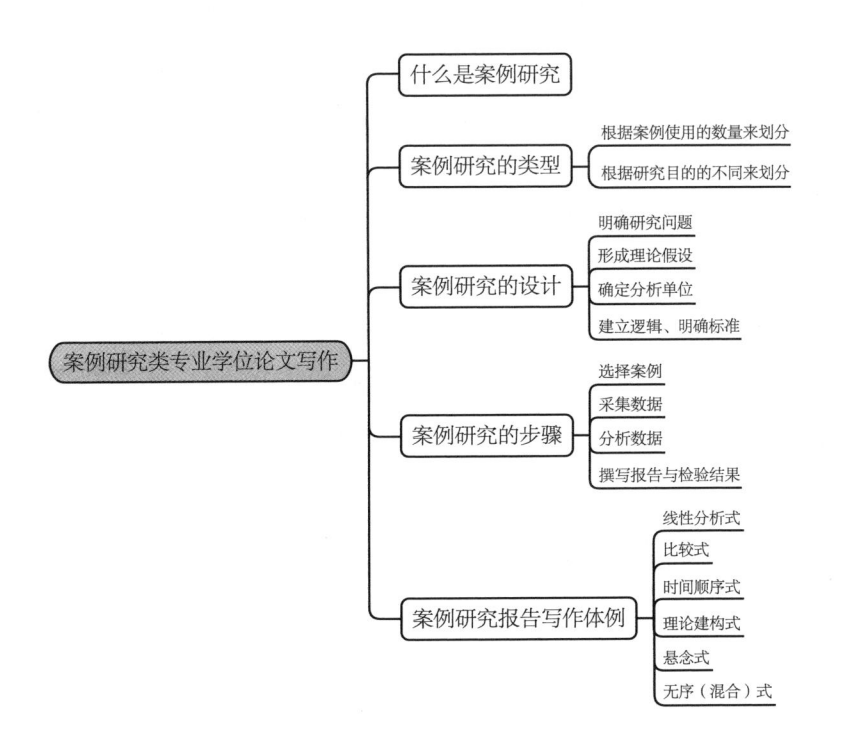

案例研究类学位论文是指将案例分析以书面报告的形式呈现的学位论文。案例研究类学位论文是专业学位论文的重要形式，如工商管理硕士、公共管理硕士、工程管理硕士、教育硕士、法律硕士等通常采用案例研

究、案例分析等形式撰写学位论文。本章介绍了案例研究的定义、类型、设计、步骤与案例研究报告写作体例，以期为该类型专业学位论文写作提供指引。

第一节 什么是案例研究

1870年，兰德尔出任哈佛大学法学院院长时，法律教育正面临双重压力：一是传统的教学法遭到全面反对；二是法律文献急剧增长。兰德尔认为，"法律条文的意义在几个世纪以来的案例中得以扩展。这种发展大体上可以通过一系列的案例来追寻"。由此揭开了案例研究法的序幕。1908年，案例研究法在哈佛商学院开始被引入商业教育领域。从此人们开始有针对性地研究和收集商业案例。

案例研究法不仅是一种教学方法，还是一种研究方法。案例研究法的使用，源头大约可以追溯至20世纪初期人类学和社会学的研究。例如，英国人类学家马林诺斯基对太平洋上特洛布里安群岛（Trobriand Islands）原住民文化的研究，就是案例研究的先驱[①]。作为一种研究方法，案例研究可以被用于许多领域。案例分析能增进人们对个人、组织、机构、社会、政治及其他相关领域的了解。目前，案例研究已经成为心理学、社会学、经济学、政治学、社会救济、商业与社区规划方面的常用工具。因此，案例研究法是专业学位论文写作使用较多的研究方法。

尽管案例研究法目前已经被广泛使用，但关于案例研究法的基本概念和定义，目前尚没有完全达成一致。作为一种解释社会现象的研究方法，学界对它的定义主要有两大类别，第一种观点认为案例就是单一、特殊的事件，是一种对一个特殊事件进行系统研究的研究方法，是用来支持和阐明命题与

[①] 德尔伯特·C.米勒，内尔·J.萨尔金德.研究设计与社会测量导引：第6版[M].风笑天，译.重庆：重庆出版社，2005：149.

规则的方法，从案例中不能得出具有一般规律性的结论；第二种观点认为案例研究可以得出新的假说与分析性的普遍结论，案例研究用于描述资料并从中得出带有归纳性的结论。目前，对案例研究法进行系统研究的著作是罗伯特·K.殷的《案例研究：设计与方法》和《案例研究方法的应用》。

罗伯特·K.殷认为，案例研究是探索难以从所处情境中分离出来的现象时采用的研究方法。在评价研究中，此处所谓的"现象"，指的是"项目"或"工作方案"。在有些情况下，想准确界定"项目"或"方案"是一件棘手的工作，如确定活动的开始或结束时间便是某种现象和即时情境之间复杂互动关系的一个例子。罗伯特·K.殷进而认为，案例研究不仅是一种研究方法，还是一种研究思路。作为一种研究思路的案例研究包含各种方法，涵盖设计的逻辑、资料收集技术与具体的资料分析手段。

第二节 案例研究的类型

案例研究是一种经验性研究，其不控制研究对象的背景，也不干预研究对象变化的进程。它通常通过选择一个或几个案例来说明问题，用收集到的资料分析事件间的逻辑关系。根据不同分类依据，可以对案例研究进行分类。

一、根据案例使用的数量来划分

根据案例使用的数量，可以将案例研究分为单一案例研究和多案例研究。单一案例研究主要用于证实或证伪已有理论假设的某一方面的问题。它也可以用作分析一个极端的、独特的或罕见的情境。通常，单一案例研究不适用于系统构建新的理论框架。偏好单一案例研究方法的学者认为，单一案例研究能够深入揭示案例所对应现象的背景，以保证案例研究的可信度。在多案例研究中，依托于同一研究主旨，在彼此独立的案例分析基础上，研究者应对所有案例进行归纳、总结，并得出抽象的研究结论。通常多案例研究能够更好、更全面地反映案例背景的不同方面，尤其是在多个案例同时指向同一结论的时候，案例研究的有效性将显著提高。

二、根据研究目的的不同来划分

根据案例研究目的的不同，可以将案例研究划分为探索型案例研究、解释型案例研究、描述型案例研究、评价型案例研究。探索型案例研究，侧重提出假设，研究的目的是寻找（新）理论或验证假设。解释型案例研究侧重理论解释。描述型案例研究侧重描述事例，它们的任务是叙事和呈现事物原貌。评价型案例研究侧重就特定事例做出判断。

案例研究的分类是一种理论上的分类。现实的案例研究可以表现出多种形式的组合，包括运用案例的数量与案例研究目的交叉和融合。如描述型案例研究，既可以进行单一案例研究，也可以进行多案例研究。探索型案例研究，既可以与解释型案例研究融合，也可以与描述型案例研究融合。

第三节　案例研究的设计

案例研究设计是案例研究中最困难的一环。过去常常存在一种错误认识，就是认为案例研究方案仅是其他研究方案的一个子集或变式。实际上，案例研究作为一种独立的研究方法，有特定的研究设计，是用实证数据把需要研究的问题和最终结论连接起来的逻辑顺序。案例研究设计包括5个要素：研究的问题、理论假设、分析单位、连接数据与假设的逻辑、解释研究结果的标准。[①]

[①] 罗伯特·K.殷.案例研究：设计与方法：第4版[M].周海涛，李永，李虔，译.重庆：重庆大学出版社，2010：23-37.

一、明确研究问题

所有科学研究的起点是提出问题。案例研究设计首先要明确研究的问题。明确研究的问题，反映了案例研究的目的。案例研究的问题，一般以"怎么样"或"为什么"的形式呈现。通常，在案例研究中，研究者可通过收集整理数据得到指向这些问题的证据，并最终为案例研究做出结论。因此，确认案例研究要回答的问题非常重要。要明确案例研究的问题，可围绕研究什么、研究目的、什么已经知道和什么还不知道等问题进行。在明确研究问题的过程中，研究者可通过研究文献对提炼出的问题进行反思和追问，以形成更有意义的问题。

二、形成理论假设

理论假设是研究者研究的基本线索。研究者的主张可以来自现存的理论或假设。比如，你提出的问题是：为什么非正式组织有时比正式组织更具有组织性？这属于"为什么"的问题。此时，你首先应分析的是，它是否适合采用案例研究法，是否揭示了你所要研究的和你最感兴趣的问题，但是，仅此还不足以指导你如何进行研究。只有明确提出某种具体的假设后，你的研究才会有正确的方向。例如，假设基于共同的思想感情，自发形成的非正式组织，其组织凝聚力较高，秩序性也相对较强。这一假设不仅明确了研究方向，还进一步明确了应该从哪里寻找相关证据。但是，并不是所有的研究都能够提出明确的假设。一些探索性研究，本身就是对未知的一个探索，也因此并不具有既定的假设。

需要指出的是，既然是假设，就可能存在错误。因此，随着研究的深入，研究开始时提出的假设，可能会被修正甚至颠覆。而且，无论有无假设，或假设是否正确，案例研究本身，首先必须明确研究倾向和研究目的。

三、确定分析单位

当确定对提出的问题进行更加精确的分析时,就需要结合理论假设或研究倾向来确定分析单位。确定分析单位的一般性指导原则是,对分析单位(和个案)尝试性界定是与对所要研究的问题类型的界定联系在一起的。分析单位可以是一个实体、一个人、一个群体、一个组织或一个社区等。每一个分析单位都可能与政治、社会、历史或个人等有着千丝万缕的联系,这既为研究问题的设计提供了各种可能性,也为案例研究增加了复杂性。

分析单位也可以是比个人、个体更难以界定的事件或实体。例如,关于决策、方案、实施过程、组织变化的这类案例研究中,往往难以明确界定案例的起点或终点。正因如此,更要明确界定分析单位。例如,有关某个特定教学计划的案例研究,其案例可能表现为教学计划的变式,这是由于研究者的视角不同而产生的结果,也可能表现为教学计划的要素,而这在对教学计划进行定义之前就已经存在了。因此,如果准备对教学计划进行任何形式的个案分析,那么就一定更加精准地界定教学计划的分析单位。

四、建立逻辑、明确标准

从设计层面来说,建立数据和假设的逻辑联系,解释研究成果的标准,是5个要素中最为模糊的两个要素,因而也是最难的工作。但对一个完整的案例研究设计,它们是不可或缺的因素。因为这两个因素是对案例证据进行分析的前期步骤,研究设计应该为证据分析打下坚实的基础。数据和假设之间可以有多种连接形式,但案例研究的数据和假设之间的连接,在现有的文献中还很少有专门的研究和讨论。由于案例研究主要是探索难以从所处情境中分离出来的现象,所以建立类似实验研究中的逻辑联系是相当困难的。一般而言,具有相对严谨的逻辑自洽性,也就成为案例研究建立联系、解释结果的依据。

第四节　案例研究的步骤

严谨地完成案例研究设计之后，紧接着进入案例研究的实施阶段。案例研究的实施，包括选择案例、采集数据、分析数据、撰写报告与检验结果等步骤。[1]

一、选择案例

选择案例是案例研究进入实施阶段的第一步，是一个必不可少的步骤。一般而言，案例研究采用非抽样方式确定案例。案例选择的标准与研究对象和研究要回答的问题有关，它确定了什么样的属性能为案例研究带来有意义的数据。研究者在选择案例的过程中必须不断地问自己在哪里寻找案例才可以满足研究的目的和回答研究的问题，以便找到最适合的案例。案例研究可以使用一个案例或多个案例。单一案例研究可以用作确认或挑战一个理论，也可以用作提出一个独特的或极端的案例。多案例研究的特点在于它包括了两个分析阶段——案例内分析和交叉案例分析。前者是把每一个案例看成独立的整体进行全面的分析，后者是在前者的基础上对所有的案例进行统一的抽象和归纳，进而得出更精辟的描述和更有力的解释。单一案例通常能说明某方面的问题，但用来搭建知识结构的框架是远远不够的。多案例能使案例研究更全面、更有说服力，能提高案例研究的有效性，如多个案例可以同时指向一个证据或为相互的结论提供支持。

二、采集数据

案例研究的数据采集既可以是定性的，也可以是定量的。常用的数据采

---

[1] 孙海法，朱莹楚. 案例研究法的理论与应用 [J]. 科学管理研究，2004，22（1）：116-120.

集方法包括文件、档案记录、访谈、直接观察、参与观察等。文件可以是信件、备忘录、研究报告或者其他一些可以进入数据库的资料。文件作为证据使用时，要关注有效性，要对文件的真实性和有用性进行综合考量。档案记录表现为工作日志、地图、图表、姓名册、调查数据、私人资料等。档案记录作为证据使用时，要关注记录的来源和可靠性。访谈法是案例研究中最常用的方法，具有一定的技术性要求，尤其是结构性访谈，要事先做好严谨的设计。采集数据，不必拘泥于方法。方法只是工具。无论哪种方法，研究都应该针对数据采集的实际需求，并综合各种方法的优势和不足进行选择。

三、分析数据

分析数据通常与采集数据同步。因为在采集过程，有必要做一些初步的分析，以对前期的假设进行判断，并根据需要指导后续数据采集的方向。采集数据和分析数据应该是一个不断循环的过程，其间研究的问题也许会得到重新提炼，并带来更多的数据和新的发现。分析数据，首先需要对数据进行技术性处理，如检查、分类、制表等，进而结合研究者的假设或新发现，对证据进行重组。每一次案例研究都必须有一个总体的数据分析策略，从而指导对什么数据进行分析和这些分析是出于什么原因。分析数据既可以是解释性的，即利用计算机进行统计处理，以说明各个数据的意思，从而揭示数据的主题和模式；也可以是结构性的，即通过文字或叙述上的数据，考察确认隐含在文件、事件或其他现象背后的模式；还可以是反射性的，即依据经验丰富的研究者的主观直觉和判断，对数据进行描述和判断。

四、撰写报告与检验结果

案例研究报告必须能让读者充分地理解报告的内容，并能让读者就案例研究提出问题和进行探讨。案例研究报告一般比较长。案例研究报告的撰写与案例研究目的是高度关联的。通常，描述和解释之间的平衡是案例研究报告书写的关键。描述既可以是针对某个数据进行特别的描述，也可以是对数据的整体特征等进行一般的描述。解释是对描述的解释和归纳，并得出结论。撰写案例研究报告时，还要注意对研究结果的检验。研究者要明确地定义案例的边界，能够在报告中提供足够的证据，并在证据与结论之间建立足够的联系以增加结论的可信度。通常，案例研究报告在给出结论时，要特别留意对立的主张，说明结论成立的条件等。

第五节　案例研究报告写作体例

案例研究类学位论文，通常是以案例研究报告的形式呈现。案例研究报告是把研究的结论和新观点呈现出来的最终成果。不论是把案例研究看作一项完成了的研究，还是运用多种方法进行的研究的一部分，撰写案例研究报告都是案例研究中最具有挑战性的环节之一。根据罗伯特·K.殷的建议，案例研究报告写作体例可以分为6种：线性分析式、比较式、时间顺序式、理论建构式、悬念式、无序（混合）式[①]。

一、线性分析式

线性分析式结构，是案例研究报告的标准结构。其章节安排通常是按照绪论、文献综述、研究设计、案例描述和分析、研究结论的顺序进行。这是大多数案例研究采取的顺序。绪论部分通常要交代提出的问题与研究目的；文献综述和研究设计部分有时以单独章节呈现，有时会融入绪论之中。这种线性分析式结构对阐释性、描述性和探索性案例研究适用。例如，一个探索性案例需要包含探索的问题、使用的探索方法、探索成果与（进一步研究的）结论。

---

① 罗伯特·K.殷.案例研究：设计与方法：第4版[M].周海涛,李永,李虔,译.重庆：重庆大学出版社，2010：23-37.

二、比较式

比较式结构的案例研究报告的绪论、文献综述、研究设计、案例的描述和分析、研究结论的章节设计同样不可或缺。比较式与线性分析式的区别是，在案例的描述和分析部分，把同一案例重复两次以上，比较对相同案例的不同陈述或解释，行文体现出典型的比较特征。这种写作结构既适用于以阐释为目的，也适用于以描述为目的。同一案例，既可以从不同角度进行阐释，也可以从不同视角进行描述。

三、时间顺序式

时间顺序式结构，主要适合长时段的案例研究。该类案例研究报告，在案例的描述和分析部分，其章节顺序通常根据案例发展的时间顺序（如早期、中期和晚期）来安排。这种结构比较适合解释性案例研究，根据时间先后顺序，交代事件发展的前因后果。时间顺序式结构，通常要避免花费过多精力撰写报告的介绍部分，而对该案例的现状则描述不足。

四、理论建构式

理论建构式结构，其章节的顺序安排，是依照理论的内在逻辑来安排。这里的逻辑，取决于特定的题目或理论，但每一章或每一节都应揭示出理论论证的新颖部分，确保理论推演的严谨性。这种结构既适用于阐释性案例研究，也适用于探索性案例研究。由于这种结构打破了常规，如果顺序处理得好，也就具有了独特的表述风格，往往会给读者留下深刻的印象。

五、悬念式

悬念式结构与前面讲的线性分析式结构正好相反。案例研究的直接"答案"或结果在开头的章节里陈述，其余章节主要用于解释这种结果的形成和各章节中采用的特殊的阐释方法。对专业学位研究生而言，这是一种非常冒险的方法。为了创造悬念，该类学位论文在行文过程中，就将问题和结论在绪论或前言部分直接呈现出来，而文献综述和研究设计部分要么省略，要么以浓缩的形式在绪论或前言中出现，较少以独立章节形式呈现。这种形式的论文通常能创造漂亮的行文结构，但不一定能引起学术同行的认可。

六、无序（混合）式

无序（混合）式结构是指关于案例的描述和分析部分，其章节的顺序并不是特别重要。这种结构通常用于描述性案例研究。如果案例描述和分析的维度没有先后逻辑顺序，在不改变叙述价值的前提下，无序（混合）式结构是一种可行的方法。但为了确保描述的整体性，无序（混合）式结构必须确保描述维度的充分性，不能遗漏某些内容，否则报告就显得不完整。一般不提倡采用这种无序（混合）结构来撰写学位论文。

案例分析：互联网初创企业的战略与组织要素匹配研究——基于X公司与AF公司案例对比分析[①]

《互联网初创企业的战略与组织要素匹配研究——基于X公司与AF公司案例对比分析》是一篇工商管理硕士专业学位论文。之所以将该文作为案例分享，一是该论文系典型的案例研究类论文，二是该文兼具线性分析式、比较式和时间顺序式特征。在这个意义上，该文对专业学位研究生的案例研究类学位论文写作具有一定的借鉴价值。下面就该论文的写作体例作简要分析（表9）。

[①] 注：该文在中国知网可全文下载。其研究方法和研究结论，不代表编者观点。详见原文：胡大为.互联网初创企业的战略与组织要素匹配研究——基于X公司与AF公司案例对比分析[D].成都：电子科技大学，2022.

表 9 该论文的写作体例的分析

目　　　录	备　　　注
第 1 章　绪论 1.1　研究背景与意义 1.2　国内外研究现状评述 1.3　研究的主要内容及研究方法 1.4　研究思路和创新点	说明：该章以绪论形式呈现，是各类学位论文的共性内容。绪论阐明了研究目的是拟通过案例（成功和失败）比较，识别初创企业在不同阶段的战略与组织要素之间的动态匹配特征，进而为管理者提供相应的对策建议
第 2 章　相关概念界定及理论基础 2.1　互联网初创企业界定 2.2　互联网初创企业战略管理特征 2.3　组织要素定义 2.4　理论基础 2.5　本章小结	说明：该章以独立章节形式出现，旨在为后文的研究提供概念支撑和理论依据。就形式结构而言，该章的相关概念界定以小节的形式纳入绪论中，可能更为适宜。因为文献研究与概念界定、研究方法是高度关联的。这些均为研究设计奠定了基础
第 3 章　研究设计 3.1　研究方法 3.2　案例选择 3.3　数据收集 3.4　构念测度 3.5　研究的信度和效度 3.6　本章小结	说明：该章将研究设计以独立章节形式呈现，凸显了研究设计在整体研究中的重要性。有时案例研究类论文的研究设计会放在绪论部分呈现，特别是所选择的案例相对单一和浅显时。该文之所以以独立章节的形式呈现，主要是因为论文涉及两个案例，还要设计构念测度、说明研究的信度和效度等，需要足够的篇幅来呈现。如果放在绪论中，就淡化了研究设计的重要性和相对独立性
第 4 章　案例描述与资料分析 4.1　早期创业发展阶段（2014—2016 年） 4.2　第一次战略调整阶段（2016—2017 年） 4.3　第二次战略调整阶段（2017—2019 年） 4.4　本章小结	说明：该章充分体现了案例研究的时间顺序式特征。需要指出的是，基于时间顺序进行案例的描述与资料分析时，如果内容过多，也可参照时间顺序，以章的形式呈现，而不是像该文以节的形式呈现。但无论以哪种形式，案例的描述与资料分析，均应服从研究宗旨，不能为描述而描述，更不能满足于浅显的案例介绍

续表

目　　　录	备　　　注
第5章　案例发现 5.1　各阶段两家企业战略与组织要素的匹配关系 5.2　根据战略构建适应性的组织执行体系 5.3　互联网初创企业战略与组织要素的匹配模型 5.4　本章小结	说明：该章是基于第4章的案例描述与资料分析进行归纳总结，以初步回应绪论中提出的问题。因此，第2章、第3章、第4章、第5章，乃至第6章，其整体逻辑体现出典型的线性分析式特征，符合人们的思维惯性。这也是大多数案例研究类论文采用的体例
第6章　研究结论与未来展望 6.1　结论与启示 6.2　研究局限性与未来展望	说明：行文至此，第6章水到渠成，瓜熟蒂落，正式回应了绪论中提出的问题，且为后续研究明确了新的方向
致谢 参考文献 附录　半结构化访谈提纲	说明：如同绪论一样，致谢、参考文献等也是学位论文不可或缺的要素，是学位论文的共性内容。该文还增加了附录等内容，作为案例数据采集的佐证材料

第九章
调查研究类专业学位论文写作

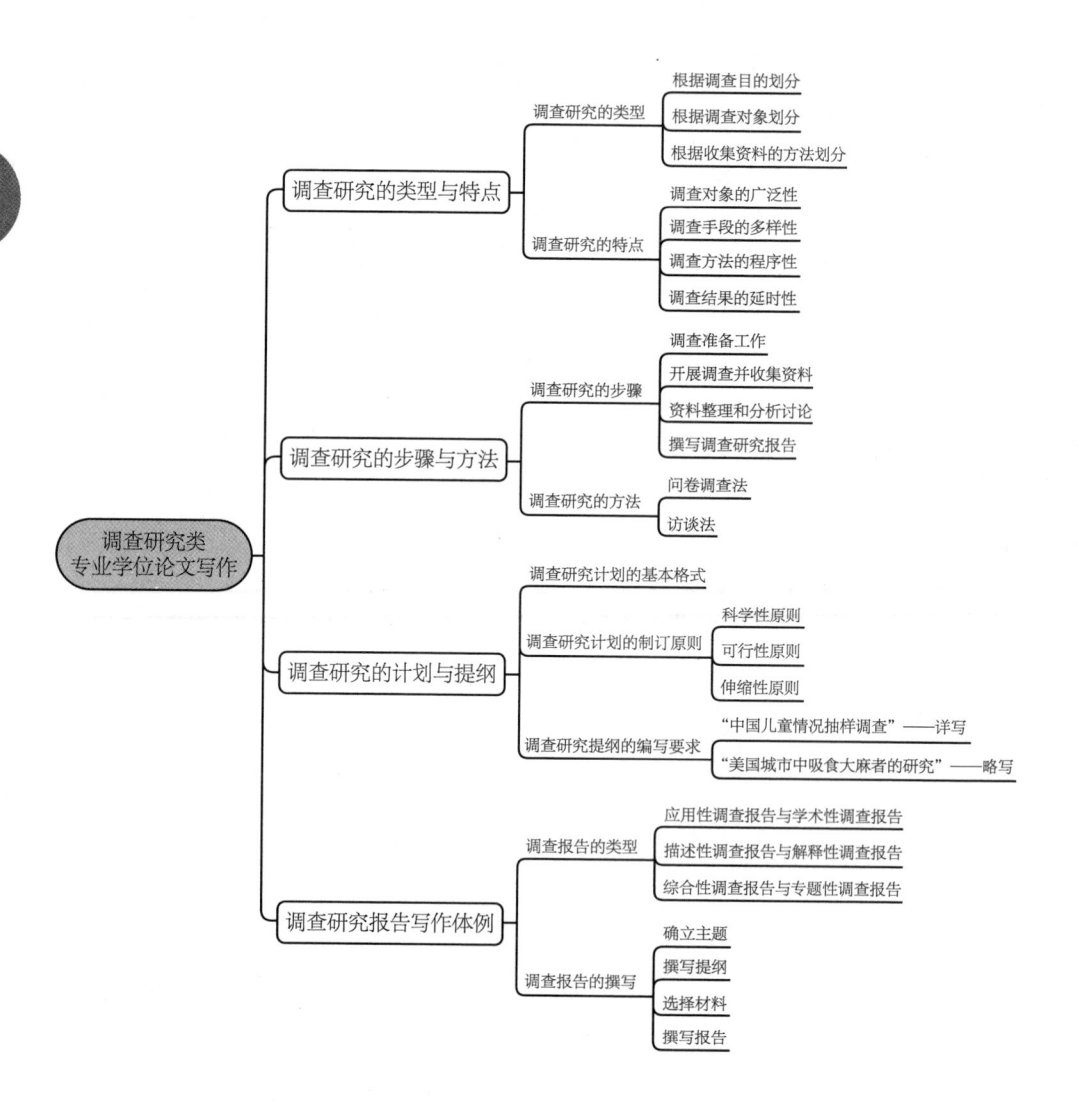

```
调查研究类专业学位论文写作
├── 调查研究的类型与特点
│   ├── 调查研究的类型
│   │   ├── 根据调查目的划分
│   │   ├── 根据调查对象划分
│   │   └── 根据收集资料的方法划分
│   └── 调查研究的特点
│       ├── 调查对象的广泛性
│       ├── 调查手段的多样性
│       ├── 调查方法的程序性
│       └── 调查结果的延时性
├── 调查研究的步骤与方法
│   ├── 调查研究的步骤
│   │   ├── 调查准备工作
│   │   ├── 开展调查并收集资料
│   │   ├── 资料整理和分析讨论
│   │   └── 撰写调查研究报告
│   └── 调查研究的方法
│       ├── 问卷调查法
│       └── 访谈法
├── 调查研究的计划与提纲
│   ├── 调查研究计划的基本格式
│   ├── 调查研究计划的制订原则
│   │   ├── 科学性原则
│   │   ├── 可行性原则
│   │   └── 伸缩性原则
│   └── 调查研究提纲的编写要求
│       ├── "中国儿童情况抽样调查"——详写
│       └── "美国城市中吸食大麻者的研究"——略写
└── 调查研究报告写作体例
    ├── 调查报告的类型
    │   ├── 应用性调查报告与学术性调查报告
    │   ├── 描述性调查报告与解释性调查报告
    │   └── 综合性调查报告与专题性调查报告
    └── 调查报告的撰写
        ├── 确立主题
        ├── 撰写提纲
        ├── 选择材料
        └── 撰写报告
```

调查研究类学位论文，是指将调查研究成果以书面形式呈现的学位论文。调查研究法是该类学位论文采用的主要方法，调查报告是该类学位论文的主要形式。工商管理、公共管理、应用心理、公共卫生、图书情报、工程管理等专业学位论文经常采用这种形式。本章主要介绍了调查研究的类型与特点、调查研究的步骤与方法、调查研究的计划与提纲、调查研究报告写作体例，以期为该类型专业学位论文写作提供指引。

第一节　调查研究的类型与特点

调查研究作为一种研究方法，被广泛应用于政治、经济、科技、教育、文化等领域，是人们深入现场进行考察，以探求客观事物的真相、性质和发展规律的活动，是人们认识社会、改造社会的一种科学方法。调查研究被广泛应用于描述性、探索性和解释性研究中，尤其在社会科学中得到普遍应用。

一、调查研究的类型

调查研究具有多种类型，依据不同的标准，可以划分出不同的类型。对不同调查类型进行了解，有助于调查研究的开展。

1. 根据调查目的划分

根据调查目的，可以将调查分为现状调查、区别调查和发展调查。现状调查就是关于某一现象基本特征的调查，如社区服务满意度调查。区别调查是比较研究两种现象之间关联度的调查，包括一般性比较、因果关系比较与相关度比较等。例如，甲、乙两个地区居民幸福指数的调查就属于一般性比较调查。发展调查是探讨由时间的经过而发生变化的调查，如改革开放以来教师职业流动调查。

2. 根据调查对象划分

根据调查对象，可以将调查分为全面调查和非全面调查。全面调查也称为普查，是对所有研究对象都加以调查，如某县全体高中毕业生调查。非全面调查，根据调查方式，又分为抽样调查、重点调查、典型调查、个别调查等。其中，抽样调查是最常用的调查方式。

抽样调查是从全部单位中，用科学的取样法抽取某一个单位进行调查，并根据调查结果来推断和说明总体。其优点是节省人力、财力和时间，缺点是抽查的样本要精确地代表总体，难度较大。重点调查是从调查对象总体中选出一部分重点单位进行调查，借以了解总体的基本情况。重点调查通常可以与抽样调查结合使用。典型调查是从总体中选择一部分具有代表性的单位进行深入调查。个别调查是对个别人物或事件的调查。

3. 根据收集资料的方法划分

根据收集资料的方法，可以将调查分为问卷调查、访问调查、电话调查和实地调查等。如果通过发放问卷和调查表的方式来获取信息，则称为问卷调查；如果通过对研究对象访谈的方式来获取信息，则称为访问调查；如果通过电话访谈的方式来获取信息，则称为电话调查；而如果通过实地考察、个别访问、开座谈会、查阅资料等方式来获取信息，则称为实地调查。在现实操作中，各种调查方式往往可以综合运用。

二、调查研究的特点

调查研究是人类科学认识活动的一种方式。它具有调查对象的广泛性、调查手段的多样性、调查方法的程序性、调查结果的延时性特征。

1. 调查对象的广泛性

调查研究的对象，可以是单位或组织、个体或群体，也可以是以活动形态存在的现状或问题等。从理论上说，一切社会现象都可以作为调查研究的对象，如在社会调查中，生活状况调查、民意调查、市场调查、行政统计调查等，都可以理解为社会现象或问题的调查。

2. 调查手段的多样性

调查研究的方法是多样的，如问卷、访谈、测量、实地考察等。在进行调查研究时，可以采用某种方法，也可以采用多种方法；而且即使采用同一种方法，在不同的情况下也可以表现出不同的表现形式。在具体研究过程中，研究者可以根据课题的大小和性质与研究者自身的情况选择适当的方法。

3. 调查方法的程序性

一般而言，调查研究具有清晰可辨的、十分完备的运作程序。调查研究通常要设计详细、具体的调查方案；要根据研究需要，赋予概念或变量以操作性定义，并根据各种调查方法设计出相应的调查工具，如问卷、量表、访谈提纲等，以及选择相匹配的数据的统计、分析工具，进行定性或定量研究等。在调查过程中，也要根据调查方案，按照严格的时序安排调查研究的作业步骤，做好数据的采集、资料的整理等。

4. 调查结果的延时性

调查研究是一种系统地考察、了解、分析、研究社会现象的研究方法，研究成果通常采用书面或口头语言等形式表达出来。调查研究结果，无论是描述性、解释性抑或是探索性，相对客观事实而言，都具有一定的延时性特点。而且，调查研究法所得资料的信度、效度也不及观察研究所得的资料。

第二节 调查研究的步骤与方法

调查研究是一种有目的、有计划的活动，需要有严格的程序和规范；在具体实施过程中，调查研究的方法也是多种多样的，通常应根据研究目的和调查内容的需要选择相应的方法。

一、调查研究的步骤

作为一种研究活动，调查研究与一般性科学研究活动具有高度相似性。根据科学研究的一般性流程，结合调查研究实施的特殊性，调查研究一般要经历 4 个环节，即调查准备工作、开展调查并收集资料、资料整理和分析讨论、撰写调查研究报告。

1. 调查准备工作

调查准备工作，是调查研究成功的基础和前提。第一，确定调查课题。调查课题的选择，必须参照前述课题选择的基本程序与方法，同时要遵循实用性、价值性、量力性原则。第二，选取调查对象。要根据调查课题和调查目的，采取抽样调查、典型调查等方法来选取。第三，制订调查计划。根据课题性质、内容和目的，制订调查计划。第四，起草调查提纲。调查提纲是收集资料的依据，也是调查研究报告的梗概，其内容的设计必须要符合课题的需要。

2. 开展调查并收集资料

这是调查研究的关键性环节。调查资料的类型是多样的，如书面的、口述的、影像的等。无论属于哪种资料，收集工作都应做到全面、系统，注意资料的客观性、真实性、代表性。

3. 资料整理和分析讨论

资料整理的方法是多样的，调查研究者应根据资料的形式和性质，采用定性、定量或两者相结合的方式进行，如逻辑推演、比较研究、统计分析等。调查材料整理完毕后，还需要以事实为准绳，对资料进行分析和讨论，做到深入、具体、科学的描述、判断或推理。

4. 撰写调查研究报告

调查研究报告的撰写是调查研究的最后环节。经过资料的收集、整理和分析，会得出研究结论。写调查研究报告就是将调查研究过程及其结论以书面形式呈现。调查研究报告体例将在后面章节详细讲述。

二、调查研究的方法

调查研究的方法有很多种，但经常采用的方法主要有问卷调查法、访谈法等。

1. 问卷调查法

问卷调查法是指用问卷或量表的形式收集资料的方法。问卷包括自填式问卷和访问式问卷,前者是由被调查者自己填写,后者是由调查员按照问卷向被调查者提问并根据回答进行填写。尽管两者的使用方法不同,但问卷的内容与结构基本相同。一般而言,问卷包括标题、前言、指导语、问题及答案、编码等内容。前言通常要说明调查者的身份,调查的内容、目的,调查对象选取的方法与调查结果的保密措施等。指导语通常是对问卷填写的解释和说明,旨在帮助被调查者填写问卷。问题及答案,构成了问卷设计的主体,根据研究的需要,可以将问卷设计成开放式问卷或封闭式问卷。开放式问卷,提出问题但不为回答者提供答案;封闭式问卷,既提出问题,也提供若干答案供回答者选择。在较大规模的统计调查中,研究者常采用封闭式为主的问卷。为了便于后期的处理和分析,就需要将被调查者的回答转换成数字,这就是编码。

量表作为问卷的一种特殊形式,是经过标准化的测量工具。专业学位研究生在运用问卷调查法时,如果要使用量表,建议优先考虑选择学术界已经广泛认可的量表;如果没有合适的量表,则应考虑自编量表。相对问卷的编制,量表的编制有更加严格的程序和要求。在量表编制过程中,经常会用问卷来采集数据,并对采集的数据进行信度和效度检验。

2. 访谈法

访谈法是调查者通过与调查对象面对面谈话的方式收集资料的一种方法,包括结构式访谈和无结构式访谈。结构式访谈,要求严格按照预先拟订的计划,采取特定的方式控制话题和答案范围,以获取相应的资料。这种访谈的特点是将问题标准化,对各调查对象都用相同的方式呈现相同的问题,被访问者的回答同样也受到限制,只能在预定的项目中进行选择。无结构式访谈,不使用访谈表格和事先定好的访问程序,对被访者的反应也没有任何限制,访问的内容、顺序、用语等,均可由访问者自由改变。无论哪种访谈法,在使用过程中,都应注意态度和方式,访问者应穿着大方,谈吐自然,熟悉主题，掌握提问方法，并经访谈者同意后适时做好记录。

第三节 调查研究的计划与提纲

调查研究的计划与提纲是调查工作的蓝图，是确保调查有目的、有计划、有步骤实施的指导性文件，是调查准备工作的重要内容。调查研究计划是调查研究的顶层设计，调查研究提纲通常隶属调查研究计划，是对调查研究计划中关于调查内容的纲要化呈现。当然，有时调查提纲也可以作为一个独立的文件从调查计划中分离出来。但无论调查提纲以怎样的形式呈现，都应该符合调查课题的需要，并服从调查计划的安排。

一、调查研究计划的基本格式

调查研究计划是调查实施方案，是对调查准备工作结果的文本性呈现。一般而言，调查研究计划没有固定不变的模式或体例。对内容较为简单的调查研究，调查研究计划不一定要文本化。但对专业学位研究生而言，如果缺乏调查研究经验，建议将调查研究计划以文本的形式呈现，这样有助于研究的开展。调查研究计划的一般体例见图8。

```
           ××调查计划
一、调查课题（课题名称）
二、调查目的、任务
三、调查对象、范围
四、调查方法、手段
五、调查内容（调查提纲）
六、调查步骤、时间安排
七、其他相关事项（包括经费、组织等）
           拟订计划人：
                 年   月   日
附录
```

图8 调查研究计划的一般体例

二、调查研究计划的制订原则

1. 科学性原则

调查研究计划必须坚持科学性原则，既要体现实证性，也要体现逻辑性。

调查研究本身属于实证研究范畴，要强化调查的客观性，要符合客观规律。同时，调查研究要使研究问题和研究假设明确清晰，分析单位和研究内容，以及基本概念和研究假设的操作转换，要真正符合科学逻辑。

2. 可行性原则

调查研究通常是在具体情境中实施的，必然受到相应的主客观条件的限制。因此，调查研究计划的制订，要充分考虑调查的可行性，要综合考虑研究者能力、经济条件、课题性质、调查范围、调查对象之间的相互关系，从实际出发科学编制调查研究计划，确保调查研究计划的可执行性、可操作性。

3. 伸缩性原则

调查研究计划是人们基于理性原则编制的科学计划。但人的理性总是受特定条件限制，是相对有限的。任何调查研究计划，都是一种事前工作的设想，它与实际调查之间总会存在一定的距离，而且任何调查研究都是在具体情境中开展的，现实的情境又是在不断变化的。因此，调查研究计划的编制要保持一定的开放性，尤其对大型的调查研究，应该制订主要研究计划和配套研究计划或替补研究计划。

三、调查研究提纲的编写要求

调查研究提纲即调查内容，是调查内容的文本化、纲要化的呈现，是调查项目的逐级具体化。由于调查研究提纲是调查研究内容的呈现，它往往也就成为调查研究课题的理论构架，是调查研究报告的梗概，所以其重要性较为突出。很多调查研究可能并没有制订调查研究计划，但调查研究提纲却往往不可或缺。因此，在制订调查研究提纲时，应在明确研究问题和研究假设的基础上，查阅与课题相关的文献资料，弄清有关变量概念，掌握一定的理论框架，并结合课题需要和实际情况，明确调查内容。调查内容的确定，应结合调查的需要，确定详略程度。本节摘选了"中国儿童情况抽样调查"以及"美国城市中吸食大麻者的研究"两个调查研究计划中关于调查内容的撰写，一详一略，供读者参考。

1. "中国儿童情况抽样调查[①]"——详写

调查内容：

1. 儿童家庭户的情况

包括：儿童家庭人口数，本户0～14岁儿童人数，本户儿童在校读书人数，家庭经济纯收入等情况。

2. 儿童基本情况

包括：儿童的姓名、性别、出生年月、民族，儿童是否登记常住户口，是否独生子女等情况。

3. 儿童家长的情况（略）

……

10. 社会环境（略）

2. "美国城市中吸食大麻者的研究[②]"——略写

调查内容：询问吸毒者的经历，包括如何开始，中间经历哪些过程，现在是什么状况，吸食量开始是多少、中间是多少、现在是多少，都有什么感受，是否想过戒毒，都受哪些因素影响才开始吸毒等。根据以上内容自由交谈，无调查表格。事后根据录音或回想做详细的访谈记录。

第四节　调查研究报告写作体例

调查研究类学位论文，通常以调查研究报告形式呈现，通称调查报告。调查研究报告不同于一般的学术论文，更不同于一般的理论文章。它通常以

[①] 李方.现代教育研究方法［M］.广州：广东高等教育出版社，2004：261-264.
[②] 袁方.社会调查原理与方法［M］.北京：高等教育出版社，1990：130-131.

文字、图表等形式将调查研究的过程、方法和结果呈现出来，有自身的内容和形式特征，并有着特殊的撰写要求。

一、调查报告的类型

1. 应用性调查报告与学术性调查报告

根据调查研究的目的，可将调查报告分为应用性调查报告和学术性调查报告两种。应用性调查报告主要是以了解和描述社会事实、提供社会决策参考、解决实际社会问题为目的。学术性调查报告，以分析各种社会现象之间的相互关系和通过调查进行分析、归纳，达到检验理论或建构理论的目的。应用性调查报告和学术性调查报告都是相关专业学位论文的重要形式。

2. 描述性调查报告与解释性调查报告

根据调查报告的功能，可将调查报告分为描述性调查报告和解释性调查报告两种。描述性调查报告着重对调查现象进行系统、全面的描述；解释性调查报告着重说明某类现象产生的原因或说明不同现象之间的关系。前者写作重在描述的清晰性和全面性，后者重在实证性和针对性。

3. 综合性调查报告与专题性调查报告

根据调查报告的主题范围，可将调查报告分为综合性调查报告和专题性调查报告两种。综合性调查报告是反映某一总体各方面的情况，涉及范围、内容较宽泛；专题性调查报告是反映某个专门问题和特定现象，涉及对象范围小、针对性较强。前者力求全面，多为描述性，篇幅相对较长；后者力求鲜明突出，多为解释性。

二、调查报告的撰写

1. 确立主题

主题是调查报告的灵魂。通常，调查的主题就是调查报告的主题，调查报告反映的中心问题就是整个调查的中心问题。因此，当明确了调查的主题，调查报告的主题也就确定了。但有时，如果一项调查内容很多，涉及的范围和领域很广，调查报告的主题可能就只是调查主题的一个维度或一个方面。因此，一定要处理好调查报告的主题与调查主题之间的关系，并明确报告的主题。这是调查报告撰写的第一步。

2. 撰写提纲

调查内容的确定，事实上已经为调查报告提纲的拟订提供了参考。但调查内容只是操作层面的提纲，如何将操作层面的提纲，变成具有逻辑顺序的报告提纲，还需要进一步斟酌。调查报告提纲是调查报告的骨架。撰写调查报告提纲，应在明确调查报告内容的基础上，结合报告提出的问题、假设，将主题进一步分析，并将分解后的每一部分进一步具体化，根据需要可以具体到三级甚至四级标题，从而形成符合思维逻辑的报告框架。

3. 选择材料

调查报告是在调查材料的基础上形成的研究性报告，因此，调查报告的骨架必须要用相应的调查资料来支撑。调查资料是调查报告的血肉。但往往在调查过程中获取的资料较多，需要进行遴选和加工。在材料遴选上，要以写作提纲的范围和要求为依据，同时要坚持相关性、代表性、说服性原则，有些材料可以直接使用，有些材料则需要经过统计分析处理后才能使用。

4. 撰写报告

完成上述 3 个步骤，调查报告实际上已经初具雏形。完整的调查报告的写作框架常见的有两种，见图 9。框架一具有较强的开放性，其主体部分内容组织更加灵活，通常有 3 种组织方式[①]。一是分部分式，即以调查点为核心，调查了几个点，就分为几部分叙写。二是分阶段式，既按照时间顺序或事物的产生、发展和变化过程的先后顺序，将其划分为若干个阶段，逐段进行叙写，前后有所概括，有所归纳。三是分问题式，即将调查情况归结为几

---

① 岳海翔. 调查报告的特征、例析与写作要领[J]. 秘书工作, 2003（9）: 28-30.

方面，按其内容性质的主次、轻重的逻辑顺序，逐一进行叙写。框架二相对简洁单一，格式更加严格规范。上述两种体例并不泾渭分明，经常有交集。但无论采取哪种形式，我们都要求能够恰当使用资料和文字，以叙述和议论为主，行文简练，坚持点面结合，论据充分，论证有力，并力求图文并茂，具有可读性。

```
┌─────────────────────────────────┐   ┌─────────────────────────────────┐
│      调查报告写作框架一          │   │      调查报告写作框架二          │
│ 标题                             │   │ 标题                             │
│ 摘要                             │   │ 摘要                             │
│ 关键词                           │   │ 关键词                           │
│ 前言：说明调查的问题、目的、     │   │ 前言：说明调查的问题及意义       │
│       意义，以及调查的内容、     │   │ 方法：说明调查所采用的方法、     │
│       对象、时间、地点、方式等   │   │       程序和工具                 │
│ 主体：描述和（或）解释调查的现象 │   │ 结果：说明通过调查研究的发现     │
│ 结尾：调查结论和讨论建议         │   │ 讨论：说明所发现的结果具有哪些   │
│                                  │   │       意义，以及可能存在的问题   │
│                                  │   │       等及相关建议               │
│                                  │   │ 小结                             │
└─────────────────────────────────┘   └─────────────────────────────────┘
```

图 9　常见调查报告写作框架

案例分析：大连国际机场旅客公共服务满意度调研报告[①]

《大连国际机场旅客公共服务满意度调研报告》是一篇公共管理专业学位论文。该学位论文的写作体例基本与"调查报告写作框架二"保持一致，但也具有框架一的特征。下面以此为例对体例作简要分析（表 10）。

[①]　该文在中国知网可全文下载，其研究方法和研究结论，不代表本书编者的观点。详见原文：郭凌. 大连国际机场旅客公共服务满意度调研报告[D]. 大连：大连理工大学，2012.

表 10 《大连国际机场旅客公共服务满意度调研报告》体例分析

目　　录	备　　注
1. 绪论 1.1　研究背景和研究意义 1.2　关键词阐释 1.3　国内外相关研究概述 1.4　研究内容、方法、路线	说明：阐明调查的背景、意义、方法、技术路线等。这些也是各类学位论文的共性内容。这里"关键词阐释"相当于论文的核心概念界定
2. 大连国际机场旅客公共服务调查研究设计 2.1　理论基础 2.2　调研的对象与范围 2.3　调查方法与设计步骤 2.4　调查样本的选取和调研过程 2.5　信度和效度分析	说明：该章以独立章节形式出现，阐述调查研究的理论基础，并以此为依据进一步说明所采用的方法、程序和工具
3. 大连国际机场旅客公共服务满意度调查数据处理结果及分析 3.1　受访旅客基本信息情况 3.2　调查结果统计 3.3　调查结果统计分析 3.4　存在问题 3.5　问题成因分析	说明：该章阐明调查的基本情况以及调查的结果。此处的调查结果主要包括问题与成因两方面
4. 提升大连国际机场旅客公共服务满度的对策建议 4.1　加快硬件设施改造步伐 4.2　提升机场软环境实力 4.3　加强驻场单位协作完善联席制度 4.4　外聘监督员引入第三方测评	说明：给出对策建议，本质上也是调查的最终结论，是调查研究的最终发现。该章在体例上保留了框架一"结尾"部分的特征
结论	说明：该部分在整篇论文中以独立章节形式呈现，只有 1 页的篇幅，相当于全文的总结和展望，具有框架一"结尾"部分的特征，带有讨论建议的色彩

第十章
政策分析类专业学位论文写作

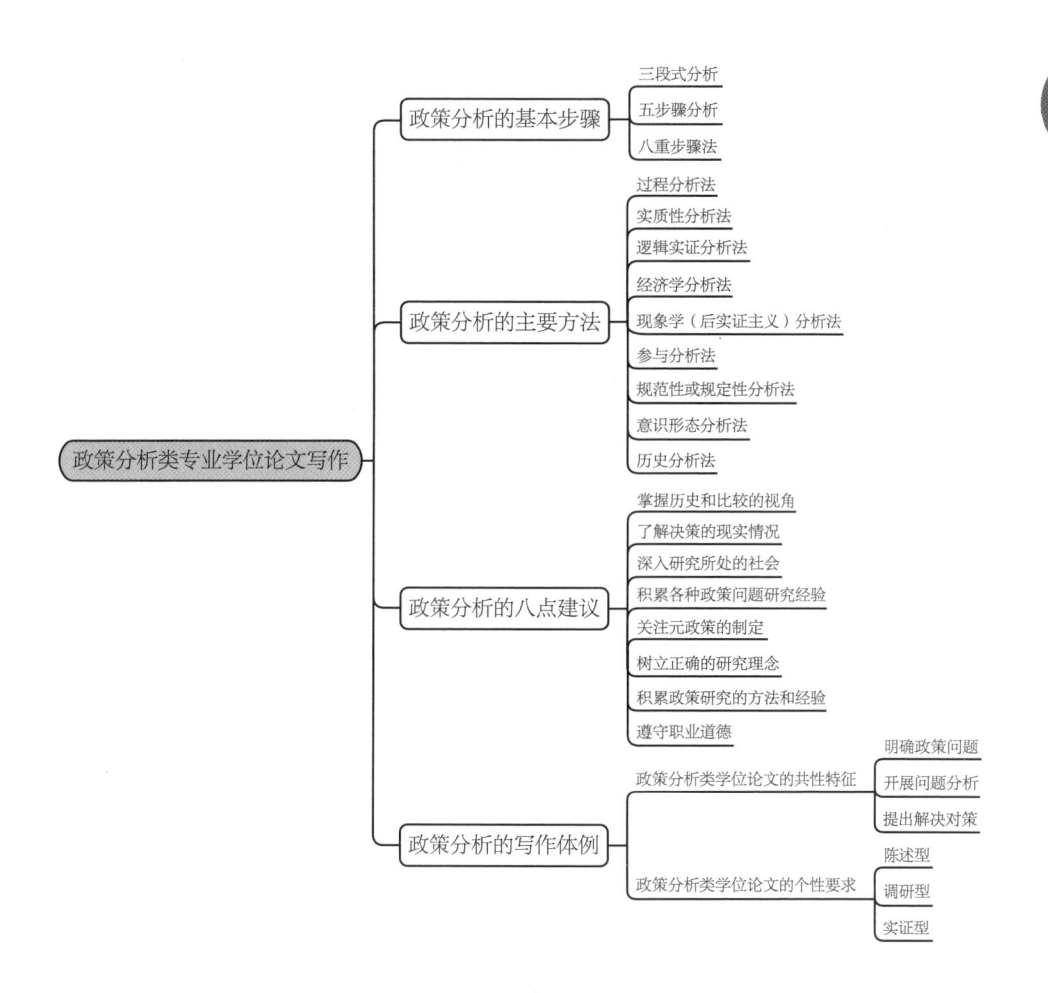

政策分析类专业学位论文写作
- 政策分析的基本步骤
  - 三段式分析
  - 五步骤分析
  - 八重步骤法
- 政策分析的主要方法
  - 过程分析法
  - 实质性分析法
  - 逻辑实证分析法
  - 经济学分析法
  - 现象学（后实证主义）分析法
  - 参与分析法
  - 规范性或规定性分析法
  - 意识形态分析法
  - 历史分析法
- 政策分析的八点建议
  - 掌握历史和比较的视角
  - 了解决策的现实情况
  - 深入研究所处的社会
  - 积累各种政策问题研究经验
  - 关注元政策的制定
  - 树立正确的研究理念
  - 积累政策研究的方法和经验
  - 遵守职业道德
- 政策分析的写作体例
  - 政策分析类学位论文的共性特征
    - 明确政策问题
    - 开展问题分析
    - 提出解决对策
  - 政策分析类学位论文的个性要求
    - 陈述型
    - 调研型
    - 实证型

政策分析类学位论文是指将政策研究成果以书面形式呈现的学位论文。公共管理、国际商务、保险、审计、社会工作等专业学位论文都经常采用这种形式。在现代社会，政策可以说无处不在，渗透到社会的各个层面和生活的各个领域。因此，政策研究具有广阔的研究领域。但政策研究是一项复杂的知识创造活动。政策研究类学位论文，不仅在文体上有其自身特征，而且对研究者的学科背景和研究方法也提出较高要求。"政策分析是一个应用性的边缘学科，其内容不是由学科界限所决定，而是由所处的时代及其环境与问题的特征所决定。"[1] 本章主要介绍了政策分析的基本步骤、主要方法、建议与政策分析类学位论文的写作体例，以期为该类型专业学位论文写作提供指引。

第一节　政策分析的基本步骤

政策分析是对政策要素、过程、结果等的批判性分析，并根据研究需要给出相应的对策和建议。从严格意义上说，政策分析并没有固定的程序或模式，是依赖于具体的问题，以及经验、直觉和判断的综合运用。但是，根据长期的政策研究实践，学术界已经形成一些具有借鉴和参考价值的分析逻辑程序与步骤。这些程序与步骤可为专业学位研究生的政策分析提供指导性策略和解决问题的针对性思路。

一、三段式分析

托马斯·戴伊从政策分析与政策倡议的区别维度，就政策分析路径进行了说明。他认为，所谓公共政策就是政府选择做的或选择不做的事情[2]。政策分析就是回答几个问题：政府做了什么？为什么要这么做？做与不做有何不同，即

---

[1] WILDAVSKY A. *Speaking the Truth to Power*: *The Art and Craft of Policy Analysis* [M]. New Brunswick: Transaction Publishers, 1987.

[2] THOMAS R DYE. *Understanding Public Policy* [M]. 12th ed. Upper Saddle River: Prentice Hall, 2007: 1, 5-6, 334.

政策行为会产生什么样的结果？这也就揭示了政策分析的三段式步骤。

第一，进行政策描述。研究者要通过政策描述，说明政策主体已经做了或正在做什么事情，从而了解政策的实际信息。第二，探究政策成因。影响政策产生的因素有很多，要了解促进政策形成的决定性因素，回答政策为什么是现在这个样子，为什么非得这样做，哪些制度、行为、过程对政策产生了哪些影响。第三，评估政策结果。与政策倡议不同，政策分析必须基于特定的标准客观评价政策结果，分析政策所带来的影响。

托马斯·戴伊强调，政策分析活动产生的知识是政策倡议和政策实践的先决条件。与政策倡议不同，解释公共政策的原因与结果并不等于指明政府应该追求何种政策。了解政府为什么这样做而没有那样做和这样做会产生哪些影响，并不意味着告诉政府应该做什么，如何去做和行动上应做出何种变化。政策分析人员应着力解释而非描述公共政策，要致力于探究政策的原因和结果，并尝试发现那些构建公共政策的基本因素所带来的相关影响，以及适用于各种政策领域的一般性理论。

二、五步骤分析

学者威廉·邓恩根据政策分析涉及的 5 种类型，即政策问题、政策绩效、政策预期、政策偏好、政策结果，将政策分析的步骤分解为定义、描述、预测、评价和对策。这些步骤又都涉及问题构建、政策监测、政策预测、政策评估和政策建议等程序[①]。步骤和程序之间的关系见图10。这基本上构成了政策分析的逻辑框架。

问题构建是政策分析的第一步，也是最关键的一步。问题构建即在问题筛选的基础上对问题产生的时间、地点、环境和条件，问题的性质、类型、范围等进行分析，以确定是否是真问题、是否能进入政策议程当中，等等。第二步政策监测是提供政策执行结果方面的信息。很多政策执行部门会在相

---

① WILLIAM N DUNN. *Public Policy Analysis: An Introduction* [M]. 4th ed. Upper Saddle River: Prentice Hall, 2004: 6-7.

关管理领域依据各种政策指标对政策的执行结果及影响实施监测。第三步政策预测是产生政策预期结果的信息，提供有关事件未来状态的相关知识。第四步政策评估是获得政策观测结果与政策预期结果之间差异方面的信息，为政策调整或终结提供帮助。第五步政策建议直接影响政策偏好，是通过对结果的得失进行分析产生对政策选择有用的知识。

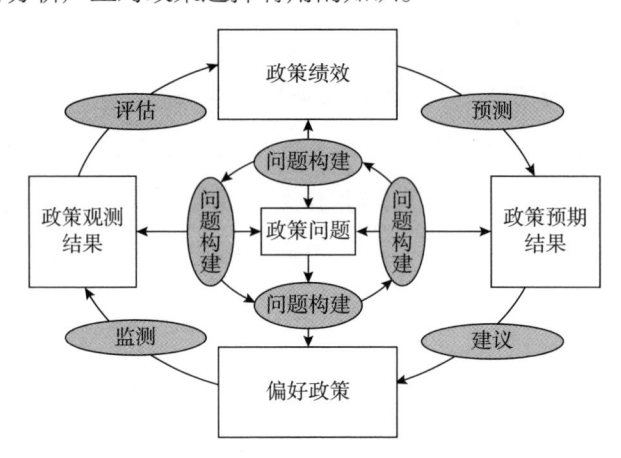

图 10　政策分析的逻辑框架

三、八重步骤法

学者尤金·鲍尔道奇提出了政策分析的八重路径[①]。他认为政策分析以定义问题为起始，接着做出决定，最后对决定做出解释。这个过程可以分为八步：第一步是定义政策问题，第二步是收集相关证据，第三步是提供备选方案，第四步是确定选择标准，第五步是预测方案结果，第六步是权衡方案优劣，第七步是做出实际选择，第八步是叙述事情的来龙去脉。

定义问题是政策分析的起点，为政策分析的前期工作提供依据，为后续材料收集提供方向。第二步是收集证据，即整理那些可能会成为证据的资料。资料是海量的，要尽量只收集那些可以转变为"信息"的数据。第三步是列出所有备选方案清单，并抛弃那些明显不可行的方案，将余下方案整合成基础

---

① EUGENE BARDACH. *A Practical Guide for Policy Analysis*：*The Eightfold Path to More Effective Problem Solving*［M］. 3rd ed. Washington，D. C.：CQ Press，2009.

性方案。第四步是选择评判标准,最重要的评价标准是要看预期后果能否以一种可以接受的程度解决一个政策问题。第五步是对每一种备选方案的政策结果进行系统、有计划地预测,尽管预测政策可能非常困难。第六步是在缺少绝对优胜方案的情况下,弄清方案之间的关系,并加以比较和权衡,这些结果对政策选择至关重要。第七步是检查前期所做的工作,并据此做出政策取舍的决定。第八步是为了获得政策的支持或普及等而进行政策宣讲。

第二节　政策分析的主要方法

政策分析方法是多样的。只有根据一套特殊的研究目标,才能恰当地选择研究策略。美国学者小约瑟夫·斯图尔特等人对政策分析方法进行系统梳理,在分析方法与研究目标之间建立了对应关系,见表11。这些方法及其对应的研究目标对政策分析具有一定的启发性。

表 11　政策分析方法与研究目标之间的对应关系 [①]

方法类型	首要目标
1. 过程分析法	1. 分析政策过程的某个部分
2. 实质性分析法	2. 分析某个实质性领域
3. 逻辑实证分析法	3. 运用科学方法分析政策起因和结果
4. 经济学分析法	4. 检验经济学理论
5. 现象学(后实证主义)分析法	5. 通过直觉过程对事件进行分析
6. 参与分析法	6. 分析多个参与者在决策中所起的作用
7. 规范性或规定性分析法	7. 向决策者或其他人提出政策
8. 意识形态分析法	8. 从自由主义或保守主义立场进行分析
9. 历史分析法	9. 沿着时间轨道对政策进行分析

[①] 小约瑟夫·斯图尔特,戴维·M. 赫奇,詹姆斯·P. 莱斯特. 公共政策导论[M]. 北京:中国人民大学出版社,2011.

一、过程分析法

过程分析法是最常用的政策分析法,即对政策周期的议程设置、政策制定、政策实施、政策评估、政策变化、政策终止等环节中的决定性因素进行分析。虽然政策过程是复杂的,但如果基于政策周期来理解,就可以将复杂过程简单化,便于政策分析的实施。

二、实质性分析法

实质性分析法是指专家围绕某个特定领域的实质性问题开展的相应领域的政策研究。尽管一些政策学者认为,掌握实质性领域的知识并不是成为一个优秀政策分析人员的必要条件,但对专业学位研究生而言,具有相关领域的知识背景或者开展与本专业学位领域相关的政策问题研究,将更易于写出高质量学位论文。

三、逻辑实证分析法

逻辑实证分析法是通过推演得出的理论、模型、假设测试、硬数据、比较法或严密的统计学分析进行的政策研究。这种方法强调政策过程的高度理性,因此,研究过程也更加追求精确,强调逻辑推导和数据演绎。这种方法在社会科学的研究中具有重要影响,已经成为政治学领域主要的认识方法。

四、经济学分析法

经济学分析法,有时被称为公共选择分析法或政治经济学分析法,它是基于人性是"理智的"或纯粹以个人得失偏好为动机的假设来解释政策行为的一种方法。该方法在政策科学的研究中得到广泛应用,尽管它对人性和政治权力的假设不尽全面或不够科学。

五、现象学（后实证主义）分析法

现象学分析法，也称为后实证主义分析法，是为了克服逻辑实证主义方法的不足，强调依赖直觉和案例研究，以替代政策的严谨分析，注重对事物现象的理解而不是严谨的硬数据归因推导等。该研究方法强调研究不能脱离价值观，主张在与研究对象互动中获得对现象的理解。

六、参与分析法

参与分析法是指在政策分析中多渠道收集利益相关者的信息，并且更多考虑参与者的利益和价值观，从而提出更加科学的政策观点。参与分析法在很大程度上将各种相关者的利益和价值观融入政策的决策过程，其前提假设政策是多元主体的利益博弈，其研究对议程设置、政策制定、政策实施具有重要的指导意义。

七、规范性或规定性分析法

规范性或规定性分析法，是基于政策是理性设计的产物而采取的一种分析法。该方法强调政策分析人员的首要任务是明确一个理想的终极状态，并通过选择性地使用数据来论证理想目标的科学性和合理性，进而提出实现理想目标的政策选择。

八、意识形态分析法

意识形态分析法是基于自由主义或保守主义的观点来分析政策。自由主义认为，人能够直接感受到其他人的需要高于自身的需要；保守主义认为，人是有道德局限性和自我中心的。这两种不同的观点，导致政策分析会产生不同的政策立场。

九、历史分析法

历史分析法侧重通过观察不同时期政策演进情况，尤其是通过长时段的政策分析，来揭示政策形成过程中可能存在的一般性模式。这种长时段的政策分析法往往能够弥补短期的政策分析的片面性，有助于更加完整地理解政策演进逻辑和政策变迁趋势。

第三节　政策分析的八点建议

政策分析有成功的经验，也有失败的教训。这不仅是选择政策分析方法的问题，而且涉及政策研究者的能力、素质和习惯。那么，如何成为优秀的政策分析人员呢？学者叶海卡·德罗尔结合自己的职业生涯和研究经验，提出成为一名"更优秀的政策分析人员"的八点建议[1]。对专业学位研究生而言，这八点建议具有重要的指导意义。

一、掌握历史和比较的视角

在狭窄的时空里，是不可能理解和应付当前正在显现的情况的。只有通过广泛阅读，了解所研究政策领域的完整历史，才有可能认清历史的趋势，对该实质性领域的未来做出预测。

二、了解决策的现实情况

基于理论推演或从与实践脱节的理论中获得有关政策决策的认识可能会非常片面。换而言之，单纯依赖某一种理论而进行的政策分析，往往变得教条。政策研究者必须要关注现实。

三、深入研究所处的社会

政策是在特定的社会情境下产生的。因此，做好政策研究，必须要对特

---

[1] 小约瑟夫·斯图尔特，戴维·M.赫奇，詹姆斯·P.莱斯特.公共政策导论[M].北京：中国人民大学出版社，2011：40-41.

定的社会情境进行了解，至少必须在社会问题所处的更广泛的背景下去理解种种困难处境，必须在历史背景中去认识主要的社会风俗惯例及其变化。

四、积累各种政策问题研究经验

政策研究者应该培养政策技能，积累处理各种问题和政策难题的经验。既要研究微观问题，也要研究重大政策问题。从短期看，专门针对某一个领域开展研究非常必要，但从长期来看，拓展自身的专业知识则非常必要。

五、关注元政策的制定

政策研究者不能满足于对政策的解释，而应该努力改善决策。政策人员在开展政策研究时，需要做好角度的转换准备，要像政策的决策者那样去思考问题，这样有助于研究者提供更好的政策建议。

六、树立正确的研究理念

逻辑实证分析法不是唯一的科学方法。政策的形成过程是非常复杂的。很多时候，靠经验、直觉、参与和理解等获得的信息，也是学习政策知识的重要来源，是政策分析方法的重要范畴。

七、积累政策研究的方法和经验

政策研究人员可以通过变换工作地点，以及在其他文化中生活一段时间和学习一门主要语言来积累方法与经验。虽然这对专业研究生而言是比较困难的，但这里提供的启示是，方法和经验的多样化在政策分析中具有重要的作用；政策研究者的文化背景也会影响政策分析的观点。

八、遵守职业道德

通常，尽可能地保持价值中立，以客观的态度来分析政策问题，这是政策研究者应持的立场。但政策研究本质上是一种价值判断。政策分析通常要评价政策结果，分析政策所带来的影响，要基于特定的标准客观评判政策的效果。尤其在敏感问题的处理上，政策研究者要具备政治敏锐性、全局意识和社会责任感。

第四节 政策分析的写作体例

政策分析类学位论文是就政策的制定、实施、成效与建议等进行科学严密论证的一种论文形式。政策分析类学位论文，在写作体例上具有共性特征，但不同的政策分析类学位论文的写作要求有所不同。

一、政策分析类学位论文的共性特征

政策分析类学位论文，通常与调查研究类学位论文在写作体例上具有较大的相似性。在实际操作中也很容易将两者混淆。但与调查研究类学位论文不同的是，政策研究类学位论文的研究对象聚焦于政策，因此写作内容更多地集中于政策。其内容主要包括3个层面。

1. 明确政策问题

问题是研究的起点。政策分析起点是发现问题和定义问题。政策分析类学位论文，同样也是以明确政策问题为起点。明确政策问题，需要建立在问题察觉、界定和描述的基础之上。问题察觉是指某一社会现象被人们发现并扩散，逐渐引起社会公众和政府有关部门的关注。问题界定是指对察觉的问题，需要进行特定分析和解释，明确问题的实质所在。问题描述是指运用可操作性语言对问题进行明确表述。政策问题既可以是某项政策及其措施自身存在的问题和不足，也可以是现行某项政策及其措施不适应新形势、新情况与新任务要求等。政策问题通常很难加以界定，主要是因为有些问题的价值和目标存在冲突，而且政策涉及诸多利益相关者，价值观念和利益往往不一致。从一定意义上讲，有效地阐释问题就等于解决了一半的问题。

2. 开展问题分析

问题确定后，紧接着就需要依据已有的经验和知识，运用科学的方法和手段进行认真的调查、客观的研究、周密的分析和严谨的论证，对问题产生的原因进行综合分析。问题是症状，问题的原因是症结。在该部分，重点是要找到问题的症结，并通过文字等可视化材料有层次地呈现出来；同时，在行文过程中，根据研究需要，说明证据收集的程序、方法等内容，以确保对问题原因论证的充分性。

3. 提出解决对策

政策分析类学位论文，通常最后都需要提出相应的问题解决方案。很多时候，政策分析类学位论文中，开发方案往往是政策分析的中心环节，在篇幅上往往也占有较大的比重，不亚于问题分析部分。开发方案有两个非常重要的步骤，一是设法消除或减轻问题产生的原因或其他相关因素；二是要关注现行政策问题，努力改善或加以替换。有些政策研究为了确保开发出的政策方案的科学性，还要对方案实施成效进行预测研究。

二、政策分析类学位论文的个性要求

根据政策分析类学位论文分析论证表现方式的差异性，通常将其分为陈述型、调研型、实证型等文体。不同文体的学位论文，其表现形式也各有不同。

1. 陈述型

陈述型学位论文，以陈述政策建议的顺序来安排正文内容的结构层次，即根据政策建议的项数，逐条分析论证，逐条提出建议。该类学位论文把所发现的问题和所进行的分析论证融合于每条政策建议的陈述中，以陈述为线，以对应的政策建议为珠，串联构成正文内容。由于政策建议较多，分析论证的方式往往是多元的，所以，分析论证整体上也通常表现出综合性特征。同时，尽管文本行文过程中是逐条分析论证，但论文最后通常有结论性章节，将前述建议进行总结性陈述。

2. 调研型

调研型学位论文，与调查报告常见体例相仿，突出调研性研究特征，行文通常以提出问题、调查研究、政策建议的顺序安排。提出问题作为第一层次，调查研究作为中间层次，政策建议作为最后层次。这3个层次中，调查研究是主体层次，要有基本的调查结论，能够对第一层次的问题进行回答，同时对最后层次的建议给出依据。这3个层次结构具有逻辑因果关系，中间层次起到了桥梁和纽带作用。因此，调研型学位论文的中间层次是写作的重中之重，要清晰地阐明调研的过程、方式，明确地阐述调查的结论和观点。

3. 实证型

实证型学位论文，突出研究的实证性特征，行文通常以提出问题、实证调查、归纳分析、理论升华、政策建议的顺序安排。实证研究虽然也注重调查研究，但与调研型学位论文相比，其在行文上侧重有所不同。实证型学位论文以调查研究为基础，在主体部分不具体显示调查研究的详细资料及其数据统计过程，而更多突出归纳分析的结论和观点，揭示实证研究后获得的经验、启示、建议。相对于调研型学位论文，实证型学位论文往往要花更多篇幅阐述作者的观点，而且其中不乏分析性、推断性的语言。立足于事实和经验，客观、准确、恰当地运用语言表达自己的判断，是实证型学位论文作者尤其要注意的方面。

最后，需要指出的是，无论哪类政策分析类学位论文，行文都必须关注写作的语用要求。这里不仅指专业学位领域的语用要求，也指相应政策的语用要求。写作时应结合情境语境、文化语境等因素，确保论文行文符合对应的政策用语规范。

案例分析：高层次人才引进的政策分析——以S市为例[①]

《高层次人才引进的政策分析——以S市为例》系公共管理硕士专业学位论文。

---

① 注：内部资料，考虑隐私，隐去数据来源。

该文重点分析了 S 市人才政策的基本现状，剖析了问题及其原因，在此基础上对 S 市高层次人才引进政策提出了对策和建议。现对该文体例进行分析（表12）。

表12 《高层次人才引进的政策分析——以 S 市为例》的体例分析

目　　录	备　　注
一、绪论 1. 研究背景 2. 研究意义 3. 文献综述 4. 研究内容与研究思路 5. 研究的创新点及不足	说明：该章虽然具有绪论的很多共性要素，但缺少对研究方法的说明。因为从标题看，该文拟采用案例研究法进行政策分析。显然，案例研究法在研究中的作用非常重要。由于政策分析要求具有一定的范式，故要求论文能明确阐述两者在该研究中的关系，以及研究方法与操作流程。如果绪论中不阐述研究方法，至少后文能补充说明，但后文也缺少该要素
二、高层次人才引进政策的理论分析 1. 高层次人才引进政策的概念分析 2. 高层次人才引进政策的理论基础	说明：从内容看，该章拟为政策分析提供理论支撑。从研究深化及科学性角度而言，该章的安排有其合理性。但该章关于高层次人才引进政策的概念分析部分，作为独立小节，适宜放在绪论中；同时，该章的章标题与二级标题"高层次人才引进政策的理论基础"的包容性存在冲突，章标题为理论基础更为恰当，而二级标题可根据研究内容酌情另行安排，应与章标题呈现包容与被包容关系
三、S 市高层次人才引进政策现状 1. S 市高层次人才引进政策背景 2. S 市高层次人才引进基本情况	说明：该章直接引入 S 市作为案例，分析了 S 市人才引进的政策背景，陈述了人才引进的基本情况。从形式上看，该章节的安排似乎恰当，但分析政策现状，应重点围绕政策来展开，即进行政策描述，说明政策主体已经做了什么，为什么这样做，以及这样做的结果是什么等。从二级标题来看，政策现状的描述是不够充分的
四、高层次人才引进的主要问题及原因分析 1. 高层次人才引进的主要问题 2. 高层次人才引进的原因分析	说明：该章是基于政策描述进行的更深层次分析，即开展政策评价，说明政策存在的问题以及问题成因。从标题看，该章已经从 S 市的具体分析上升到一般分析，即高层次人才引进可能存在的一般性问题及其成因。从严格意义上看，这里从具体到一般跳得过快。因为高层次人才引进政策的一般性问题与成因，应基于 S 市的具体政策问题及其成因来分析

续表

目　　录	备　　注
五、高层次人才引进的政策建议 1. 筑巢引凤，完善人才市场环境 2. 降低门槛，扩大人才引进规模 3. 建构平台，强化人才引进宣传 4. 完善保障，提高人才待遇水平 （后略）	分析：该章是该论文的最后章节，因此也是结论性章节。从标题看，该章是政策开发，是针对高层次人才引进提出的具有相对普适性的政策建议。这也是大多数政策分析类学位论文的最终落脚点。该章二级标题的科学性，这里不作置评。但需要指出的是，政策建议的提出应基于两个维度来归纳，一是对政策本身的完善，二是消除或减少政策问题产生的原因

第十一章
实施方案类专业学位论文写作

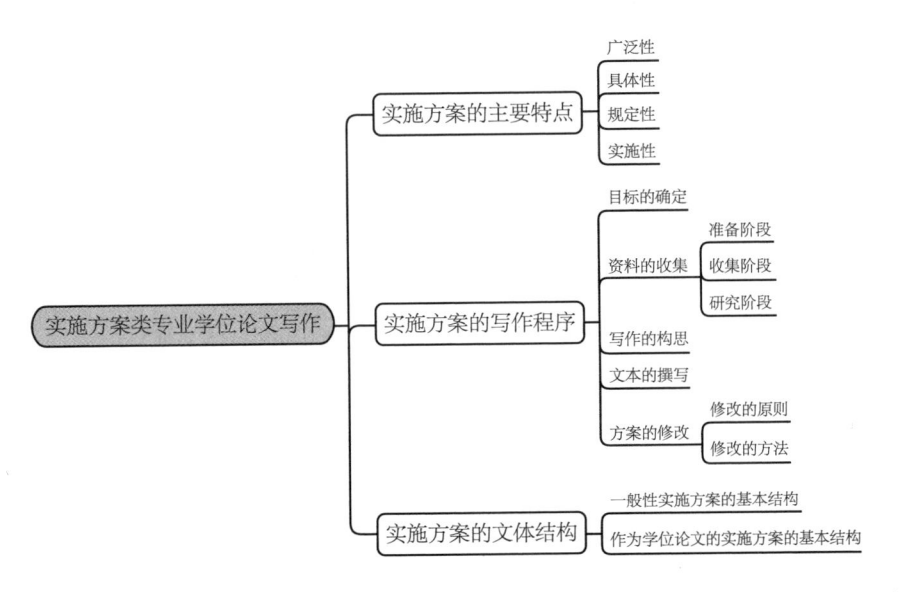

```
                                    ┌─ 广泛性
                 ┌─ 实施方案的主要特点 ─┤─ 具体性
                 │                   ├─ 规定性
                 │                   └─ 实施性
                 │
                 │                   ┌─ 目标的确定
                 │                   │              ┌─ 准备阶段
                 │                   ├─ 资料的收集 ─┤─ 收集阶段
实施方案类专业 ──┤─ 实施方案的写作程序─┤              └─ 研究阶段
学位论文写作     │                   ├─ 写作的构思
                 │                   ├─ 文本的撰写
                 │                   │              ┌─ 修改的原则
                 │                   └─ 方案的修改 ─┤
                 │                                  └─ 修改的方法
                 │
                 │                   ┌─ 一般性实施方案的基本结构
                 └─ 实施方案的文体结构─┤
                                     └─ 作为学位论文的实施方案的基本结构
```

  实施方案是指为了顺利完成某一项工作，达到预期目的，从目标要求、工作内容、方式方法与工作步骤等方面做出全面、具体而又明确安排的计划类文书。实施方案类学位论文，其主体以计划文书形式呈现。目前，工商管理、教育、体育等专业学位论文经常采用这种形式。正如任何文本的写作都有具体的要求一样，作为学位论文的实施方案，其写作也有其相应的体例和规范。本章介绍了实施方案的主要特点、写作程序、文体结构，以期为该类型专业学位论文写作提供指引。

第一节　实施方案的主要特点

实施方案类学位论文是对某项工作、活动进行具体、明确的安排，核心以计划文书的形式呈现。该类学位论文具有实施方案的一般性特点，因而也具有相应的写作要求。

一、广泛性

实施方案的应用范围非常广泛。从实施方案的适用主体看，既可以是各级的党政机关，也可以是企事业单位和各种社会团体。从实施方案的内容来说，涉及政治、经济、文化与人们的生活等方面内容。因此，可以预期，以培养应用型人才为主的专业学位研究生教育将越来越认可以实施方案作为学位论文的基本形式。

二、具体性

实施方案是实现目标任务的操作化蓝图，因此要对工作中的每一个环节都做出具体安排，要求总目标具体明确，分目标重点突出；实施步骤安排详尽、切合实际。大多数时候，实施方案要明确任务书、路线图。各项工作什么时间开展、分几个阶段进行、由谁来负责、如何进行保障等，都能够具体详尽地说明，并且重要的项目或工作均要制定明确的量化指标，在要解决的关键问题上能进行详细的说明。

三、规定性

实施方案的制订具有很强的规定性。即使作为学位论文，专业学位研究生也应该注重实施方案的规定性特质。实施方案的制订不能天马行空，必须要充分考虑特定的内外部因素，如方案实施的工作目的、要求、内容等因素或经济、环境、文化等条件因素，有时，还要特别考虑相关的政策、法规与上级相关文件及精神等因素。而且，实施方案一旦确定，落实上就具有强制性，相关部门、单位就要按照实施方案认真组织实施。作为专业学位论文的实施方案，也必须考虑该方案的强制性因素，确保方案的科学性、可操作性。

四、实施性

实施方案，重在实施。目标明确、内容全面、步骤清晰、操作简便的实施方案是开展某项工作或活动的前提和基础，也是指导实施人员现场工作的依据，因此，实施方案要有非常强的可操作性。文本一旦确定，相关部门、单位就必须按照实施方案里的内容认真组织实施。作为专业学位论文的实施方案，实施性是评价其质量的重要依据。

专业学位研究生撰写实施方案类学位论文时，必须充分结合实施方案的4个特点，从实际出发，以问题解决或目标达成为宗旨，确保实施方案的针对性；坚持突出重点，结合各类约束条件，从全局角度和整体利益出发，考虑人力、物力、财力及其他条件，着力解决关键性问题，力争事半功倍；坚持具体、细致，既要立足大局、长远，更要细致入微，从操作程序、方法、时间、条件等方面详细考虑，确保实施方案适宜操作，切实可行。

第二节　实施方案的写作程序

实施方案的写作，有基本的写作程序。明确实施方案的写作过程，是写好实施方案的前提。作为学位论文的实施方案，写作程序包括目标的确定、资料的收集、写作的构思、文本的撰写、方案的修改5个阶段。

一、目标的确定

提出问题是学位论文的起点。作为学位论文的实施方案，有时可能没有明确拟解决的问题，但一定有明确的任务目标。确定目标，是提出问题的另一种形式。因此，目标任务的确定是实施方案写作的起点。实施方案本质上是落实目标、完成任务的实施计划。撰写实施方案，必须明确目标和任务。要准确地把握目标和任务，既要做到对目标任务心中有数，也能够将目标任务转化为具体的语言文字，表述清楚，避免混淆和歧义。如果目标不明确或目标表述不准确，则会导致实施方案没有方向或方法步骤缺乏针对性，结果往往是事倍功半。

二、资料的收集

资料的收集是实施方案写作的第二步。资料收集主要是通过调查研究、文献研究等方法了解实际情况和资料，可以为完善目标、发现问题、寻找方法打开突破口，还可以为方案的撰写提供强有力的支撑。资料的收集一般包括3个阶段。

1. 准备阶段

准备阶段主要是依据任务目标，结合实际情况中的问题，完善目标，明确调查研究、文献研究的对象与范围，并做好相关的准备工作，如拟订调查提纲、确定调查方案、明确文献范围，从而为资料收集做好准备。

2. 收集阶段

收集阶段是实施资料收集的过程，所收集的资料既包括理论材料，也包括实证材料。资料收集手段应该多样化，不局限于调查研究法和文献研究法。而且在资料收集过程中还要做好记录，并进行初步的数据整理和分析鉴别，确保资料真实有效。

3. 研究阶段

资料是冰冷的，但对资料的研究可以赋予其温度。在资料收集过程中，还要通过细致的研究，进一步判断资料的价值，力争将感性的具体上升到理性的抽象，把片面、孤立、绝对的认识上升为全面、联系、相对的认识。只有这样，才能真正发挥资料收集的价值。

三、写作的构思

在对资料价值进行充分挖掘的基础上，很快就要开始文本的撰写。而在撰写之前，需要进行方案的构思。构思一般是由整体到局部逐步推进。在实施方案构思中，首先，结合资料和数据，明确实施目标。其次，通过对资料的分析和综合，提出实施目标的理论基础、方法手段、计划等。再次，结合一些内外部条件因素，对方法、手段、计划等进行综合考虑，审查和分析每个可供选择的方法，并选择最优者，以确保方案的科学性、有效性。最后，通常还要考虑实施方案落地的保障条件，为方案的可操作化提供支持。

四、文本的撰写

如果目标清晰，资料翔实，构思通畅，文本撰写也就自然水到渠成。但这必须建立在对文本结构、形式和内容的准确把握，以及良好的文本表达能力基础上。实施方案的撰写就是将前期的认识内容用合适的结构形式、恰当的语言表达出来，是将抽象的认识成果变为具体的有形内容，将思维成果文本化，从而发挥其应有的作用。

文本的撰写，要通过资料的梳理，制订详细、周密的方案和步骤来指导，以达到实施的目的。因此，实施方案在文本的语言表达上，通常以达意性的叙述和说明为主，准确地表达出实施方案的目标和操作的程序、步骤即可。叙述和说明不一定要高度地概括，内容上也没有定义说明那些严格的要求。文本的撰写，也不一定只通过文字来呈现。有时，图和表是方法、流程、数据更便于理解的方式，它们能够将多种因素的复杂关系表示得清楚而有条理。因此，在实施方案写作中，要尽可能地使用图、表来帮助表达，以求用较少的语言表述丰富的内容，把事情写清楚。当一篇实施方案中多次出现数据或流程时，就应该考虑用表格和流程图的形式来进行表达。

五、方案的修改

实施方案的修改其实渗透进实施方案写作的全过程，是整个实施方案写作不可分割的一部分。这里所说的修改，是指初稿完成后的修改。一般而言，作为学位论文的实施方案，通常没有实际实施。因此，这里所说的修改，也不包括实施中的修改。

1. 修改的原则

实施方案的修改要坚持整体与局部、内容与形式相结合的原则。整体和内容的修改，主要是围绕实施目标、方案结构、方法步骤等宏观层面进行推敲，这是修改的重点。局部和形式的修改，主要是从实施方案的文本表达、形式呈现等微观层面进行修改，这是修改普遍涉及的内容。

2. 修改的方法

实施方案的修改，不同的撰写者可能会有不同的修改方法。本书为专业学位研究生提供3种方法以供参考。一是换位修改法，即从撰写者角色转换为实施人员的角色来思考，确保实施方案的目标、方法、步骤能够为实施人员理解并能够根据文本来操作。二是集体修改法，争取能够与导师、同学，尤其是具有实施经验的工作人员一起修改，征求不同的意见，注重不同的声音。三是再调查修改，即实施方案制订后，可以带着方案制订过程中可能存在的问题、疑惑，进行再次调查研究，将修改和再调查有机结合，从而不断弥补文本的不足。

第三节　实施方案的文体结构

结构是框架。只有将观点、材料有机串联，融入恰当的框架结构中，一篇有实用价值的实施方案才有可能实现。但作为学位论文的实施方案，文体结构与一般性实施方案有所不同。本节从比较的角度来阐述作为专业学位论文的实施方案与一般性实施方案的差异性,从而为作为学位论文的实施方案的撰写提供参考。

一、一般性实施方案的基本结构

实施方案的种类相对较多,不同种类的实施方案在文体结构上也存在细微的差别,但总的来说,有相对固定的写作模式。其基本结构一般包括任务背景、指导方针、目标任务、实施步骤、具体要求、保障措施等部分。有时,不同的实施方案在具体行文过程中,会简化或省略任务背景、指导方针、保障措施等,但目标任务、实施步骤、具体要求的内容通常都不可或缺。下面以2017年7月18日国务院办公厅印发的《中央企业公司制改制工作实施方案》来进行说明。

中央企业公司制改制工作实施方案

公司制是现代企业制度的有效组织形式,是建立中国特色现代国有企业制度的必要条件。经过多年改革,全国国有企业公司制改制面已达到90%以上,有力推动了国有企业政企分开,公司法人治理结构日趋完善,企业经营管理水平逐渐提高,但仍有部分国有企业特别是部分中央企业集团层面尚未完成公司制改制。《中共中央 国务院关于深化国有企业改革的指导意见》提出,到2020年在国有企业改革重要领域和关键环节取得决定性成果。中央经济工作会议和《政府工作报告》要求,2017年年底前基本完成国有企业公司制改制工作。按照党中央、国务院有关部署要求,为加快推动中央企业完成公司制改制,制订本实施方案。

一、目标任务

2017年年底前,按照《中华人民共和国全民所有制工业企业法》登记、国务院国有资产监督管理委员会监管的中央企业(不含中央金融、文化企业),全部改制为按照《中华人民共和国公司法》登记的有限责任公司或股份有限公司,加快形成有效制衡的公司法人治理结构和灵活高效的市场化经营机制。

二、规范操作

（一）制订改制方案。中央企业推进公司制改制，要按照现代企业制度要求，结合实际制订切实可行的改制方案，明确改制方式、产权结构设置、债权债务处理、公司治理安排、劳动人事分配制度改革等事项，并按照有关规定起草或修订公司章程。

……

三、政策支持

（一）划拨土地处置。经省级以上人民政府批准实行授权经营或具有国家授权投资机构资格的企业，其原有划拨土地可采取国家作价出资（入股）或授权经营方式处置。全民所有制企业改制为国有独资公司或国有及国有控股企业全资子公司，其原有划拨土地可按照有关规定保留划拨土地性质。

……

四、统筹推进

（一）加强党的领导。中央企业党委（党组）要切实加强对改制工作的组织领导，按照有关规定落实党的建设同步谋划、党的组织及工作机构同步设置、党组织负责人及党务工作人员同步配备、党的工作同步开展的"四同步"和体制对接、机制对接、制度对接、工作对接的"四对接"要求。要充分发挥企业党组织的领导核心和政治核心作用，确保党的领导、党的建设在企业改制中得到充分体现和切实加强。要依法维护职工合法权益，处理好企业改革发展稳定的关系。改制过程中的重大事项应及时报告党中央、国务院。

……

中央党政机关和事业单位所办企业的清理整顿和公司制改制工作，按照国家集中统一监管的要求，另行规定执行。各省级人民政府参照本实施方案，指导地方国有企业公司制改制工作。

《中央企业公司制改制工作实施方案》在结构上主要包括标题、实施背景、目标任务、实施步骤、具体要求、保障措施等部分。该方案目标明确，任务清晰，步骤详细，要求具体，其结构安排具有一般性实施方案文体结构的共性特征。

二、作为学位论文的实施方案的基本结构

作为学位论文的实施方案，具有实施方案的一般性特征，但同时也有自己的特点。下面以一篇工业工程专业领域的学位论文作为案例来阐述作为学位论文的实施方案的文体结构。

《电网企业标准成本实施方案研究》[①]目录

1 绪论

 1.1 研究的背景及意义

 1.2 国内外研究成果综述及实践案例分析

 1.3 研究内容及技术路线

2 标准成本的基本理论与方法分析

 2.1 标准成本的基本理念

 2.2 标准成本的制订方法

 2.3 标准成本的实施方式

 2.4 标准成本的实施保障措施

 2.5 本章小结

3 电网企业标准成本结构研究

 3.1 电网企业的基本特点及成本分类

 3.2 电网企业标准成本的层次结构划分

 3.3 本章小结

4 电网企业标准成本测定方法研究及实例分析

 4.1 电网企业标准成本的测定方法

[①] 郭星.电网企业标准成本实施方案研究[D].北京：华北电力大学，2012.

4.2 电网企业标准成本的测定实例分析

4.3 本章小结

5 电网企业标准成本实施方式研究

5.1 标准成本实施的总体目标与基本原则

5.2 标准成本实施的前提条件与推进步骤

5.3 标准成本的实施形式

5.4 本章小结

6 电网企业标准成本实施保障措施研究

6.1 电网企业标准成本实施存在的困难

6.2 组织保障措施

6.3 技术保障措施

6.4 本章小结

7 结论与展望

上述目录反映了作为学位论文的实施方案的基本框架结构。该学位论文内容摘要如下：

    与一般成本管理方法相比，标准成本具有标准性、完整性、灵活性、先进性、实用性、导向性优势。电网企业实施标准成本，在促进成本管理理念创新、细化落实成本管控责任、提升成本精益化管理水平等方面具有重要现实意义。

    本文在对标准成本国内外研究成果深入系统分析的基础上，提炼形成了企业标准成本实施的理论体系，主要内容包括标准成本的基本理念、制订办法、实施方式、实施保障措施等。

    深入分析电网企业的基本特点、核心业务、成本特点……论文研究提出电网企业三类标准成本的层次结构。

    依据电网企业成本结构划分和企业标准成本测定的一般方法……收

集相关基础数据，以实例验证提出方法的有效性和可操作性。

结合电网企业管理的实际，研究确立了电网企业标准成本实施的总体思路、基本原则、实施步骤、实施形式，以测定的标准成本为基础，统一会计科目，强化全面预算、集中核算、管控考核，实施全员、全方位、全过程成本管控。

电网企业实施标准成本是一项复杂的系统工程，需要有力的组织与技术措施保障，论文研究制订了电网企业实施标准成本具体组织与技术保障措施，构建了完善的组织管理体系、制度标准体系、管控信息平台，确保电网企业标准成本实施有序推进、取得实效。

论文研究成果已在本人所在单位的标准成本管理实践中得到初步验证，尚需在今后的实践中进一步深化完善。

结合目录与内容摘要，不难发现，该学位论文的第5章、第6章，基本包含了一般性实施方案的基本内容，而且第5章、第6章也构成了该学位论文的旨归，即提出具体实施方案。但与一般性实施方案不同的是，该学位论文阐述了前期的研究基础，论证了方案理论依据，即"论文研究提出电网企业三类标准成本的层次结构"，并论证了"方法的有效性和可操作性"。这虽然只是作为学位论文的实施方案的个例，但也反映了学位论文的特殊要求，即必须充分说明前期的研究基础，同时要充分论证实施方案在理论和实践上的科学性、有效性。这也是作为学位论文的实施方案与一般性实施方案的根本区别所在。作为学位论文的实施方案，其文体结构通常包括标题、绪论、理论依据、任务目标、实施步骤、具体要求、保障措施等。

案例分析：H集团HRBP实施方案优化设计[①]

《H集团HRBP实施方案优化设计》是工商管理硕士专业学位论文。该文

---

① 引自：王可．H集团HRBP实施方案优化设计［D］．西安：陕西师范大学，2019。此处只作体例分析，论文的研究方法和研究结论不代表本书编者的观点。

是典型的实施方案类专业学位论文。该文是对已有实施方案的优化研究。下面对该文写作体例作简要分析（表13）。

表13 《H集团HRBP实施方案优化设计》写作体例分析

目　　录	备　　注
第1章　绪论 1.1　研究背景 1.2　研究意义 1.3　研究思路与框架 1.4　研究方法	说明：该章具有学位论文绪论的共性内容，但在结构要素上的不足之处是缺少文献综述
第2章　概念界定与理论基础 2.1　HRBP概念界定 2.2　理论基础	说明：该章为方案优化设计奠定理论基础，增强研究的科学性，以及论证的说服力。这里的概念界定，作为小节相对单薄，更适宜放在绪论部分展开
第3章　H集团HRBP运行的现状分析 3.1　H集团企业简介 3.2　H集团HRBP提出的背景 3.3　H集团"三支柱"模式构成及HRBP运行现状 3.4　HRBP年度绩效评价结果及工作满意度调查 3.5　H集团HRBP运行问题成因分析	说明：该章对H集团HRBP运行的现状进行全面分析，既描述了概况，又说明了问题及其成因，从而为后文的方案优化提供了事实依据
第4章　H集团HRBP方案优化与实施 4.1　方案优化目标、原则与思路 4.2　HRBP实施方案优化设计	说明：基于第3章，该章自然引出H集团HRBP方案的优化及其实施，既具有理论依据，又具有实践依据。但该章标题的"实施"具有歧义，它更多是指方案文本的优化，而第5章标题中的"实施"则偏向方案的落实
第5章　方案实施与评价 5.1　HRBP关键能力体系优化方案的实施与效果评价 5.2　HRBP价值认同宣贯方案实施与效果评价	说明：该章是H集团HRBP方案优化后的执行与评价。研究证明了优化后的方案是积极有效的
第6章　研究结果及展望 6.1　研究结论 6.2　研究的创新与不足 6.3　展望	说明：该章是对全文的总结与展望，并尽可能基于H集团的个案研究，推论出具有一般性的结论

第十二章
产品研发类专业学位论文写作

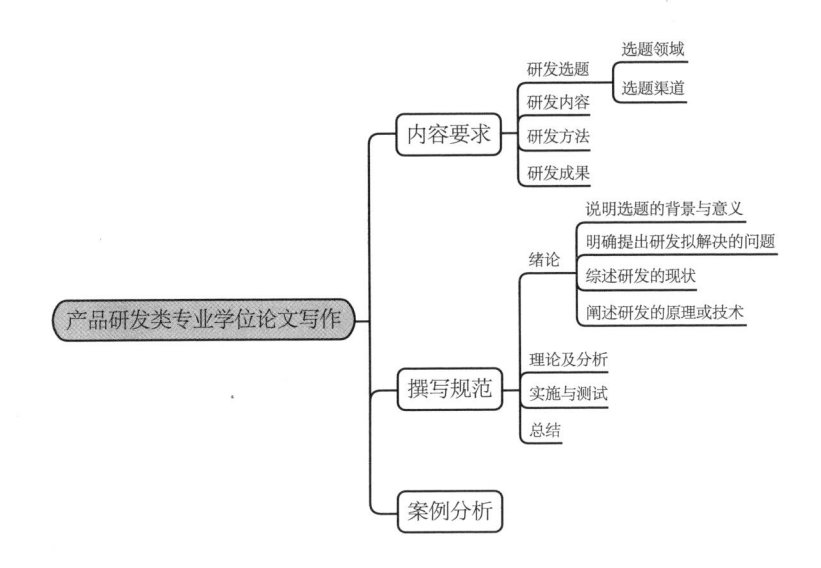

```
                              ┌─ 研发选题 ─┬─ 选题领域
                              │           └─ 选题渠道
                 ┌─ 内容要求 ─┼─ 研发内容
                 │            ├─ 研发方法
                 │            └─ 研发成果
                 │                        ┌─ 说明选题的背景与意义
                 │            ┌─ 绪论 ────┼─ 明确提出研发拟解决的问题
产品研发类专业 ──┤            │           ├─ 综述研发的现状
学位论文写作     │            │           └─ 阐述研发的原理或技术
                 ├─ 撰写规范 ─┼─ 理论及分析
                 │            ├─ 实施与测试
                 │            └─ 总结
                 │
                 └─ 案例分析
```

产品研发类学位论文，是关于产品研发的背景、原理、流程、技术、效果等的系统性的呈现。从广义角度而言，产品研发类学位论文，不单纯局限于文本性的论文，根据研究对象的性质，还包括三维设计图纸、模拟仿真系统，以及正在开发的或已经成型的产品或雏形等。产品研发类学位论文目前在工程、建筑、金融、旅游管理等专业学位领域被较多采用。本章在陈述研发类学位论文的内容要求、撰写规范的基础上，结合典型案例来说明该类型专业学位论文写作的注意事项。

第一节　内容要求

产品研发类学位论文,核心在产品研发,文本形式的论文只是研发的背景、过程及其成果等的文字呈现。从广义学位论文角度而言,产品研发类学位论文的文本论文撰写与实际产品的研发,在工作量的安排上大致一半对一半。

一、研发选题

产品研发类专业学位论文,选题遵循学位论文选题的一般性原则,同时也有其特殊要求,主要表现在选题领域、选题渠道等方面。

1. 选题领域

一般而言,专业学位论文选题时,并不意味着一定要局限于专业研究对象的边界范围。但作为产品研发类的专业学位论文,由于涉及产品开发的适用对象与市场需求,相对而言,其选题应该考虑专业领域范围及其边界。例如产品研发类的工程硕士专业学位论文,其选题一般要求"针对本工程领域的新产品或关键部件研发、设备技术改造及对国外先进产品的引进消化再研发。产品研发包括各种软、硬件产品的研发"[①]。

2. 选题渠道

产品研发类学位论文的选题,更加注重本专业领域范围内的应用性题目。为此,选题渠道应更多考虑从生产实践、市场需求、用人单位的工作需要和应用性的科研项目中选题。生产中实际需要解决的问题很多,新产品的开发、工业的改进、设备的更新,都是很好的选题来源。技术市场发布的信息,也能够提供好的选题方向。用人单位的需求性选题,通常能够体现理论与实际

---

① 全国工程硕士专业学位教育指导委员会. 关于试行工程硕士不同形式学位论文基本要求及评价指标的通知[EB/OL]. (2011-09-01)[2018-10-10]. http://yjsch.imut.edu.cn/info/1070/2641.htm.

结合，能够为产品研发提供较好的应用前景。

二、研发内容

研发内容，从广义的学位论文角度而言，是研发过程中围绕研究对象开展的各项工作的总称，它最终表现为相应的研发成果。在确定研发内容时，应坚持双向思维，即通过研发选题来确定研发内容，同时通过研发内容来反思研发选题。通过双向互动，可以不断提升研发内容的科学性。

课题选题与研究内容之间高度关联，选题及其研究目标往往直接决定了研究内容的构成。产品研发类的学位论文，在选题确定后，其目标也就相对清晰，内容也相应形成。例如，产品研发类的工程硕士学位论文，其研发内容包括"对所研发的产品进行需求分析，确定性能或技术指标；阐述设计思路与技术原理，进行方案设计及论证、详细设计、分析计算或仿真等；对产品或其核心部分进行试制、性能测试等"[①]。

研发内容反过来也能对专业学位论文的选题提供可行性检验。通常，作为专业学位论文的产品研发，应该具有一定的工作量，而且硕士学位论文，尤其是博士学位论文，在强调应用性的同时，也强调研发的先进性和新颖性，在关键技术上能够有一定的突破，有创新点。因此，工作量和创新性，是检验研发内容是否恰当的具有普适性的参考指标。当然，不同学校、不同专业学位领域，对工作量的要求也有差异。

三、研发方法

方法是解决问题的钥匙。产品研发也同样强调方法的选择。不同的产品，其研发方法也有所差异。作为专业学位研究生，应知晓好的研发方法的一般性的判断标准及其影响因素。

产品研发能否达到预期目标，前提是方法的科学可行。具有科学原理支

---

① 全国工程硕士专业学位教育指导委员会.关于试行工程硕士不同形式学位论文基本要求及评价指标的通知［EB/OL］.（2011-09-01）［2018-10-10］.http://yjsch.imut.edu.cn/info/1070/2641.htm.

撑，能够遵循产品研发完整的工作流程，具有规范的技术手段，这是方法科学性的重要保证。同时，方法的选择还应考虑可行性，要考虑现有的技术水平和生产能力在产品研发过程的实施条件，可利用的资源条件，以及产品研发的材质、工艺、便利程度、经济性和环保性因素等。

产品研发是指改进老产品或设计新产品，使其具有新的特征和用途。因此，在选择研发方法时，还应坚持需求导向。只有顺应且满足客户需求的产品，才有优势。例如，金融产品的开发，要考虑产品的市场潜力、产品的收益性与市场的容量。

产品研发还要尽可能考虑采用新技术、新工艺、新材料、新创意等。在同等条件下，因为采用新方法、新技术等而使产品研发具有了新的市场前景，达到了预期目标，则说明这种方法、技术等值得肯定。因此，研发方法的创新，往往能够提升产品研发类学位论文的含金量，得到评审专家更多的认可。

四、研发成果

产品研发类学位论文，根据选题性质、研发内容、研发方法的不同，其成果表现形式也不尽相同，既可能是物质的，也可能是精神的，如新产品原型、自主开发的新技术、发明专利、带有技术参数的图纸、基础软件、应用软件等。但无论哪种表现形式，研发成果通常都要求以论文形式来表现。作为物质化的研发成果，通常独立于论文本身，论文不过是物化成果形成过程及其结果的概念化反映。但精神化的研发成果，很多时候，直接以论文形式来呈现，融入了论文本身。因此，专业学位研究生要根据研发成果性质，正确处理好研发成果与表现形式之间的关系。

不同类型的研发成果，其评价标准也不尽相同。物质化的研发成果，如自主开发的产品原型，更强调其能够符合行业规范要求，满足相应的生产工艺和质量标准，性能先进，有一定的实用价值，而论文则是进一步呈现其价值的佐证。精神化的研发成果，如技术创新论文，则要结合技术创新含量与论文形式，综合判断其价值。但无论研发成果以哪种方式呈现，论文通常都是必不可少的表现手段。因此，产品研发类学位论文和实际产品的研发与文本论文的撰写，具有同等重要的地位。

第二节　撰写规范

产品研发类学位论文的研发过程及其成果通常都要求以文本论文形式表现。作为文本性论文，撰写时除具有一般性论文的基本构成，包括标题、摘要、正文、参考文献、致谢等内容，还应根据产品研发的特殊性，有时还需要以附件形式提供图纸、参数、实物照片等必要的技术性文件。下面主要结合产品研发的特殊性就论文的正文部分撰写规范进行说明。

一、绪论

绪论部分在正文中所占的比例相对较小。但不同的产品研发类选题，绪论的长短也因题而异，应根据撰写的内容进行取舍。

1. 说明选题的背景与意义

绪论部分通常首先要陈述选题的来源、背景。这一部分要简洁自然，尽快切入研发对象。而且在背景陈述时，尽可能不将选题背景与选题思考过程重合，避免用很长的篇幅交代选题的思考和心得。在交代选题背景的基础上，通常还要说明选题的意义和价值。产品研发类的学位论文，其选题意义和价值，往往需要通过市场前景、市场潜力、产品的收益性等体现。

2. 明确提出研发拟解决的问题

前述的背景交代、意义说明，本质上是为问题的提出做铺垫的。提出问题是绪论的核心部分。专业学位研究生应将研发拟解决的问题明确具体地陈述出来。同时，为了说明研发的必要性，强化问题的具体化，通常还需要说明研发拟达到的目标。

3. 综述研发的现状

如果研发的对象较为复杂，且具有较长的发展历史，通常绪论部分还需要就该产品研发的现状进行综述，说明研发的前期基础，描述国内外同类产品研发和应用的技术现状及发展趋势，展现产品的研发需求和研发空间。

4. 阐述研发的原理或技术

复杂的产品研发，需要相应的原理和技术做支撑，这通常也是研发的关键所在。为了更好地便于读者理解论文，并通过论文了解研发过程，绪论部分需要对研发的原理或技术进行简要的或轮廓性的陈述，应从整体上阐述产品研发工作的内容、方法与技术手段等。

二、理论及分析

理论及分析是研发的基础，因此理论及分析部分在产品研发类论文中是不可或缺的。该部分通常紧接绪论之后，以相对独立的形式呈现。

理论及分析部分的内容，通常是对绪论部分的市场需求、研发方法等进行系统、全面的陈述，从而为研发提供全面的需求分析和技术支撑。以产品研发类的工程硕士学位论文为例，该部分内容通常包括"对所研发的产品进行需求分析与总体设计，确定性能技术指标，给出设计思路与技术原理，采取科学、合理的方法对其进行详细设计、校核计算和性能分析"[1]。

理论及分析部分的论文撰写，根据内容多少，在结构安排上可以独立一章，也可以多篇章呈现。由于理论及分析在产品研发类的基础性作用，该部分论文撰写需要丰满翔实，论证要足够充分。产品研发类论文常见的问题是，绪论部分提出的研发问题很新颖，研究方法也很独特，但在理论及分析部分却写得很单薄，缺乏足够的论证推演，影响论文的科学价值。

---

[1] 全国工程硕士专业学位教育指导委员会. 关于试行工程硕士不同形式学位论文基本要求及评价指标的通知［EB/OL］.（2011-09-01）［2018-10-10］. http://yjsch.imut.edu.cn/info/1070/2641.htm.

三、实施与测试

如果说理论及分析为产品研发提供了理论和技术支撑,那么实施与测试则是理论向实践转化的桥梁和纽带。在产品研发类学位论文中,实施与测试部分通常是紧接理论及分析部分之后,是关于研发成果实施与测试工作的文字性说明。

就产品研发完整周期而言,实施与测试都是不可缺少的环节。因此,大多数产品研发类的学位论文都强调将实施与测试工作以文本的形式并作为重要章节纳入论文中。例如,产品研发类的工程硕士学位论文明确要求"对所研发的产品或其核心部分进行试制,并对其性能进行测试及对比分析,必要时进行改进或提出具体改进建议"①。

但作为学位论文的产品研发,并不意味着所有的研发成果都能够进入实施和测试阶段。例如,旅游管理类、金融类产品的研发,其实施和测试通常需要的周期较长。这就意味着关于实施与测试环节的论文撰写有较大难度。在这种情况下,该部分的文字撰写,通常基于前述的理论和技术,以概念化的形式,即文字、图表、参数等研发成果,在论文中呈现。而为了确保实施的可行性,有时会增加相应的保障措施,作为实施和测试部分的必要补充。

四、总结

产品研发类论文的总结部分,也就是论文的结论部分。该部分一般包括3方面内容,一是系统归纳前期全部研发工作,二是指出产品研发中的新结论,三是展望产品研发的未来前景。

在结论部分,首先,要对前期研发工作进行简要说明。说明要既能反映研发工作的实践逻辑,也要符合论文的文本逻辑。其次,要明确提出研发工

---

① 全国工程硕士专业学位教育指导委员会.关于试行工程硕士不同形式学位论文基本要求及评价指标的通知[EB/OL].(2011-09-01)[2018-10-10].http://yjsch.imut.edu.cn/info/1070/2641.htm.

作发现的新见解、新思路或新技术，而且该见解、思路或技术与绪论中提出的拟解决的研发问题和拟达到的研发目标具有对应性。如果两者不能对应，则至少说明文本逻辑有问题。最后，要对研发工作中可能存在的问题与进一步优化改进的思路进行补充，同时还需要对研发成果的未来发展，如市场容量、技术改进等进行展望。

第三节 标准解读

产品研发类学位论文的内容要求和撰写规范，是关于该类论文的共性要求，对该类论文而言，具有相对普适性。本节具体结合全国工程硕士教学指导委员会关于工程领域产品研发类学位论文的基本要求，以一篇产品研发类论文为例，对该类论文的内容要求和撰写规范进行具体说明。

2011年发布的《关于试行工程硕士不同形式学位论文基本要求及评价指标的通知》明确提出工程领域产品研发类学位论文的性质、内容和撰写要求。

产品研发：指针对生产实际的新产品研发、关键部件研发及对国内外先进产品的引进消化再研发，包括各种软、硬件产品的研发。

【内容要求】

1. 选题：针对本工程领域的新产品或关键部件研发、设备技术改造及对国外先进产品的引进消化再研发。产品研发包括各种软、硬件产品的研发。

2. 研发内容：对所研发的产品进行需求分析，确定性能或技术指标；阐述设计思路与技术原理，进行方案设计及论证、详细设计、分析计算或仿真等；对产品或其核心部分进行试制、性能测试等。研发工作有一定的先进性、新颖性及工作量。

3. 研发方法：遵循产品研发完整的工作流程，采用科学、规范、先进的技术手段和方法研发产品。

4. 研发成果：产品符合行业规范要求，满足相应的生产工艺和质量标准；性能先进，有一定实用价值。

【撰写要求】

产品研发论文由摘要、正文、参考文献、致谢等部分组成。应以附件形式提供图纸、实物照片等必要的技术文件。正文字数一般不少于2.5万字，组成及具体要求如下。

1. 绪论：阐述所研发产品的背景及必要性、国内外同类产品研发和应用的技术现状及发展趋势，并阐述本产品研发工作的主要内容。

2. 理论及分析：对所研发的产品进行需求分析与总体设计，确定性能技术指标，给出设计思路与技术原理，采取科学、合理的方法对其进行详细设计、校核计算和性能分析。

3. 实施与性能测试：对所研发的产品或其核心部分进行试制，并对其性能进行测试及对比分析，必要时进行改进或提出具体的改进建议。

4. 总结：系统地概括产品研发中所涉及的主要工作及其主要结论，并明确指出产品研发中的新思路或新见解；展望所研发产品的应用及改进前景。

显然，工程领域产品研发类学位论文的内容和撰写要求，也反映了产品研发类学位论文的共性要求。其选题、内容、方法、成果与撰写规范，虽然体现了工程领域的独特性，但也反映了产品研发的普遍性。

案例分析：藤编家具创新设计研究——以"怀远藤编"为例[①]

《藤编家具创新设计研究——以"怀远藤编"为例》是工业设计工程硕士专业学位论文，也是典型的产品研发类专业学位论文。下面结合产品研发类专业学位论文的写作要求进行体例分析（表14）。

表14 《藤编家具创新设计研究——以"怀远藤编"为例》内容分析

目　　录	备　　注
第1章　绪论 1.1　研究背景 1.2　研究现状 1.3　研究意义 1.4　拟解决的关键问题 1.5　论文的研究方法	说明：选题源于实践中的问题，有市场前景，具有产品研发类论文绪论的一般性特征
第2章　藤编家具分析 2.1　藤编家具的概念及分类 2.2　藤编家具的制作工艺 2.3　藤编家具的基本特性 2.4　藤编家具产业现状	说明：该章对市场需求、研发方法等进行了系统、全面的陈述，进而为研发提供了基础性说明。在这个意义上，该章的概念、分类等内容也可放在绪论中展开，或适当取舍
第3章　创新设计理论及藤编家具设计 3.1　创新设计的相关概念与理论研究 3.2　藤编家具创新设计的原则 3.3　影响藤编家具创新设计的要素分析 3.4　藤编家具造型的创新 3.5　藤编家具结构的创新 3.6　藤编家具类别的创新 3.7　藤编家具材料应用的创新	说明：该章从创新设计理论、藤编家具设计的创新要求维度进行论证，为产品研发提供了理论和技术支撑，符合产品研发类论文的基本要求

[①] 引自：舒斌. 藤编家具创新设计研究——以"怀远藤编"为例[D]. 成都：西南交通大学，2017. 此处只作体例分析，论文的研究方法和结论不代表本书编者的观点。

续表

目　　　录	备　　　注
第 4 章　产品开发设计流程下的藤编家具设计 4.1　产品开发设计流程 4.2　产品开发设计流程下的藤编家具创新设计	说明：该章是产品研发的流程化设计，为藤编家具设计流程创新提供了方案支持
第 5 章　藤编家具创新设计流程与设计实例 5.1　创新设计组织关系的确定与职能的明确 5.2　前期调研与机会识别 5.3　设计理念、设计思路 5.4　设计定位 5.5　设计展开 5.6　试产扩量 5.7　产品的展示与销售	说明：该章系实施与测试部分，是藤编家具设计的制作和试产、展示与销售阶段的文字说明，即产品研发实施与测试的文字呈现。该部分是产品研发从理论到实践的桥梁和纽带
结论（内容略）	说明：该章的内容与作用，一是归纳前期研发工作；二是指出产品研发基本结论；三是展望产品研发的未来前景。符合产品研发类论文的撰写规范

第十三章 文献研究类专业学位论文写作

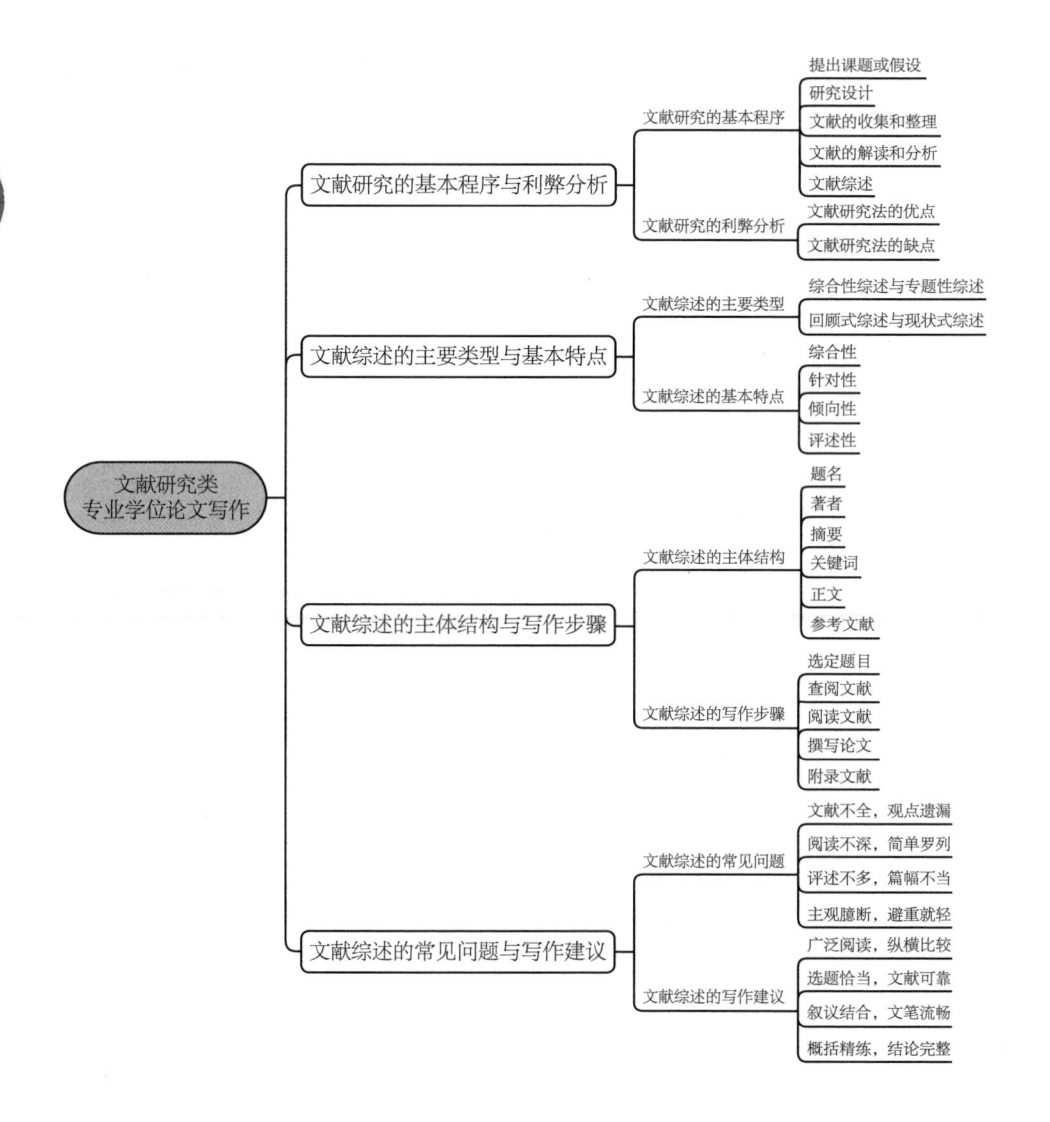

- 文献研究类专业学位论文写作
  - 文献研究的基本程序与利弊分析
    - 文献研究的基本程序
      - 提出课题或假设
      - 研究设计
      - 文献的收集和整理
      - 文献的解读和分析
      - 文献综述
    - 文献研究的利弊分析
      - 文献研究法的优点
      - 文献研究法的缺点
  - 文献综述的主要类型与基本特点
    - 文献综述的主要类型
      - 综合性综述与专题性综述
      - 回顾式综述与现状式综述
    - 文献综述的基本特点
      - 综合性
      - 针对性
      - 倾向性
      - 评述性
  - 文献综述的主体结构与写作步骤
    - 文献综述的主体结构
      - 题名
      - 著者
      - 摘要
      - 关键词
      - 正文
      - 参考文献
    - 文献综述的写作步骤
      - 选定题目
      - 查阅文献
      - 阅读文献
      - 撰写论文
      - 附录文献
  - 文献综述的常见问题与写作建议
    - 文献综述的常见问题
      - 文献不全,观点遗漏
      - 阅读不深,简单罗列
      - 评述不多,篇幅不当
      - 主观臆断,避重就轻
    - 文献综述的写作建议
      - 广泛阅读,纵横比较
      - 选题恰当,文献可靠
      - 叙议结合,文笔流畅
      - 概括精练,结论完整

文献研究类学位论文，是指以文献为核心研究对象或研究证据的学位论文。文献研究类学位论文在图书情报学、中医学、临床医学、口腔医学等领域较多采用。从广义角度而言，文献是记录知识和信息的一切载体。通常，任何形式的学位论文都需要开展文献研究，因此，文献研究法在科学研究中是最常用的方法，也是文献研究类学位论文不可或缺的研究方法。文献研究类学位论文最常见的形式是文献综述。本章在对文献研究的基本程序和利弊分析的基础上，介绍了文献综述的主要类型与基本特点、主体结构与写作步骤、常见问题与写作建议，以期为文献研究类专业学位论文写作提供指引。

第一节 文献研究的基本程序与利弊分析

文献研究法也称情报研究、资料研究或文献调查，指收集、鉴别、整理文献，并通过对文献的研究形成对事实的科学认识的方法。文献研究法所要解决的主要是如何在浩如烟海的文献资料中选取适用于课题的资料，并对这些资料做出恰当的分析，归纳出有关结论。因此，文献研究法不仅包括资料的收集，还包括对这些资料的分析。

一、文献研究的基本程序

文献类型固然多样，但无论对哪一种文献进行研究，研究过程都具有相似性，都要遵循一定的程序和准则，即提出课题或假设、研究设计、文献的收集和整理、文献的解读和分析、文献综述。

1. 提出课题或假设

提出课题或假设是指依据现有的理论、事实和需要，确定研究问题或明确研究假设。问题或假设不同，文献收集、描述的范围和重点也必然有差异。因此，文献研究法的首要工作就是要确定自己研究的问题和假设。

2. 研究设计

研究设计是基于提出的问题，明确研究目标，确定文献收集和描述的范围并将问题或假设的内容设计成具体的、可操作的、可重复的文献研究活动。研究设计还需要进一步明确文献研究法在文献研究中的作用。它既能作为独立的研究方法，也能作为一项辅助性研究方法。

3. 文献的收集和整理

文献收集在本书相关章节中已经做了专门陈述，这里不再重复。文献的整理通常要遵循条理化、系统化、简明化的原则。条理化，就是指整理出的文献应呈现一定的顺序，不能是散乱无章或无规律可循的。系统化是指整理出的文献，应作为一个整体而存在，彼此之间存在相关关系，具有内在的逻辑。简明化是指整理后的文献，能够简明地呈现最重要的和最需要的文献，丰富而不失次序。

4. 文献的解读和分析

文献的解读包括泛读和精读，两者应有机结合。泛读一般是在较短的时间内简单了解整理好的文献的基本内容和特点，掌握文献概貌，筛选甄别有价值的文献。精读是指通过理解性阅读，对文献进行初步概括、判断、推理等，以达到对文献理解认识的升华。

文献的分析包括统计分析与理论分析。统计分析主要采用定量的方法（如统计方法、数理方法和模拟法等）对文献进行加工处理。理论分析主要采用定性分析（如历史分析、比较分析、逻辑分析等）对文献进行加工处理。两种分析方法根据研究需要，既可以单独使用，也可以综合运用。

5. 文献综述

通过对文献的收集、整理、鉴别和分析后，需要将相关研究成果以文本的形式呈现出来，这就是文献综述，也是文献研究法的最后程序。文献综述具有内容浓缩化、集中化和系统化的特点，其文本撰写也有其特殊的要求和规范。本章将在第二节专门就文献综述的撰写进行说明。

二、文献研究的利弊分析

作为科学研究最常用的方法，文献研究法既具有优势，也存在不足。在使用过程中，需要扬长避短，充分发挥其最大的使用价值。

1. 文献研究法的优点

第一，文献研究法不受时间、空间的限制。文献研究法在使用过程中，能够通过对古今中外文献的调查，了解研究极其广泛的问题和对象。例如，文献研究法可以研究那些年代久远已经无法再现或接触不到的调查对象，如古文字等，这一优点是其他调查方法不可能具有的。

第二，文献研究法能够提供循证依据。文献研究通常能够提供书面结论，且结论具有文献依据。而且相对口头调查和结论而言，文献研究的书面记录和结论能够减少种种记录误差。

第三，文献研究法是一种间接的、非介入性调查。它通常能够避免在直接调查中调查者与被调查者互动过程中可能产生的种种反应性误差。

第四，文献研究法使用较为方便、自由、安全、省时、省钱、效率高。文献研究是基于前人和他人劳动成果的研究，是获取知识的捷径。它可以用比较少的人力、经费和时间获得比其他调查方法更多的信息。因而，它是一种高效率的调查方法。

2. 文献研究法的缺点

第一，研究内容无法控制。文献通常是一种客体性存在，尤其是零次文献，原本就不是为了后来的研究目的而编制或撰写的。文献研究法的使用者往往会发现或文献内容不能完全满足研究的需要，或难以把握文献内容的正确性和精确度，或对文献的价值难以判断，或对质量难以把握。

第二，文献获取难度各有不同。有些文献资料很难获得，而且往往是越有价值的文献越难收集。例如，一些文献受政策、历史等因素影响不对外公开，令研究者望洋兴叹。

第三，文献资料差异性较大，格式不尽一致，系统性也存在差异。很多文献不够连续完整，因此，利用文献法做纵贯研究或比较研究有时会发现资料不完整，难以进行比对。还有些文献论述不够系统、全面，无法自圆其说，尤其是一些历史性文献，不乏自相矛盾之处，甄别筛选和使用的难度较大。

第二节　文献综述的主要类型与基本特点

文献综述是对某个时期或某个专题的若干文献进行系统组织和叙述性概括，是文献研究的重要成果。绝大多数学位论文的绪论部分，都包含文献综述的相关内容。文献综述通常是研究生学位论文工作的核心环节和重要训练方法之一，是帮助、促进研究生掌握最新研究动态和研究成果的方法。当文献综述作为一个独立文献的时候，其本身就是一项研究成果，并经常以论文的形式在期刊上发表。因此，文献综述在相关领域能够作为专业学位论文的一种表现形式。本节所指的文献综述，正是指以论文形式呈现的独立性文献。

一、文献综述的主要类型

作为独立文献的文献综述，根据内容的深度与广度来划分，分为综合性综述和专题性综述；根据内容的时间安排来划分，分为回顾式综述和现状式综述。作为学位论文的文献综述，通常更多地采用专题性文献综述或现状式文献综述，因为这两类文献综述更加注重新问题、新见解的发现和述评。

1. 综合性综述与专题性综述

综合性综述是针对某个学科或专业，对一定时期内围绕某个专题的文献加以汇集和解释。专题性综述是针对某个研究问题或研究方法、手段的综述。综合性综述与专题性综述的主要区别在于，前者侧重广度，强调对整体的全面归纳；后者侧重深度，强调对问题的深度挖掘。

2. 回顾式综述与现状式综述

回顾式综述，主要是历史地分析某一个课题的发展概况，通常是参照年代顺序。这在相关专业的历史研究中较为多见。现状式综述是对某一领域的新研究、新见解、新知识进行述评，其任务侧重于对某一领域的迅速发展的新知识进行反思和展望。

二、文献综述的基本特点

文献综述的基本特点包括综合性、针对性、倾向性、评述性。

1. 综合性

综合性是指综述要"纵横交错"，既要以某一专题的发展为纵线，也要能够反映当前研究的进展情况，进行国内外、行业内外的横向比较。

2. 针对性

针对性是指综述的内容是限定的，专业性较强，要始终围绕论题进行文献的述评；凡是与论题无关或关系不大的资料，一般不在文中赘述。

3. 倾向性

倾向性是指综述客观资料与主观判断的有机融合，它蕴含着研究者对问题的判断和预测，对问题的发展具有潜在的倾向性理解。

4. 评述性

评述性是指综述通常要相对专门、全面、深入、系统地论述某一方面的研究现状，同时还要对现状的问题进行综合、分析、评价，反映作者的观点和见解，并与综述的内容构成整体。

第三节 文献综述的主体结构与写作步骤

文献综述是文献综合评述的简称，是在全面收集有关文献资料的基础上，经过归纳整理、分析鉴别，对一定时期内某个学科或专题的研究成果与进展进行系统、全面的叙述和评论。作为独立文献的文献综述，写作具有相应的结构和步骤要求。

一、文献综述的主体结构

作为独立文献的文献综述，其结构相对完整。一般包括题名、著者、摘要、关键词、正文、参考文献6个部分。

1. 题名

文献综述题目一般由论文所研究题目或主要论题加"文献综述"构成。常见的题目有《×××文献综述》《×××的文献综述》《×××研究的文献综述》等。

2. 著者

在这里指专业学位研究生。

3. 摘要

摘要是综述内容的简要陈述，具有独立性和自含性。

4. 关键词

关键词是为了满足文献标引和检索需要而设置的，通常从正文中选取表示全文主题内容信息的概念和术语。

5. 正文

文献综述正文部分包括绪论、主体和结论。与一般性论文的绪论略有不同，文献综述的绪论常用较短的篇幅提出问题，包括写作目的、动机、意义和价值，并简要陈述问题的背景、资料来源、研究方法等。主体主要包括论据和论证，通过提出问题、分析问题和解决问题比较各种观点的异同点及其理论根据，要较详细地叙述所研究问题的进展、诸方争议与亟待解决的问题，从而反映作者的见解。结论是对正文部分的主要内容进行简要概括，是对文献综述的总结，而且明确提出自己的观点和判断。结论通常还要说明主题争论的焦点与未来发展趋势等。

6. 参考文献

参考文献是在结论之后呈现的，也是该类论文的重要组成部分，一般要参照规范的格式进行摘录，通常要将作者名、文献名、文献出处、时间等信息全面地标示出来。

二、文献综述的写作步骤

文献综述写作依照选定题目、查阅文献、阅读文献、撰写论文、附录文献的步骤进行。

1. 选定题目

文献综述的选题非常重要。选题首先要考虑是否新颖。相对其他类型的学位论文而言，文献综述创新难度较大。但如果选题较新颖，则能够增加学位论文的含金量。

2. 查阅文献

题目确定后，下一步是查阅文献。一般先收集具有权威性的参考书，如专著、教科书、学术论文集等，然后查找期刊等文献资料。教科书叙述比较全面，能够帮助研究者了解概貌；专著集中讨论某一专题，能够帮助研究者进行深入了解；学术论文集反映一定时期的进展和成就，能够帮助研究者把握研究走向；期刊文献虽然浩如烟海，但也不乏精华，能够为研究提供更多支撑。

3. 阅读文献

泛读和精读有机结合是阅读文献的重要方法。先读内容提要或小结，判断其价值，必要时再根据重要程度进行选择性精读。

4. 撰写论文

在做好充分准备后，正式进入论文撰写阶段。此时，专业学位研究生应拟好提纲，明确写作框架，组织材料，写成文章。论文正文撰写常用的写作方法主要有4种：一是循序法，按时间先后和问题深浅顺序组织全文；二是分述法，按主题的各方面分别叙述组织全文；三是比较法，两种及以上的同类事物进行比较组织全文；四是逻辑推进法，根据事物发展规律，逐层推理组织全文。

5. 附录文献

论文撰写完毕后，需要将引用的相关文献罗列其后，说明文献综述所依据的资料，增加综述的可信度，也便于读者进一步检索。

第四节　文献综述的常见问题与写作建议

文献综述是常见性文体，但写好一篇文献综述并不容易。专业学位研究生在撰写文献综述时，应参照文献综述的主体结构与写作步骤进行，同时还要避免常见问题，谨记注意事项。

一、文献综述的常见问题[①]

1. 文献不全，观点遗漏

不少专业学位研究生撰写文献综述时，经常根据自己的喜好和片面理解选择材料，不能将有代表性的资料完全纳入研究范围，其结果是不能系统全面地把握研究现状。

2. 阅读不深，简单罗列

由于阅读不够深入，一些专业学位研究生在撰写综述时，是"综"而不"述"，更多注重观点罗列，而没有对文献进行系统整理、分析和判断，缺少自己的观点。

3. 评述过多，篇幅不当

文献综述是建立在对原始文献的梳理和介绍基础之上的。文献综述的重点在于"综"，占较大篇幅，是论文的主体部分；而个人观点和判断，则基于原始文献的分析和判断，虽然是画龙点睛，不可或缺，但却不是主体。

---

① 王琪. 撰写文献综述的意义、步骤与常见问题［J］. 学位与研究生教育，2010（11）：51-52.

4. 主观臆断，避重就轻

在阅读文献过程中，可能会发现某些文献的主题存在较多争议，甚至主要结论相互矛盾。在寻找研究的切入点和突破点时，有些研究生就回避矛盾和冲突，其结果往往是放弃了一大堆有价值的文献，研究也难以深入和创新。

二、文献综述的写作建议

1. 广泛阅读，纵横比较

只有广泛阅读相关文献，善于整理和分析文献，才有可能写出一篇好的文献综述。要坚持泛读与精读有机结合，进行纵横比较，寻找重要作者，筛选重要观点，识别重要阶段，深度挖掘文献的价值，剖析蕴含的观点。

2. 选题恰当，文献可靠

文献综述切忌选题过大。若选题过大，文献过多，专业学位研究生驾驭起来难度就很大。通常，一些文献范围广、选题范围大的、经典的文献综述，都是学术大家撰写而成。文献综述还要求文献务必可靠。第二手、第三手文献可能会出现一些错误，相对而言，第一手文献较为准确。因此，引用参考文献时应以第一手文献为准。另外，一些特殊的课题研究，还应多关注零次文献，以弥补一般公开文献从信息的客观形成到公开传播之间费时多和信息损耗的不足。

3. 叙议结合，文笔流畅

文献综述有"综"也有"述"。撰写文献综述，要坚持叙议结合，夹叙夹议。叙，是用来介绍前人研究的基本成果；议，是基于叙述的基础进行分析评论。叙不是照搬全抄，而是概括总结性的；议，不是主观臆断，而是逻辑推演而成。叙议结合，必须通过文字来呈现，要通过严谨的语言文字进行系统的组织、概括，尤其上下文之间要逻辑严密，过渡自然，还有分析评论必须基于原始文献，忠实于原文，不能进行文学式的再创作，更不能将自己的观点强加在原始文献之上。

4. 概括精练，结论完整

文献综述，"综"是基础，"述"是经纬。写好文献综述，必须要有高度的综合分析能力和语言表达能力。文献综述不是对文献进行简单的拼凑、罗列，而是对文献进行高度的组织和编排；不是对文献资料进行文字堆砌，而是对文献进行思维加工，使之成为有机的整体。同时，文献综述的结论应是对文献综述的内容进行精辟概括，用最简洁的语言呈现基本判断，并能够指出当前文献中可能存在的问题和未来的发展前景。

案例分析：我国知识产权文献研究现状分析——基于信息可视化视角[①]

《我国知识产权文献研究现状分析——基于信息可视化视角》是图书情报硕士专业学位论文，也是典型的文献研究类专业学位论文。下面拟对该文进行体例分析（表15）。

表15 《我国知识产权文献研究现状分析——基于信息可视化视角》的体例分析

目录	备注
1 绪论 1.1 选题背景 1.2 研究目的及意义 1.3 文献综述 1.4 研究思路及框架 1.5 研究创新点	说明：作为绪论，该部分与非文献研究类的学位论文的绪论具有共性特征。需要指出的是，绪论中的文献综述，是针对该论文选题的文献综述，也是为该选题的论证提供研究依据和研究支撑的
2 研究基础 2.1 研究方法 2.2 研究对象与数据来源 2.3 研究软件	说明：该章相当于研究设计，阐述研究方法、研究程序等。该部分内容，有时放在绪论中以小节的形式呈现。当研究设计需要详细说明且所占篇幅较大时，也可以以独立章节的形式呈现。研究设计部分决定了论文后续的文献研究将采用分述法组织全文

[①] 引自：周亚新. 我国知识产权文献研究现状分析——基于信息可视化视角[D]. 贵州：贵州财经大学，2021. 此处只作体例分析，论文的研究方法和研究结论不代表本书编者的观点。

续表

目录	备注
3 知识产权文献基本情况可视化分析 3.1 年文献产出量分析 3.2 文献期刊分布 3.3 文献科研机构与地区研究	说明：基于研究设计，对知识产权文献基本情况进行可视化分析。这是分述内容之一
4 知识产权学术作者可视化分析 4.1 文献作者发文量统计分析 4.2 被引文献分析 4.3 核心作者群分析 4.4 作者合作图谱分析	说明：基于研究设计，对知识产权学术作者进行可视化分析。这是分述内容之二
5 知识产权学术热点可视化分析 5.1 高频关键词词频分析 5.2 高频关键词相关矩阵分析 5.3 高频关键词社会网络分析 5.4 高频关键词聚类分析	说明：基于研究设计，对知识产权学术热点进行可视化分析。这是分述内容之三
6 结论与展望 6.1 研究结论 6.2 研究不足 6.3 研究展望 致谢 参考文献	说明：该章是对前述内容进行概括，是分述内容的总结归纳，即先分后总，明确提出观点和判断，并对未来进行了研究展望

第十四章
工程设计类专业学位论文写作

工程设计类专业学位论文写作
- 内容要求
  - 设计选题
  - 设计方案
  - 设计说明
  - 设计报告
- 文本结构
  - 标题
  - 摘要
  - 关键词
  - 正文
  - 参考文献
  - 附录
  - 致谢
- 撰写规范
  - 内容应详略得当
  - 说明应详尽完备
  - 文面应整洁规范
  - 表达要绝对准确

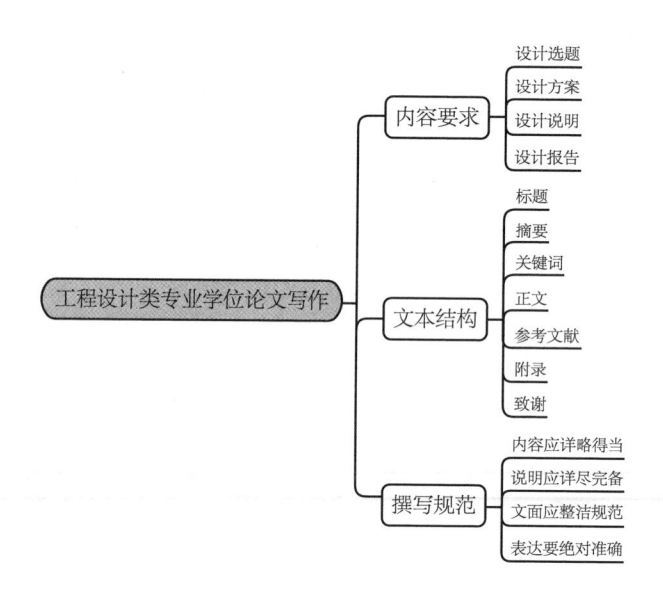

工程设计类学位论文的主体以工程设计文件形式呈现。它是根据工程对象设计要求，运用相关理论和方法，有目标地创造工程产品构思和计划。工程设计通常在可行条件下解决怎么进行建设的具体工程技术和经济问题等。该类学位论文在工程、农业推广、工程管理等领域较为常见。本章分别从工程设计学位论文的内容要求、文本结构、撰写规范、案例分析4个维度进行陈述，以期为该类专业学位论文的撰写提供指引。

第一节　内容要求

工程设计类学位论文，通常基于工程设计要求，对工程所需的技术、经济、资源、环境等条件进行更加深入细致的分析，编制设计文件和施工图，并以文本形式呈现。该类学位论文的工程开发和设计时间，占学位论文工作的大部分时间。

一、设计选题

工程设计选题来源广泛，几乎涉及人类活动的全部领域。工程设计选题应符合学位论文选题的一般要求，同时必须紧扣专业领域的实际需求，具有一定的实用价值或应用价值。全国工程硕士专业学位教育指导委员会就工程领域的工程设计类学位论文的选题做出过规定："来源于本领域的实际需求，具有较高技术含量。可以是一个完整的工程设计项目，也可以是某一工程设计项目中的子项目，还可以是设备、工艺及其流程的设计或关键问题的改进设计。设计有一定的先进性、新颖性及工作量。"[1] 由于工程设计类学位论文需要做大量设计和研发工作，该类学位论文选题对专业学位研究生的动手操作能力也提出了较高的要求。

二、设计方案

工程设计需要根据设计要求，给出明确的设计方案。因此，设计方案是工程设计学位论文的核心内容之一。方案设计在流程上一般要经过需求调研、技术调研、图纸与清单设计、正式方案设计4个阶段。需求调研为方案设计提供基础；技术调研为方案设计提供技术资料、产品资料和参考

---

[1] 全国工程硕士专业学位教育指导委员会.关于试行工程硕士不同形式学位论文基本要求及评价指标的通知［EB/OL］.（2011-09-01）［2018-10-10］.http://yjsch.imut.edu.cn/info/1070/2641.htm.

案例准备；图纸与清单设计是方案设计的雏形；在完成上述工作的基础上，第四步方案设计将水到渠成。方案设计在内容上通常要求科学合理、数据准确，符合国家、行业标准和规范，同时符合技术经济、环保和法律等要求。方案设计在表现形式上具有多样性，根据研究需要可以是工程图纸、设计作品、工程技术方案、工艺方案。其中，文字、图纸、表格、模型是常见的呈现方式。

三、设计说明

设计说明是指关于设计方案的、具有说明书性质的文本资料，是设计规范的辅助性技术文件。设计说明在工程设计中起纲举目张的作用，例如工程设计概述、规范标准、技术经济指标等的说明，对阅读并理解设计方案具有重要的意义。设计说明应内容科学，符合工程设计实际状况，经得起实践的检验；应条理清楚，参照工程设计过程及顺序或者读者的认识逻辑，逐一进行内容呈现。设计说明的呈现样式没有固定要求，通常以设计方案的需要为依据，尽可能图文并茂，便于读者理解。

四、设计报告

设计报告是工程设计专业学位论文的核心文本。工程设计非常强调文档撰写，在工程设计开发期间，有各种文档形式。设计报告实质上是各类文档的辩证集合，是对设计原理、主要理念、技术路线、设计图纸等做全面、系统的解释的技术性报告。设计报告与设计说明的区别就在于，前者具有论证性，而后者只具有介绍性。设计报告强调写作的系统性，不仅要将设计的概况、原理、方案、技术参数等呈现出来，还要有一定的理论分析和归纳，必要时还要将测试结果与分析和使用情况（如果有的话）表述出来，从而体现出从分析、设计、实现到测试的工程设计全貌。

第二节　文本结构

工程设计类学位论文是工程设计成果的文字表达，文本结构一般由标题、摘要、关键词、正文、参考文献、附录、致谢等内容组成。设计报告是正文的主体，设计方案、设计说明、设计图纸等通常作为正文必要的附件。

一、标题

标题，又称题名、文题或题目。标题应概括文章的内容，体现文章的主旨。工程设计类学位论文的标题，应简明、具体、确切，能概括工程设计的特定内容，揭示课题的实质，便于读者把握全文内容的核心，如《大连市皮口港扩建工程设计》。题目的长短可根据不同设计的内容确定，但一般以不超过20个汉字为宜，如包容不下，可加一个副标题。题目在用词上，要避免使用相邻专业不熟悉的缩略词、首字母缩写及字符、代号或公式等。

二、摘要

摘要是对论文内容不加任何评论和诠释的简短陈述，目的在于让读者尽快了解文章的内容和思想。工程设计类学位论文摘要是工程设计报告的高度浓缩，通常以指示性摘要为常见形式。指示性摘要，只简要叙述研究的成果，如数据、看法、意见、结论等，很少涉及研究手段、方法、过程等。指示性摘要的目的在于让读者对工程设计的主要内容（即做了什么工作）有一个轮廓性的了解。

三、关键词

关键词通常是从论文的题目、摘要和正文中选取出来的，是对表述论文的中心内容有实质意义的词汇。关键词应采用能覆盖论文主要内容的专业性术语或词条，通常以与正文不同的字体字号编排在摘要下方，一般可选定3~8个，多个关键词之间用分号分隔，按词条的外延层次从大到小排列。

四、正文

工程设计类学位论文的正文，通常由绪论、设计报告、总结三部分组成。

绪论有时也称引言或概述，主要说明设计的背景、意义，并重点说明设计的主要内容与拟解决的关键问题。有时，根据选题内容，还需要陈述当前设计对象的国内外研究现状等。

设计报告的内容，是设计的分析、设计、实现到测试的文本性呈现。工程设计报告，通常包括原理部分、技术部分、经济部分等。作为专业学位论文的工程设计，尤其是大型工程设计，最大的问题往往是停留在概念化层面，难以进入工程施工或项目测试阶段。因此，如果工程设计进入实践和效果测试阶段，那么在设计报告中增加相应工作的内容，则是该类型学位论文最为增色的部分。

总结是工程设计论文正文的收尾部分，是对工程设计所涉及的各项工作与所解决的问题的综合性概括。通常，这部分应写得简洁具体，使读者能明确工程设计的独到之处。而且，总结部分通常还需要对可能遗留的问题和解决这些问题的思路提出初步的设想，并对设计成果的应用前景进行展望，从而为后续研究提供参考。

五、参考文献

参考文献是工程设计类学位论文在撰写过程中所查阅过的相关文献，通常列在正文之后。论文所列的参考文献，通常是工程设计过程中起到重要参考作用的文献，包括正式或非正式出版的文献。列出的参考文献一般要注明题名、作者、出版者、出版年份等相关信息。

六、附录

附录是与论文设计报告紧密相关，但又具有相对独立性的文本性内容。设计方案、设计说明、设计图纸等通常是工程设计类论文附录的主要形式。有时，正文中过长的公式推导与证明过程，以及在正文中无法列出但又对正文具有重要支撑作用的相关数据、图表、文件，也可以在附录中依次给出。

七、致谢

致谢是学位论文的组成部分。工程设计作为一项研究成果，往往不是独自一人完成的，如在选题参考、论文指导、资料获取、图纸修改等方面，可能得益于多方面的帮助。致谢是向这些帮助表示公开谢意的礼节性文字，通常是必不可少的。

第三节 撰写规范

工程设计几乎渗透人类生活的各个领域。从这个意义上说，工程设计类学位论文适应面也必然非常宽泛。不同领域的工程设计类学位论文在内容要求、文本结构、撰写规范上，可能有细节差异，但整体上具有共通性。2011年全国工程硕士教学指导委员会发布的《关于试行工程硕士不同形式学位论文基本要求及评价指标的通知》明确提出工程领域工程设计类学位论文的性质与内容和撰写要求。其相关内容如下。

工程设计：指综合运用工程理论、科学方法、专业知识与技术手段、技术经济、人文和环保知识，对具有较高技术含量的工程项目、设备、装备及其工艺等问题开展的设计。

【内容要求】

1. 选题：来源于本领域的实际需求，具有较高技术含量。既可以是一个完整的工程设计项目，也可以是某一工程设计项目中的子项目，还可以是设备、工艺及其流程的设计或关键问题的改进设计。设计有一定的先进性、新颖性及工作量。

2. 设计方案：科学合理、数据准确，符合国家、行业标准和规范，同时符合技术经济、环保和法律要求；可以是工程图纸、设计作品、工程技术方案、工艺方案等，可以用文字、图纸、表格、模型等方式表述。

3. 设计说明：指按照工程类设计规范必备的辅助性技术文件，包括工程项目概况、所遵循的规范标准、技术经济指标等。

4. 设计报告：综合运用基础理论和专业知识对设计对象进行分析论证。

【撰写要求】

工程设计论文由摘要、正文、参考文献、致谢等组成。设计报告作为正文主体，设计方案、设计图纸和设计说明作为必需的附件。正文字数一般不少于2万字，组成及具体要求如下。

1. 绪论：阐述所开展的工程设计的背景及必要性，重点阐述设计对象的技术要求和关键问题所在，对设计对象的国内外现状应有清晰的描述与分析，并简述本工程设计的主要内容。

2. 设计报告：详细描述工程设计过程中的设计理念、技术原理、设计方法和可行性等；对比分析国内外同类设计的特点；针对不同的工程设计项目，还可包括计算与分析、技术经济分析、测试分析、仿真实验分析、结果验证等具体描述。

3. 总结：系统地概括工程设计所涉及的主要工作及结论，并明确指出作者在设计中的新思路或新见解；简要论述本工程设计的优缺点，并对工程应用前景进行展望，提出下一步工作建议。

上述相关内容为工程设计类专业学位论文的撰写提出了明确的要求。在更加宽泛意义上，工程设计类专业学位论文的撰写应做到内容应详略得当、说明应详尽完备、文面应整洁规范、表达要绝对准确。

一、内容应详略得当

工程设计类学位论文，作为技术性文书，内容较多。撰写时，应结合具体工程项目要求，做到详略得当、重点突出、避免重复。对重要内容，如核心设计方法、技术、参数等，应给出足够的细节信息以便让评阅者能够充分理解和审查，必要时附上相关材料作为附录以供查询。而且，专业学位研究生在撰写时，在引证其他设计或成果的基础上，应尽可能地将自己工作的创新部分，如新创造、新改进等，做重点说明。只有做到详略得当、恰到好处，才能给评阅者留下深刻印象，便于其审查和评阅。

二、说明应详尽完备

工程设计类学位论文是考核专业学位研究生的重要手段，也是专业学位研究生设计能力的重要体现。一般而言，工程设计强调的是通过训练，促进专业学位研究生掌握工程设计的原理和方法，培养独立设计的能力。因此，为了达到全面综合训练的目的，同时也为了确保设计的完整性，原则上设计说明内容应周全完备。对于设计原理、方案选择、参数特征等方面的说明，应尽可能详尽，不能省略内容。技术方面的问题应详写，细枝末节等都不可忽视。

三、文面应整洁规范

论文文面是作者的第二"面容"。好的文面容易获得评阅者的情感认同。工程设计类学位论文往往由文字、图表、公式、参数等组成，还涉及不同表现形式的附录。因此，相对一般性学位论文而言，工程设计类学位论文的文面处理在技术上要求更高。专业学位研究生务必参照规定格式开展写作，使版式清晰美观，并认真绘制图纸，做到整洁、清晰，符合工程制图的规定和要求。

四、表达要绝对准确

工程设计类学位论文在表达上要求绝对准确。专业学位研究生在撰写论文时，一方面，各类技术参数和各种数据、图表等的使用，应严格参照工程设计规范要求，便于理解，避免失误。另一方面，论文行文务求严密规范，使用专业术语，不能造成歧义。专业学位研究生必须充分掌握行业规范和专业规范，在写作过程中，对各类参数、数据、图表等反复审核，确保无误。专业学位研究生在学习期间必须养成严谨务实的习惯，并通过学位论文来检验这种习惯的养成。因为工程设计如果出现失误，将不可避免地带来经济损失甚至人身事故。

案例分析：环保型大豆油墨的研制[①]

《环保型大豆油墨的研制》[②]是化学工程硕士专业学位论文。该文是典型的工程设计类专业学位论文。下面拟对该文进行体例分析（表16）。

表16 《环保型大豆油墨的研制》的体例分析

目　　录	备　　注
第1章　绪论 1.1　课题背景 1.2　文献综述 1.2.1　传统油墨概述 1.2.2　大豆油墨概述 1.2.3　大豆油墨开发中需要解决的问题 1.2.4　大豆油墨开发中所用到的实验方法 本章小结	说明：该章阐述了选题的背景及必要性，对国内外现状进行了清晰的描述与分析，但关于研究拟解决的问题及其关键技术方法，在绪论中没有详细描述

[①] 转引自：侯先荣. 工程硕士学位论文写作指南[M]. 广州：华南理工大学出版社，2007：358-360. 此处只作体例分析，论文的研究方法和研究结论，不代表本书编者的观点。

[②] 施一鸣. 环保型大豆油墨的研制[D]. 杭州：浙江大学，2005.

续表

目录	备注
第2章 原材料的选择和油墨的制造方法 2.1 前言 2.2 原材料的选择 2.3 油墨的制造 本章小结	说明：该章作为设计报告内容之一，主要是详细描述了绪论中应该重点说明的解决问题的关键技术方法。将该内容从绪论中剥离出来，以单列章节的形式呈现，也进一步突出了工程设计类学位论文中不可或缺的内容，即对设计理念、技术原理、设计方法和可行性等的分析。该部分已经作为设计报告的核心内容之一
第3章 大豆油墨的开发和改进 3.1 前言 3.2 大豆油墨的连接材料的开发实验和结果考评 3.3 大豆油墨配方的开发及性能评价 本章小结	说明：该章作为设计报告内容之二，详细阐述了大豆油墨的开发、改进
第4章 最终油墨的确认 4.1 前言 4.2 大豆油墨配方及性能结果 4.3 大豆油墨的经济效益 本章小结	说明：该章作为设计报告内容之三，对油墨配方、油墨性能及其经济效益进行了研究
第5章 总结与展望 5.1 总结 5.2 展望	说明：该章基于前面设计报告的3方面内容，进行了归纳，系统地概括了大豆油墨研制所涉及的主要工作及结论，并明确指出作者在设计中的新思路或新见解，包括对传统选材和工艺的调整，同时对配方应用前景进行了展望

第十五章
实验研究类专业学位论文写作

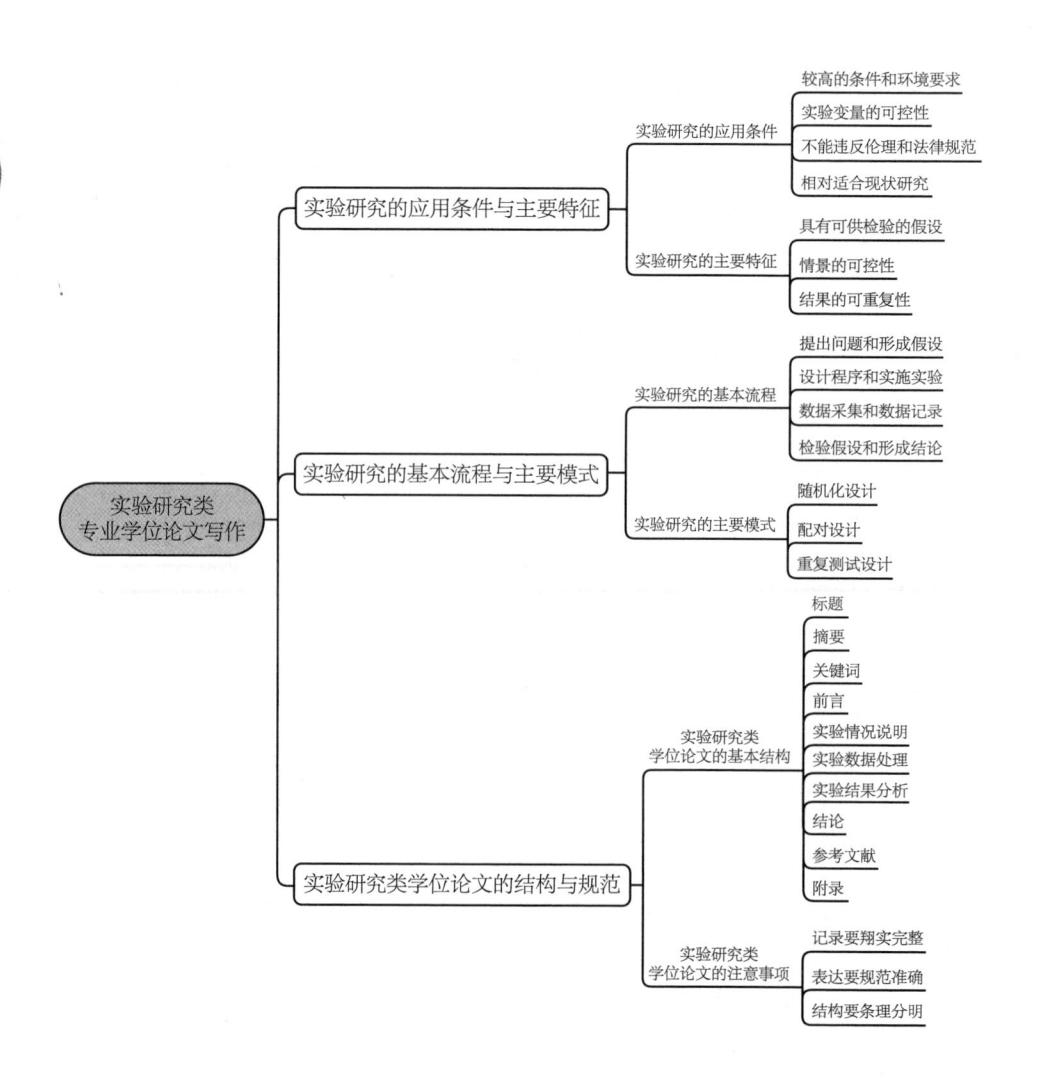

```
                                                              ┌─ 较高的条件和环境要求
                                          ┌─ 实验研究的应用条件 ┼─ 实验变量的可控性
                                          │                   ├─ 不能违反伦理和法律规范
                                          │                   └─ 相对适合现状研究
            ┌─ 实验研究的应用条件与主要特征 ┤
            │                             │                   ┌─ 具有可供检验的假设
            │                             └─ 实验研究的主要特征 ┼─ 情景的可控性
            │                                                 └─ 结果的可重复性
            │
            │                                                 ┌─ 提出问题和形成假设
            │                             ┌─ 实验研究的基本流程 ┼─ 设计程序和实施实验
            │                             │                   ├─ 数据采集和数据记录
实验研究类   │                             │                   └─ 检验假设和形成结论
专业学位  ──┼─ 实验研究的基本流程与主要模式 ┤
论文写作    │                             │                   ┌─ 随机化设计
            │                             └─ 实验研究的主要模式 ┼─ 配对设计
            │                                                 └─ 重复测试设计
            │
            │                                                 ┌─ 标题
            │                                                 ├─ 摘要
            │                                                 ├─ 关键词
            │                                                 ├─ 前言
            │                             ┌─ 实验研究类         ├─ 实验情况说明
            │                             │  学位论文的基本结构 ┼─ 实验数据处理
            │                             │                   ├─ 实验结果分析
            └─ 实验研究类学位论文的结构与规范┤                   ├─ 结论
                                          │                   ├─ 参考文献
                                          │                   └─ 附录
                                          │
                                          │                   ┌─ 记录要翔实完整
                                          └─ 实验研究类         ┼─ 表达要规范准确
                                             学位论文的注意事项 └─ 结构要条理分明
```

实验研究类学位论文，是指以实验为主要研究方法，通过实验进行观察、分析、综合、判断，并将实验过程和结果记录下来的论文形式。实验作为一种研究方法，在自然科学和社会科学中都被广泛使用。实验研究类学位论文，在医学、工程、教育、翻译等专业学位领域被经常采用。本章在介绍实验研究的应用条件与主要特征、基本流程与主要模式基础上，就实验研究类论文的结构与规范进行了重点说明，以期为该类专业学位论文写作提供指引。

第一节　实验研究的应用条件与主要特征

科学研究的重大发现，往往都是从实验研究中发展和提炼出来的。实验研究最初在自然科学中得到运用。随着实验方法的不断完善，社会科学研究也越来越多地使用该方法。

一、实验研究的应用条件

1. 较高的条件和环境要求

实验研究通常是在特定的条件和环境下进行的，尤其是自然科学实验研究通常是在实验室中进行的，其条件和环境能够参照研究者的需要进行设置。即便是社会科学研究，虽然通常是在"自然情境"中进行，但为了确保研究的信度，也往往需要通过实验模式的设计来避免外部因素的干扰。

2. 实验变量的可控性

实验研究是在控制外源变量的影响的条件下，通过观察并估计自变量对因变量变化的影响而进行研究的归因和推理。换言之，实验研究者可以通过调整自变量的变化或对研究对象施加刺激，以引起因变量的变化。在实验室情境下，研究者还可以通过调整变量和实验条件观察到常规状态下很难出现的极端值和交互作用。

3. 不能违反伦理和法律规范

科学发展需要伦理界限。从事实验研究的工作者，应该遵循一定的职业伦理和社会伦理准则，遵守相应法律法规，承担对社会、专业、环境等的责任。例如，医学临床实验应保证受试者的尊严、安全和权益。为此，原国家食品药品监督管理局专门制定了《药物临床试验伦理审查工作指导原则》，以促进药物临床试验科学、健康地发展。

4. 相对适合现状研究

实验研究，是通过对实验对象和结果的观察、分析、综合、判断而开展的研究。从时间角度看，实验研究是在一段时间内进行的，是纵贯式研究，观察研究对象的动态变化，并进行前后比对，以对变化的原因进行解释和推测等。因此，相对于历史研究或预测研究而言，实验研究更加适用于对现状的研究。

二、实验研究的主要特征

1. 具有可供检验的假设

如同任何研究都源于问题一样，实验研究也起源于问题。但实验研究提出问题的同时，还需要形成可供检验的假设。假设是实验研究者根据已有的知识、经验对所研究的问题预先提出暂时性的回答。实验研究本质上就是对假设的检验。因此，没有假设，也就没有实验。

2. 情景的可控性

严格意义上的科学实验具有纯化和强化观察对象的条件的作用。如前所述，实验研究对实验条件和环境具有较高的要求。实验研究还能对实验条件和实验对象进行调节，以观察其变化引起的系列反应。有些现象在自然情景中可能不会发生，但是通过条件的改变，可以在特定的环境中生成。

3. 结果的可重复性

在自然条件下发生的现象往往转瞬即逝，因此很难反复地观察。但由于实验情境的可控制性，同时实验是在特定的条件和环境下对假设的检验，所以，实验研究得出的结论通常具有可重复性特征，实验过程也是可以重复进行的。

第二节 实验研究的基本流程与主要模式

实验研究，通常是由研究者根据研究问题的本质内容设计实验，对研究的某些变量进行操纵和控制，以探求现象成因与发展规律。实验研究遵循科学研究的一般过程，尤其注重研究假设和研究设计。

一、实验研究的基本流程

实验研究作为经典科学研究的重要形式之一，参照提出问题和形成假设、设计程序和实施实验、数据采集和数据记录、检验假设和形成结论的基本流程进行。

1. 提出问题和形成假设

提出问题是科学探究的前提和基础，选题是研究成功的依据。在选取课题时，专业学位研究生应正视主客观条件，紧密结合研究方向和前期研究基础，充分占有文献，并善于从工作实践或科研项目中提出和凝练问题。

假设是研究者根据经验事实和科学理论对所研究的问题的规律或原因做出的一种推测性论断和假定性解释。简而言之，假设即问题的暂时性答案。假设还必须可供检验，是实验研究能够进入设计操作阶段的前提。

2. 设计程序和实施实验

实验设计是实验研究的中心问题。因为实验研究对实验条件和环境提出较高的要求，还要确保实验的可重复性与实验结果的可推广性等，这就要求实验过程的可控性，需要对实验程序和方法进行严格设计。

实验设计是实验实施的操作规范。实验研究者必须根据实验设计实施实验，包括准备实验仪器、设备、材料，控制实验情境，施加实验刺激，观察实验结果等系列活动。

3. 数据采集和数据记录

与经验研究的数据采集不同，实验研究的数据必须源于研究者自己设计的实验。在实验实施过程中，实验研究者要观察实验变化，并做好实验采集工作。

数据采集必须进行严谨的数据记录。很多实验难以重复，可能不是实验设计的问题，而是实验记录不够详细完备。因此，实验记录在实验过程中具有非常重要的作用。实验记录包括实验现象记录和实验结果记录。实验现象的描述应该准确、专业，实验结果的记录应该详尽、准确。

4. 检验假设和形成结论

实验研究本质上就是假设检验。假设检验通常必须通过实验数据的处理和分析来进行。处理实验数据时，需选择适当的处理方法，才能较准确、客观地反映实验结果，减少误差。数据分析方法多样，常规数据分析包括均值比较、统计检验、方差分析、回归分析和聚类分析等。有些实验研究可能还需要借助统计产品与服务解决方案（SPSS）软件进行数据处理与分析。

根据假设检验结果，应给出相应的实验结论。实验结论不是具体实验结果的罗列，也不是对今后研究的展望，而是对实验所能验证的结论的简明总结和从实验结果中归纳出的一般性、概括性的判断。

二、实验研究的主要模式

实验设计通常用概念和符号的形式来表达。涉及的概念主要包括自变量与因变量、实验组与对照组。自变量是引入实验中，假设为原因的变量；因变量是研究者从实验中获得，假设为结果的变量。实验研究的基本内容就是检验自变量对因变量的影响。实验组是指对实验对象施加实验处理的组；控制组也称对照组，除了不接受实验处理，其他跟实验组基本保持一致，以此来平衡无关变量的影响。真实实验研究的本质特征是对实验中的无关变量进行完全严格的控制。真实实验研究主要有随机化设计、配对设计与重复测试设计 3 种模式。

对常用的实验研究设计符号及其意义[①]说明如下。

R：被试的随机分组与随机处理

X：实验处理与处理水平的结合（由研究者操纵的实验变量）

O：观测或测量的结果

C：实验的控制（由研究者控制的变量）

1. 随机化设计

随机化设计是指将不同的实验处理施于两个由随机化过程确定的被试分组。被试分组完全随机分配，以确保组间被试互相独立且没有差异，进而可以将出现的差异归因于不同的实验处理。该设计模式有 3 种形式。

（1）控制组前后测设计

该类设计表达式如下。

| R | O_1 | X | O_2 |
| R | O_3 | X | O_4 |

通过比较 O_2-O_1 与 O_4-O_3 的差异，可以分析实验处理的效应。该类模式由实验进行前测，因此会影响实验的外部效度。

（2）控制组后测设计

该类设计表达式如下。

| R | X | O_1 |
| R | C | O_2 |

通过比较 O_1-O_2 的差异，可以分析实验处理的效应。该类实验由于没有前测，实验处理结果就失去了比较的标准；但由于取消了前测，实验的外部效度得到了提升。

---

① 董奇，申继亮. 心理与教育研究法 [M]. 杭州：浙江教育出版社，2005：217-224.

(3) 所罗门四组设计

针对随机化设计的局限性，所罗门四组设计相应而生。该类设计表达式如下。

```
R    O₁    X    O₂
R    O₃    C    O₄
R          X    O₅
R          C    O₆
```

该类模式实验处理只有一种，分别对不同前后测的组施行。通过比较实施组与控制组的后测得分可以分析实验处理的效应。其优点是具有较高的内部和外部效度，缺点是现实中很难找到四组同质的被试组。

2. 配对设计

配对设计是在实验前对影响变量进行前测，并依据前测结果将被试进行配对，使实验组与控制组同质，以达到控制无关变量的作用。其缺点是前测结果不一定能代表研究者期望控制的变量，且可能会引入新的无关变量。该类设计的表达式如下。

```
                R    X    O₂
O₁ M（匹配）
                R    X    O₃
```

3. 重复测试设计

实验中所有被试均接受全部实验处理水平。该类设计包括被试内设计和被试间设计。前者是单个被试接受实验处理水平；后者是被试组的每个被试接受一种实验处理水平。其优点在于将个体差异分离出来，提高了实验处理的效果，但不足在于，被试内设计会影响实验的效度，而被试间设计很难保证被试组的真正同质。其表达式如下。

	X_1	$X_2 \cdots X_n$
S_1	O_{11}	$O_{12} \cdots O_{1n}$
S_2	O_{21}	$O_{22} \cdots O_{2n}$
…	…	…
S_n	O_{n1}	$O_{n2} \cdots O_{nn}$

第三节 实验研究类论文的结构与规范

实验研究类论文是专业学位研究生通过实验进行观察、分析、综合、判断，并将实验过程和结果记录下来的论文形式。该论文形式既可以表现为实验报告，也可以表现为学术论文。两类学位论文的差异主要体现为内容侧重点的差异。作为实验报告的学位论文，写作重点是实验过程，并不要求进行充分的理论论证；作为学术论文的学位论文，则写作既要求展现实验过程，也要求进行比较充分的理论论证。本节主要就两类学位论文的共通性进行说明。

一、实验研究类学位论文的基本结构

实验研究类学位论文，一般由标题、摘要、关键词、前言、实验情况说明、实验数据处理、实验结果分析、结论、参考文献、附录组成。

1. 标题

实验研究类学位论文的标题，一般要求简洁、鲜明，能够集中反映实验内容。常见的标题形式有《×××实验研究》《×××实验报告》等。如果有些细节必须放进标题，为避免冗长，可以分成主标题和副标题，主标题清晰简明，而细节通过副标题呈现，如《"主题式教学法"运用于越南短期汉语培训班的教学实验报告——以海防外语中心为例》。

2. 摘要

摘要是对论文内容的高度概括和简练陈述。其目的在于快速检索、查询和阅读等。作为实验研究类学位论文，其摘要撰写在要素上通常要求具有完整性，具有报道性摘要的一般特征，主要包括实验目的、实验方法、实验结果、基本结论等。通过阅读该摘要，可以部分地取代阅读全文。

3. 关键词

关键词是为了文献标引工作从摘要或正文中选出来用以表示全文主题内容信息的单词、术语。原则上，每篇学位论文选取3～8个词作为关键词，如有可能，尽量用《汉语主题词表》等提供的规范词。选择关键词既可以从摘要入手，也可以从论文的各级标题或论文本身的内容选取。

4. 前言

实验研究类学位论文的前言，有时是单独呈现，有时与实验情况说明合并呈现。当前言单独呈现时，其内容通常包括选题背景、当前研究现状，并提出问题，形成假设，说明实验目的与实验研究的意义。

5. 实验情况说明

如前所述，实验情况说明有时与前言合并。当与前言分开时，实验情况说明一般包括实验原理、实验设备仪器或材料、实验方法及步骤。

（1）实验原理。实验原理包括实验所依据的基本原理、实验方案、实验装置的设计原理等。有时，实验原理也包括实践中总结出来的规律性经验，如实验装置的设计、实验程序的安排方面的经验等。由于实验原理涉及的内容很多，要写好实验原理并非易事。在写实验原理的过程中，常见问题是罗列的实验原理过多，而应该重点阐述的实验原理却没有很好地呈现。因此，实验原理的撰写，必须紧密结合实验本身所需要的理论根据与设计需要进行陈述，避免张冠李戴、貌合神离。

（2）实验设备仪器或材料。实验情况说明还需要就实验设备仪器或材料进行说明，应阐述实验中主要仪器设备及试样和材料的种类、数量、材质等。对于较重要或特殊的设备仪器，要详细介绍其主要结构、性能，并绘出有关附图和表格；对常见的仪器设备，则可以省略介绍。

（3）实验方法及步骤。实验方法及步骤是实验设计的重要内容。方法及步骤的描述，可以根据实验的先后顺序逐条进行。撰写时，一般多以改变某一组参数为一个步骤。实验操作过程的描述应简单明了。对重要的实验装置的安装过程和实验线路的连接过程等应详细描述，同时为了避免文字描述的困难及便于理解，可以采用绘图的方式进行。对每一个步骤中特别注意的问题、遇到的困难及解决措施，根据需要也应重点说明。

6. 实验数据处理

实验实施过程中要做好实验记录。实验记录通常都先记在实验笔记上，然后根据需要，对原始数据进行加工、整理后写到论文中。对加工处理的数据，应说明数据处理的方法、规则，但不必将详细的计算过程或步骤呈现出来。数据处理的结果通常以文字、图表等形式呈现，此时要注意相关数据的名称、代号与量纲单位的表述，要做到简洁、科学、规范。

7. 实验结果分析

实验结果分析，如果是测量性实验，则需要说明测量值及其误差；如果是非测量性实验，则主要描述和分析实验中所发生的现象。无论哪种实验，都需要分析结果的可靠性，反映客观规律、符合理论的程度等。

8. 结论

结论是对实验全过程的总结。实验研究者需要对实验结果进行定性和定量分析，根据实验结果做出最后的判断，指出实验对假设验证与否，并阐明自己的新发现或新见解。结论部分通常还包括对异常现象或数据的解释，以及对本次实验方法、仪器可能还有待改进的对策和建议。

9. 参考文献

参考文献是在学术研究过程中，对某一著作或论文的整体的参考或借鉴。参考文献也是实验研究类学位论文的重要组成部分，即使该学位论文以《×××实验报告》为题，也应有相应的参考文献。如果实验研究类学位论文包含对当前研究现状的描述，则参考文献条目就相对较多。

10. 附录

实验研究类学位论文的附录，主要包括在论文中不便陈述但又与实验相关的数据、材料、记录等。很多实验研究类学位论文的附录，将实验的原始记录、数据处理方法等附在其中。这都是实验的宝贵资料，对论文的评阅也具有重要的价值。

二、实验研究类学位论文的注意事项

实验研究类学位论文的撰写，必须建立在做好实验的基础之上。实验不成功，论文文本撰写则是无本之木、无源之水，花再多工夫也是枉然。在做好实验的基础上撰写学位论文时，应特别注意以下3点。

1. 记录要翔实完整

实验记录是实验研究类论文撰写的数据来源。广义上的实验记录，应包括实验思路、实验方案、实验现象和实验结果，以及实验数据分析和实验下一步计划。广义的实验记录，基本上涵盖了论文内容的主要部分。因此，写好实验类学位论文，除了要做好实验，还要做好记录。记录应尽可能翔实完整，注意细节，思路清晰。如前所述，翔实完整的实验记录，能够为实验重复性提供依据。而且，细致完备的实验记录也有助于研究者的批判性思考，为后续的结果分析提供支持。

2. 表达要规范准确

实验研究类学位论文的撰写，必须基于实事求是的科学精神。数据必须源于实验，不经重复实验不得修改实验数据。概念术语的表达要严谨规范，符合专业要求，使用通用术语。语言表达应使用标准的书面语言。语句使用上宜简不宜长，避免因为结构复杂而增加阅读理解的难度。数据和语言结合使用，要简练确切、态度鲜明，不追求文艺性和形象性，要避免含糊其词、模棱两可。

3. 结构要条理分明

实验研究类学位论文的表达方式主要是以说明为主，兼有议论。论文撰写应条理清楚，尤其关于原理、方法、步骤、结果的说明更应逐条呈现，文本逻辑与实验逻辑原则上要切合。如果同一篇论文涉及两个或两个以上的实验，则更应注意文本结构，可以一个实验为一个章节，逐章参照实验逻辑组织章节内容，并在论文最后章节进行归纳汇总，确保论文整体结构完备，逻辑严密，层次分明。

案例分析：基于社会比较理论探索护士对医生内隐态度的实验研究[①]

《基于社会比较理论探索护士对医生内隐态度的实验研究》是护理学硕士专业学位论文，也是典型的实验研究类学位论文。该文由两类实验构成。下面拟对该文进行体例分析（表17）。

表17 《基于社会比较理论探索护士对医生内隐态度的实验研究》的体例分析

目　　录	备　　注
前言（内容略）	说明：该章明确了研究目的，对相关概念及研究框架进行了陈述
第一部分　护士对医生 SC-IAT 的研究 1.1　对象与方法 1.2　结果 1.3　讨论 1.4　小结	说明：该部分是论文开展的第一个实验。此处作者明确了实验的对象、方法，给出了讨论和结论。作为独立章节，这是一个完整的实验研究报告；但在整篇论文中，只是研究的内容之一
第二部分　社会比较情境诱导下护士对医生 SC-IAT 的研究 2.1　对象与方法 2.2　结果 2.3　讨论 2.4　小结	说明：该部分是论文开展的第二个实验。此处作者同样明确了实验的对象、方法，给出了结果和结论。作为独立章节，这也是一个完整的实验研究报告，但在整篇论文中，只是论文的一个组成要素

[①] 刘蕊.基于社会比较理论探索护士对医生内隐态度的实验研究［D］.新乡：新乡医学院，2020.

续表

目 录	备 注
研究总结 3.1 研究结论 3.2 研究的创新之处 3.3 研究的局限与展望	说明：该部分相当于论文的第四章，是实验研究的总结性章节。该部分是基于前面两个实验的总结性归纳
参考文献	说明：该部分是实验研究类论文的参考文献
综述：医护合作的研究进展 参考文献	说明：多数医学类学位论文，实验部分在前，综述在后。此时的综述通常是以独立文献形式出现的（包含标题、摘要、关键词、正文和参考文献等），是针对前面实验研究相关内容的综述。这也是医学实验研究类学位论文与其他学科的学位论文不太一样的地方。当然，并非所有的医学实验研究类学位论文均如此，这可能与所在培养单位的研究传统相关
附录 附表 攻读学位期间发表文章的情况 致谢	说明：该部分是学位论文的共性内容。附录、附表，以及攻读学位期间发表文章情况，如果有且必要就可附在其后。致谢则是普遍具有的内容

附　录

附录一
专业学位论文的答辩汇报

论文答辩是专业学位研究生学位论文的验收环节,是研究生培养单位、学院与指导教师审查学位论文质量的重要步骤,也是对专业学位研究生综合能力培养的重要方式。下面主要围绕学位论文答辩的意义、答辩的程序、答辩的准备与答辩的技巧4个维度,介绍专业学位论文答辩的相关事项,以期为专业学位研究生学位论文答辩提供参考。

一、专业学位论文答辩的意义

学位论文答辩是专业学位研究生学位论文写作全过程的重要组成部分。专业学位研究生应明确学位论文答辩的目的和意义,树立正确的学位论文答辩观。只有充分认识到学位论文答辩的功能,才会以积极的姿态、满腔的热情做好答辩准备,在答辩中充分地展现自己的能力和水平。

(一)检验论文质量,修补论文漏洞

学位论文答辩首先是通过答辩检验论文质量。论文答辩是答辩委员会通过阅读学位论文、听取研究生汇报与质疑等方式,进一步了解论文质量,审查论文的基本观点是否科学、论证是否充分、论据是否确凿,并最终判断学位论文是否达到了专业学位研究生获取学位的基本标准。同时,在学位论文答辩过程中,答辩委员会成员也会就论文中的相关问题阐述自己的观点或者

提供有价值的信息。这实际上相当于专业学位研究生又一次接受专家的指导，而且这种指导更具有针对性和权威性，为论文的修改和完善进一步明确了方向。

（二）考查学生能力，展现学生风采

学位论文答辩是通过研究生汇报并接受答辩委员会质疑的方式进行。从一定意义上讲，学位论文答辩，考查的与其说是学位论文质量，不如说是研究生知识、能力和素质。学位论文是研究生在读研过程中学习成果的结晶，是研究生综合运用所学理论、知识、方法和技能分析与解决实际问题能力的体现。通过学位论文答辩，可以更加准确地判断研究生的综合能力和综合素质。因此，学位论文答辩也给了研究生全面展示自己的良机，是研究生展示勇气、智慧、能力和风度的重要机会。

（三）加强学术交流，促进教学相长

学位论文答辩，通常是有问，有答，有辩。因此，学位论文答辩也是进行观点交锋和学术交流的一种特殊形式。学位论文是专业学位研究生在学期间研究成果的结晶。专业学位研究生通过自我陈述和答辩，通常能够将论文中最出彩、最创新的部分呈现出来，往往能够引发与会老师和同学的深入思考。而且，学位论文答辩委员会通常由高水平的专家和学者组成，他们对学位论文涉及问题的认识和理解，往往更专业、更深入。在论文答辩时，专家通常采取循循善诱的方式提出问题，像指点迷津似的，特别是教师从课题研究方法角度提出的问题，更能帮助学生总结、掌握科学研究方法和技能，给与会者提供启迪。

二、专业学位论文答辩的程序

学位论文答辩，是一次规范化的教学和科研活动，自始至终都有程序化的安排。科学、有序的答辩安排，既能促进答辩过程和答辩结果的公平、公正，也能够保证学位论文质量的提高，维护学术的品质。虽然不同学校关于学位论文答辩程序安排各有不同，但核心程序大致相似。专业学位研究生只

有充分了解答辩程序，才能尽可能地提前做好相关准备。

（一）提请学位论文答辩的资格审查

专业学位研究生在提请学位论文答辩时，首先要接受学位论文答辩资格的审查。审查合格者方能参加正式的答辩会。学位论文答辩资格合格的条件主要包括：培养方案中各门课程考试、考核成绩要达标；指导教师签署同意论文答辩的审阅意见；读研期间相关科研成果符合毕业要求；学位论文通过查重等。通常，上述条件必须同时具备，才能参加学位论文答辩。很多专业学位研究生培养单位为了保证学位论文质量，在答辩前还组织了双盲评审。研究生只有符合双盲评审相关规定才具有学位论文答辩资格。

（二）学位论文答辩的一般流程

学位论文答辩资格审查通过后，才能正式进入论文答辩阶段。论文答辩的具体流程见图 11。从整体而言，答辩的具体程序一般分为答辩开始、报告陈述、问题回答和答辩结束 4 个阶段。

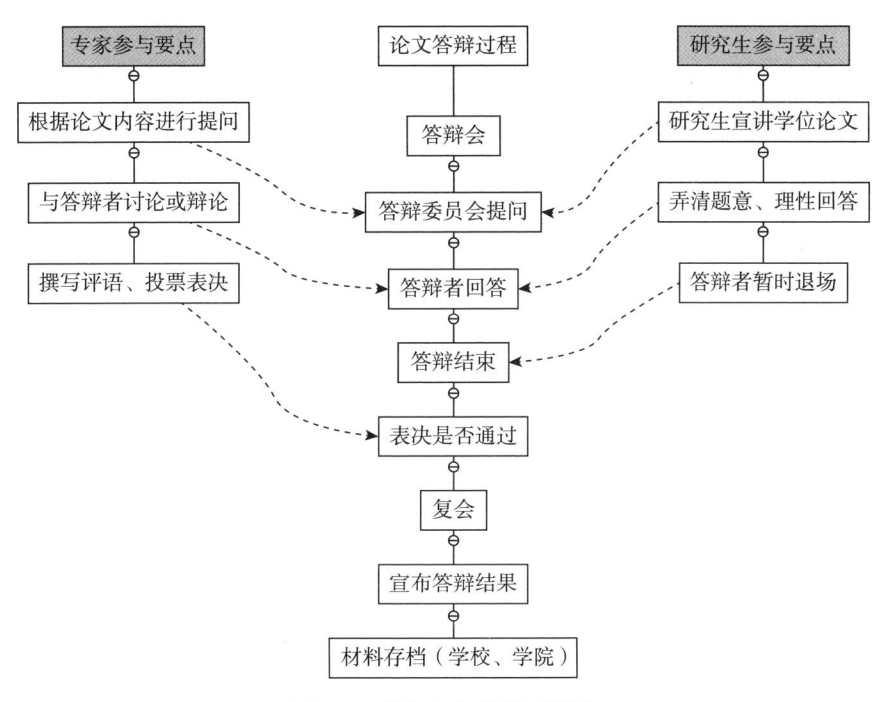

图 11　学位论文答辩流程图

1. 答辩开始

在答辩开始阶段,答辩委员会委员、秘书、研究生各自在安排的位置就座。答辩委员会主席宣布答辩开始,并介绍答辩委员会成员的姓名、职称等情况,简要介绍答辩的安排、要求和注意事项,说明答辩的程序,宣布答辩的顺序,并鼓励研究生充分发挥其优点,自信地参加答辩。

2. 报告陈述

在报告陈述阶段,由答辩者先进行自我介绍,然后自我陈述选题的意图,论文的主要观点、研究方法,论证的过程、创新点等。通常,答辩报告采取PPT形式汇报,必要时也可以用板书演示,边演示边介绍。专业学位论文答辩报告的时间一般为 20～30 分钟。

3. 问题回答

研究生报告陈述完毕,答辩委员会成员开始提问。答辩委员会成员提问完,研究生可考虑数分钟后再进行回答,也可以边问边答。具体回答方式根据答辩委员会事先预定的规则进行。研究生回答问题时,答辩委员会成员可以随时适当插问。答辩时间一般控制在 5～10 分钟。在提问和回答过程中,答辩秘书和研究生要做好详尽的记录。

4. 结束答辩

答辩者在回答完所有问题后,根据答辩委员会主席的示意,暂时退场。答辩委员会根据论文质量与答辩情况进行商议,并撰写成绩和评语,确定论文是否通过。随后复会,所有答辩者入场,答辩委员会主席宣布答辩委员会决议。具体成绩待学院(系、所)审批后再公布。

三、专业学位论文答辩的准备

学位论文答辩是学位论文形式和内容审查的最后一个程序,是一种有组织、有准备、有计划的正式组织形式。做好学位论文答辩,专业学位研究生必须要高度重视前期准备工作,积极准备答辩的相关事宜。

（一）审读完善论文

学位论文答辩，顾名思义，是基于学位论文而进行的汇报、提问和回答。答辩的核心目的是检验论文质量，判断学生能力。因此，学位论文是答辩的核心要件。在学位论文答辩之前，研究生必须认真审读学位论文，对论文进行再次推敲，不仅要避免低级错误，不出现错别字，标点符号应准确，格式要规范，还要克服逻辑错误，做到观点准确、材料翔实、论证恰当、方法科学。在认真审读推敲的基础上，针对问题进行修改完善，直到尽了自己最大的努力，做到自己非常满意了方可。有时，为了避免意想不到的问题，也可以再次请导师、同门等帮助指点。总之，研究生在答辩前认真审读完善学位论文，对高质量的学位论文答辩至关重要。

（二）准备答辩提纲

学位论文答辩是一项专业性和技术性较强的工作。因为答辩时间的限制，对学位论文的内容必须提纲挈领地陈述，切忌照本宣科；同时，对答辩委员会成员可能提出的问题要做好周全的准备，谨防侥幸心理。只有做好充分的准备，临场发挥才可能避免捉襟见肘的现象。为此，在学位论文答辩前，研究生应整理好答辩提纲。答辩提纲的内容，一般应包括如下6方面。

（1）论文选题的意义，包括课题的来源、研究目的、选题的理论价值和实践价值等。

（2）论文的文献综述，包括课题研究的历史和现状，重点说明课题提出的问题，前人做过哪些研究，取得哪些成果，还有哪些问题没有解决，本研究与前人研究是什么关系等。

（3）论文的研究方法，说明课题解决问题的方法与使用程序，如实验是怎样设计的、数据是如何获得的等。

（4）论文的主要成果，说明论文主要解决了什么问题，有何新的发现、发展，提出了什么观点，形成了什么成果，有何创新之处等。

（5）论文的参考文献，主要说明论文参考了哪些资料，能够说明论文的重要引文和出处，对重要观点、重要人物、重要时段能够了然于胸。

（6）论文研究的不足之处，主要说明论文研究应该涉及或解决，但因力不能及尚未涉及或解决的某问题，或论述得不清楚、不周全之处，同时要提出下一步应该如何去探讨和研究。

（三）准备答辩讲稿

答辩提纲能够为汇报答辩提供思路引导，从而做到有备无患。但高质量的答辩，不应是照本宣科，最好准备一份讲稿。在准备讲稿时，要围绕答辩提纲撰写，一要控制时间，明确节奏。论文答辩是有时间限制的，研究生要确保脱稿宣讲所用的时间符合规定，并且要合理安排各内容的宣讲时间，做到重点突出。二要表述准确，通俗易懂。答辩讲稿是对答辩提纲的扩展和补充，是通过口头表达来进行的。如果说答辩提纲更加注重专业化、术语化，那么答辩讲稿则相对口语化、通俗化。因此，答辩讲稿应做到用语准确，同时也应更接地气、通俗易懂。

（四）开展答辩预演

有了答辩提纲和答辩讲稿，最好进行一次答辩预演。很多学校为此还专门设立了预答辩制度，即严格参照正式答辩形式开展答辩预演；答辩预演不通过者，不能参加正式答辩。答辩预演有助于答辩者熟悉自己的提纲和讲稿，控制好时间和节奏。为做好预演，要准备相关演示材料。这些材料类似道具，如PPT、图表、照片、插图、录音带等。答辩者通常通过PPT的形式，将答辩的提纲内容呈现出来。因此，做好答辩提纲的PPT就显得非常重要。PPT应简洁明了、图文并茂、突出重点，而且页数不要太多，20～30页足够。在答辩预演过程中，对遇到的问题要做到心中有数，预演结束后有针对性地对答辩提纲和答辩讲稿进行完善，对答辩委员会成员可能提出的问题想好应对策略，从而为正式答辩做好全面的准备。

四、专业学位论文答辩的技巧

学位论文答辩是基于学位论文而展开的汇报、提问、回答等环节的总称。进入正式论文答辩阶段时，由于论文已经成型，准备工作已经结束，此时，研究生进行最佳的临场发挥，灵活地运用各类演讲辩论技巧，就显得至关重要了。论文写得好，答辩不佳，也不会取得好的成绩；答辩得好，即便论文逊色一些，也可以弥补欠缺，取得较好的成绩。

（一）准备充分，信心十足

学位论文答辩是既严肃又庄重的人才培养环节。要做好学位论文答辩工作，研究生必须做好充分的准备。①要了解答辩的程序和要求，根据要求做好相关准备。②要检查相关材料是否携带齐全，包括论文底稿、答辩讲稿、演示的PPT和相关的参考资料。同时，还应携带相应的辅助性的物质材料，如笔、笔记本等书写工具，用以记录答辩委员会成员提出的问题；还有成果实物或成果图片等，作为答辩时提供的强有力的事实论据。只有做好充分的准备，研究生才能在答辩时避免出现由一时紧张而造成的尴尬和慌乱，才能进一步增强答辩的信心。答辩时，要仪表端庄，表情自然，充满自信。

（二）开宗明义，思路清晰

进入正式汇报阶段，研究生应先推出一个好的开场白。开场白是整个论文答辩的正式开始，它可以吸引注意力，建立自信，预告答辩的意图和主要内容。开场白应开宗明义，自然引出论文提出的问题与研究目的。然后，根据答辩提纲，逐一说明研究的内容、方法、成果、创新点等。在进行陈述时，要围绕提纲，做到逻辑清晰、层次分明。陈述必须紧扣主题，表达要口齿清楚、流利，声音要大小适中、富于感染力。幻灯片演示与口头陈述，要做到主题明确、互为补充、相得益彰。

（三）简明扼要，重点突出

学位论文答辩内容丰富，要在有限的时间里向答辩委员会准确地传达相应的内容，对答辩者提出了较高的要求。一是汇报应高度概括，精简明了。答辩提纲内容较多，研究生陈述时应使用综合的方式，提纲挈领，以阐述要点为主，不必处处展开细致的论证。二是汇报时应重点突出，一般应重点说明提出的问题、研究的目的、解决问题的方法、研究的成果和创新点等。由于专业学位研究生学位论文选题多源于实践，研究成果也多强调应用，所以，在答辩汇报时还应重点说明成果的应用情况或应用前景。

（四）认真倾听，理解题旨

学位论文答辩会具有典型的答辩不平等性特点，答辩委员始终处于主动的、审查的地位，而论文作者始终处于被动、被审查的地位，双方无论在资历、阅历、经验等方面，都有较大的差距。因此，研究生在回答专家提出的问题时，一定要克服紧张心理，认真倾听，理解题旨。这是科学回答的前提。面对专家提问，研究生要全神贯注，要边听、边记、边想，既要防止问题遗漏，又要了解问题的实质。如果没有听清专家提出的问题，可请专家重新复述一遍，或将自己对问题的理解陈述出来，礼貌地向专家求证。在此基础上，要认真审题，明确题旨，准确作答。

（五）简洁坦率，不做强辩

论文答辩时，由于答辩时间有限，针对多位专家提出的多项问题，答辩者回答时应简洁明了、直奔问题，切忌烦冗拖沓、节外生枝。尤其需要注意的是，对待专家提出的确实是反映论文缺陷、揭示回答错漏的问题，应本着实事求是的态度，敢于承认自己的不足，切不可急于掩饰，更不可强词夺理。对可能超出自己能力范围的问题，要坦然相对，直言相告，可以委婉地向专家表示以后再向他请教。

（六）把握分寸，善进善退

答辩，有答就有辩。学位论文答辩，也是一次学术思想的交锋和碰撞。在进行论文答辩陈述时，研究生应重点说明研究成果的亮点和创新部分。而这部分也最容易引起专家的提问。有时专家会提出与答辩者截然不同的观点，然后请答辩者进行评述。此时，答辩者要注意分寸，掌握火候。一是要据理力争，为自己的观点辩护。要从论点成立的条件、基础角度，摆事实、讲道理，做到言之有理、持之有据、自圆其说，而不能盲目妥协、随声附和、轻易放弃自己的观点。否则，就意味着作者对论文的自我否定。二是要理解专家提出问题的性质，要以谦虚谨慎的态度对待专家提出的尚未有定论的或与论文截然相反的观点，要心平气和地做有理有据的陈述。

总之，学位论文答辩不仅是对研究生的学术科研能力、专业应用能力的检验，也是对研究生的综合素质（包括学生修养、业务水平、心理素质、表达能力等）的一次全面检查。研究生必须高度重视学位论文答辩工作，争取以最佳的答辩表现为学位论文锦上添花，从而也为毕业提交一份优秀的答卷。

附录二
中华人民共和国学位条例

（1980年2月12日第五届全国人民代表大会常务委员会第十三次会议通过，根据2004年8月28日第十届全国人民代表大会常务委员会第十一次会议《关于修改〈中华人民共和国学位条例〉的决定》修正）

第一条 为了促进我国科学专门人才的成长，促进各门学科学术水平的提高和教育、科学事业的发展，以适应社会主义现代化建设的需要，特制定本条例。

第二条 凡是拥护中国共产党的领导、拥护社会主义制度，具有一定学术水平的公民，都可以按照本条例的规定申请相应的学位。

第三条 学位分学士、硕士、博士三级。

第四条 高等学校本科毕业生，成绩优良，达到下述学术水平者，授予学士学位：

（一）较好地掌握本门学科的基础理论、专门知识和基本技能；

（二）具有从事科学研究工作或担负专门技术工作的初步能力。

第五条 高等学校和科学研究机构的研究生，或具有研究生毕业同等学力的人员，通过硕士学位的课程考试和论文答辩，成绩合格，达到下述学术水平者，授予硕士学位：

（一）在本门学科上掌握坚实的基础理论和系统的专门知识；

（二）具有从事科学研究工作或独立担负专门技术工作的能力。

第六条 高等学校和科学研究机构的研究生，或具有研究生毕业同等学力的人员，通过博士学位的课程考试和论文答辩，成绩合格，达到下述学术水平者，授予博士学位：

（一）在本门学科上掌握坚实宽广的基础理论和系统深入的专门知识；

（二）具有独立从事科学研究工作的能力；

（三）在科学或专门技术上做出创造性的成果。

第七条 国务院设立学位委员会，负责领导全国学位授予工作。学位委员会设主任委员一人，副主任委员和委员若干人。主任委员、副主任委员和委员由国务院任免。

第八条 学士学位，由国务院授权的高等学校授予；硕士学位、博士学位，由国务院授权的高等学校和科学研究机构授予。

授予学位的高等学校和科学研究机构（以下简称学位授予单位）及其可以授予学位的学科名单，由国务院学位委员会提出，经国务院批准公布。

第九条 学位授予单位，应当设立学位评定委员会，并组织有关学科的学位论文答辩委员会。

学位论文答辩委员会必须有外单位的有关专家参加，其组成人员由学位授予单位遴选决定。学位评定委员会组成人员名单由学位授予单位确定，报国务院有关部门和国务院学位委员会备案。

第十条 学位论文答辩委员会负责审查硕士和博士学位论文、组织答辩，就是否授予硕士学位或博士学位做出决议。决议以不记名投票方式，经全体成员三分之二以上通过，报学位评定委员会。

学位评定委员会负责审查通过学士学位获得者的名单；负责对学位论文答辩委员会报请授予硕士学位或博士学位的决议，做出是否批准的决定。决定以不记名投票方式，经全体成员过半数通过。决定授予硕士学位或博士学位的名单，报国务院学位委员会备案。

第十一条 学位授予单位，在学位评定委员会做出授予学位的决议后，发给学位获得者相应的学位证书。

第十二条 非学位授予单位应届毕业的研究生，由原单位推荐，可以就近向学位授予单位申请学位。经学位授予单位审查同意，通过论文答辩，达到本条例规定的学术水平者，授予相应的学位。

第十三条 对于在科学或专门技术上有重要的著作、发明、发现或发展者，经有关专家推荐，学位授予单位同意，可以免除考试，直接参加博士学位论文答辩。对于通过论文答辩者，授予博士学位。

第十四条 对于国内外卓越的学者或著名的社会活动家，经学位授予单位提名，国务院学位委员会批准，可以授予名誉博士学位。

第十五条 在我国学习的外国留学生和从事研究工作的外国学者，可以向学位授予单位申请学位。对于具有本条例规定的学术水平者，授予相应的学位。

第十六条 非学位授予单位和学术团体对于授予学位的决议和决定持有不同意见时，可以向学位授予单位或国务院学位委员会提出异议。学位授予单位和国务院学位委员会应当对提出的异议进行研究和处理。

第十七条 学位授予单位对于已经授予的学位，如发现有舞弊作伪等严重违反本条例规定的情况，经学位评定委员会复议，可以撤销。

第十八条 国务院对于已经批准授予学位的单位，在确认其不能保证所授学位的学术水平时，可以停止或撤销其授予学位的资格。

第十九条 本条例的实施办法，由国务院学位委员会制定，报国务院批准。

第二十条 本条例自1981年1月1日起施行。

附录三
中华人民共和国学位条例暂行实施办法
（1981年5月20日国务院批准实施）

第一条 根据中华人民共和国学位条例，制定本暂行实施办法。

第二条 学位按下列学科的门类授予：哲学、经济学、法学、教育学、文学、历史学、理学、工学、农学、医学。

学士学位

第三条 学士学位由国务院授权的高等学校授予。

高等学校本科学生完成教学计划的各项要求，经审核准予毕业，其课程学习和毕业论文（毕业设计或其他毕业实践环节）的成绩，表明确已较好地掌握本门学科的基础理论、专门知识和基本技能，并且有从事科学研究工作或担负专门技术工作的初步能力的，授予学士学位。

第四条 授予学士学位的高等学校，应当由系逐个审核本科毕业生的成绩和毕业鉴定等材料，对符合本暂行办法第三条及有关规定的，可向学校学位评定委员会提名，列入学士学位获得者的名单。

非授予学士学位的高等学校，对达到学士学术水平的本科毕业生，应当由系向学校提出名单，经学校同意后，由学校就近向本系统、本地区的授予学士学位的高等学校推荐。授予学士学位的高等学校有关的系，对非授予学士学位的高等学校推荐的本科毕业生进行审查考核，认为符合本暂行办法第三条及有关规定的，可向学校学位评定委员会提名，列入学士学位获得者的名单。

第五条 学士学位获得者的名单，经授予学士学位的高等学校学位评定委员会审查通过，由授予学士学位的高等学校授予学士学位。

硕士学位

第六条 硕士学位由国务院授权的高等学校和科学研究机构授予。

申请硕士学位人员应当在学位授予单位规定的期限内，向学位授予单位提交申请书和申请硕士学位的学术论文等材料。学位授予单位应当在申请日期截止后两个月内进行审查，决定是否同意申请，并将结果通知申请人及其所在单位。

非学位授予单位应届毕业的研究生申请时，应当送交本单位关于申请硕士学位的推荐书。

同等学力人员申请时，应当送交两位副教授、教授或相当职称的专家的推荐书。学位授予单位对未具有大学毕业学历的申请人员，可以在接受申请前，采取适当方式，考核其某些大学课程。

申请人员不得同时向两个学位授予单位提出申请。

第七条 硕士学位的考试课程和要求：

1. 马克思主义理论课。要求掌握马克思主义的基本理论。

2. 基础理论课和专业课，一般为三至四门。要求掌握坚实的基础理论和系统的专门知识。

3. 一门外国语。要求比较熟练地阅读本专业的外文资料。

学位授予单位研究生的硕士学位课程考试，可按上述的课程要求，结合培养计划安排进行。

非学位授予单位研究生的硕士学位课程考试，由学位授予单位组织进行。凡经学位授予单位审核，认为其在原单位的课程考试内容和成绩合格的，可以免除部分或全部课程考试。

同等学力人员的硕士学位课程考试，由学位授予单位组织进行。

申请硕士学位人员必须通过规定的课程考试，成绩合格，方可参加论文答辩。规定考试的课程中，如有一门不及格，可在半年内申请补考一次，补考不及格的，不能参加论文答辩。

试行学分制的学位授予单位，应当按上述的课程要求，规定授予硕士学位所应取得的课程学分。申请硕士学位人员必须取得规定的学分后，方可参加论文答辩。

第八条 硕士学位论文对所研究的课题应当有新的见解，表明作者具有从事科学研究工作或独立担负专门技术工作的能力。

学位授予单位应当聘请一至二位与论文有关学科的专家评阅论文。评阅人应当对论文写出详细的学术评语，供论文答辩委员会参考。

硕士学位论文答辩委员会由三至五人组成。成员中一般应当有外单位的专家。论文答辩委员会主席由副教授、教授或相当职称的专家担任。

论文答辩委员会根据答辩的情况，就是否授予硕士学位做出决议。决议采取不记名投票方式，经全体成员三分之二以上同意，方得通过。决议经论文答辩委员会主席签字后，报送学位评定委员会。会议应当有记录。

硕士学位论文答辩不合格的，经论文答辩委员会同意，可在一年内修改论文，重新答辩一次。

第九条 硕士学位论文答辩委员会多数成员如认为申请人的论文已相当于博士学位的学术水平，除做出授予硕士学位的决议外，可向授予博士学位的单位提出建议，由授予博士学位的单位按本暂行办法博士学位部分中有关规定办理。

博士学位

第十条 博士学位由国务院授权的高等学校和科学研究机构授予。

申请博士学位人员应当在学位授予单位规定的期限内，向学位授予单位提交申请书和申请博士学位的学术论文等材料。学位授予单位应当在申请日期截止后两个月内进行审查，决定是否同意申请，并将结果通知申请人及其所在单位。

同等学力人员申请时，应当送交两位教授或相当职称的专家的推荐书。学位授予单位对未获得硕士学位的申请人员，可以在接受申请前，采取适当方式，考核其某些硕士学位的基础理论课和专业课。

申请人员不得同时向两个学位授予单位提出申请。

第十一条 博士学位的考试课程和要求：

1. 马克思主义理论课。要求较好地掌握马克思主义的基本理论。

2. 基础理论课和专业课。要求掌握坚实宽广的基础理论和系统深入的专门知识。考试范围由学位授予单位的学位评定委员会审定。基础理论课和专业课的考试，由学位授予单位学位评定委员会指定三位专家组成的考试委员会主持，考试委员会主席必须由教授、副教授或相当职称的专家担任。

3. 两门外国语。第一外国语要求熟练地阅读本专业的外文资料，并具有一定的写作能力，第二外国语要求有阅读本专业外文资料的初步能力。个别学科、专业，经学位授予单位的学位评定委员会审定，可只考第一外国语。

攻读博士学位研究生的课程考试，可按上述的课程要求，结合培养计划安排进行。

第十二条 申请博士学位人员必须通过博士学位的课程考试，成绩合格，方可参加博士学位论文答辩。

申请博士学位人员在科学或专门技术上有重要著作、发明、发现或发展的，应当向学位授予单位提交有关的出版著作、发明的鉴定或证明书等材料，经两位教授或相当职称的专家推荐，学位授予单位按本暂行办法第十一条审查同意，可以免除部分或全部课程考试。

第十三条 博士学位论文应当表明作者具有独立从事科学研究工作的能力，并在科学或专门技术上做出创造性的成果。博士学位论文或摘要，应当在答辩前三个月印送有关单位，并经同行评议。

学位授予单位应当聘请两位与论文有关学科的专家评阅论文，其中一位应当是外单位的专家。评阅人应当对论文写出详细的学术评语，供论文答辩委员会参考。

第十四条 博士学位论文答辩委员会由五至七人组成。成员的半数以上应当是教授或相当职称的专家。成员中必须包括二至三位外单位的专家。论文答辩委员会主席一般应当由教授或相当职称的专家担任。

论文答辩委员会根据答辩的情况，就是否授予博士学位做出决议。决议采取不记名投票方式，经全体成员三分之二以上同意，方得通过。决议经论文答辩委员会主席签字后，报送学位评定委员会。会议应当有记录。

博士学位的论文答辩一般应当公开举行；已经通过的博士学位论文或摘要应当公开发表（保密专业除外）。

博士学位论文答辩不合格的，经论文答辩委员会同意，可在两年内修改论文，重新答辩一次。

第十五条 博士学位论文答辩委员会认为申请人的论文虽未达到博士学位的学术水平，但已达到硕士学位的学术水平，而且申请人尚未获得过该学科硕士学位的，可做出授予硕士学位的决议，报送学位评定委员会。

名誉博士学位

第十六条 名誉博士学位由国务院授权授予博士学位的单位授予。

第十七条 授予名誉博士学位须经学位授予单位的学位评定委员会讨论通过，由学位授予单位报国务院学位委员会批准后授予。

学位评定委员会

第十八条 学位授予单位的学位评定委员会根据国务院批准的授予学位的权限，分别履行以下职责：

（一）审查通过接受申请硕士学位和博士学位的人员名单；

（二）确定硕士学位的考试科目、门数和博士学位基础理论课和专业课的考试范围，审批主考人和论文答辩委员会成员名单；

（三）通过学士学位获得者的名单；

（四）做出授予硕士学位的决定；

（五）审批申请博士学位人员免除部分或全部课程考试的名单；

（六）做出授予博士学位的决定；

（七）通过授予名誉博士学位的人员名单；

（八）做出撤销违反规定而授予学位的决定；

（九）研究和处理授予学位的争议和其他事项。

第十九条 学位授予单位的学位评定委员会由九至二十五人组成，任期二至三年。成员应当包括学位授予单位主要负责人和教学、研究人员。

授予学士学位的高等学校，参加学位评定委员会的教学人员应当从本校讲师以上教师中遴选。授予学士学位、硕士学位和博士学位的单位，参加学位评定委员会的教学、研究人员主要应当从本单位副教授、教授或相当职称的专家中遴选。授予博士学位的单位，学位评定委员会中至少应当有半数以上的教授或相当职称的专家。

学位评定委员会主席由学位授予单位具有教授、副教授或相当职称的主要负责人（高等学校校长，主管教学、科学研究和研究生工作的副校长，或科学研究机构相当职称的人员）担任。

学位评定委员会可以按学位的学科门类，设置若干分委员会。各由七至十五人组成，任期二至三年。分委员会主席必须由学位评定委员会委员担任。分委员会协助学位评定委员会工作。学位评定委员会成员名单，应当由各学位授予单位报主管部门批准，主管部门转报国务院学位委员会备案。

学位评定委员会可根据需要，配备必要的专职或兼职的工作人员，处理日常工作。

第二十条 学位授予单位每年应当将授予学士学位的人数、授予硕士学位和博士学位的名单及有关材料，分别报主管部门和国务院学位委员会备案。

其他规定

第二十一条 在我国学习的外国留学生申请学士学位，参照本暂行办法第三条及有关规定办理。

在我国学习的外国留学生和从事研究或教学工作的外国学者申请硕士学位或博士学位，参照本暂行办法的有关规定办理。

第二十二条 学士学位的证书格式，由教育部制定。硕士学位和博士学位的证书格式，由国务院学位委员会制定。学位获得者的学位证书，由学位授予单位发给。

第二十三条 已经通过的硕士学位和博士学位的论文，应当交存学位授予单位图书馆一份，已经通过的博士学位论文，还应当交存北京图书馆和有关的专业图书馆各一份。

第二十四条 在职人员申请硕士学位或博士学位，经学位授予单位审核同意参加课程考试和论文答辩后，准备参加考试或答辩，可享有不超过两个月的假期。

第二十五条 学位授予单位可根据本暂行实施办法，制定本单位授予学位的工作细则。

附录四 学位论文参考文献常用格式

一、文献类型和文献载体标识代码

1. 文献类型和标识代码

参考文献类型	文献类型标识代码	参考文献类型	文献类型标识代码
普通图书	M	专利	P
会议录	C	数据库	DB
汇编	G	计算机程序	CP
报纸	N	电子公告	EB
期刊	J	档案	A
学位论文	D	舆图	CM
报告	R	数据集	DS
标准	S	其他	Z

2. 电子资源载体类型和标识代码

电子资源的载体类型	载体类型标识代码
磁带	MT
磁盘	DK
光盘	CD
联机网络	OL

二、参考文献格式及举例

1. 专著、论文集、学位论文、报告

［序号］主要责任者.文献题名［文献类型标识］.出版地：出版者，出版年：起止页码（任选）.

［1］刘国钧，陈绍业，王凤翥.图书馆目录［M］.北京：高等教育出版社，1957：15-18.

［2］雷光春.综合湿地管理：综合湿地管理国际研讨会论文集［C］.北京：海洋出版社，2012.

［3］张筑生.微分半动力系统的不变集［D］.北京：北京大学，1983.

［4］冯西桥.核反应堆压力管道和压力容器的LBB分析［R］.北京：清华大学核能技术设计研究院，1997.

2. 期刊文章

［序号］主要责任者.文献题名［J］.刊名，年，卷（期）：起止页码.

［5］金显贺，王昌长，王忠东，等.一种用于在线检测局部放电的数字滤波技术［J］.清华大学学报（自然科学版），1993，33（4）：62-67.

3. 报纸文章

［序号］主要责任者.文献题名［N］.报纸名，出版日期（版次）.

［6］谢希德.创造学习的新思路［N］.人民日报，1998-12-25（10）.

4. 标准文献

［序号］主要责任者.标准编号，标准名称［S］.出版地：出版者，出版年.

［7］全国文献工作标准化技术委员会第七分委员会.GB/T 5795—1986，中国标准书号［S］.北京：中国标准出版社，1986.

5. 专利

［序号］专利所有者.专利题名：专利号［P］.公告日期或公开日期.

［8］姜锡洲.一种温热外敷药制备方案：881056073［P］.1989-07-26.

6. 电子文献

［序号］主要责任者．电子文献题名［文献类型标识／载体类型标识］．出版地：出版者，出版年：引文页码（更新或修改日期）［引用日期］．获取和访问路径．

［9］李强．化解医患矛盾需釜底抽薪［EB／OL］．（2012-05-03）［2013-03-25］．http://wenku.baidu.com/view/47e4f206b52acfc789ebc92f.html.

7. 析出文献

［序号］析出文献主要责任者．析出文献题名［文献类型标识］//原文献主要责任者（任选）．原文献题名．出版地：出版者，出版年：析出文献起止页码．

［10］马克思．关于《工资、价格和利润》的报告札记［M］//马克思，恩格斯．马克思恩格斯全集：第44卷．北京：人民出版社，1982：505.

本书参考文献

［1］埃贝尔，布里费特，拉西北.科学写作的艺术［M］.应幼梅，丁辽生，译.北京：科学出版社，1991.

［2］杰克·R.弗林克尔，诺曼·E.瓦伦.美国教育研究的设计与评估［M］.蔡永红，等，译.北京：华夏出版社，2004.

［3］梅瑞迪斯·高尔，乔伊斯·高尔，沃尔特·博格.教育研究方法［M］.徐文斌，侯定凯，等，译.北京：北京大学出版社，2016.

［4］德尔伯特·C.米勒，内尔·J.萨尔金德.研究设计与社会测量导引［M］.风笑天，等，译.重庆：重庆出版社，2005.

［5］罗伯特·A.戴，芭芭拉·盖斯特尔.科技论文写作与发表教程［M］.顾良军，林东涛，张健，主译.北京：中国协和医科大学出版社，2013.

［6］罗伯特·K.殷.案例研究：设计与方法［M］.周海涛，李永，李虔，译.重庆：重庆大学出版社，2017.

［7］小约瑟夫·斯图尔特，戴维·M.赫奇，詹姆斯·P.莱斯特.公共政策导论［M］.韩红，译.北京：中国人民大学出版社，2011.

［8］威廉·维尔斯曼.教育研究方法导论［M］.袁振国，译.北京：教育科学出版社，1997.

［9］韦恩·C.布斯，格雷戈里·G.卡洛姆，约瑟夫·M.威廉姆斯.研究是一门艺

术[M].陈美霞,徐毕卿,许甘霖,译.北京:新华出版社,2009.

[10] 金出武雄.像外行一样思考,像专家一样实践:科研成功之道[M].马金城,王国强,译.北京:电子工业出版社,2015.

[11] 吉纳·威斯科.如何做一个好导师:指导研究生及本科生研究、撰写学位论文[M].王建伟,译.大连:东北财经大学出版社,2015.

[12] 毕润成.科学研究方法与论文写作[M].北京:科学出版社,2008.

[13] 陈才俊.现代经济写作[M].广州:华南理工大学出版社,2003.

[14] 陈方柱.创新调研写作三十六计[M].北京:中国言实出版社,2011.

[15] 陈果安.中文专业论文写作导论[M].长沙:中南大学出版社,2002.

[16] 陈妙云.学术论文写作[M].广州:广东人民出版社,2001:101.

[17] 陈秋雷.应用文写作实用教程[M].哈尔滨:哈尔滨工业大学出版社,2014.

[18] 陈学飞.西方怎样培养博士——法、英、德、美的模式与经验[M].北京:教育科学出版社,2002:139.

[19] 陈延斌,张明新.高校文科科研训练与论文写作指导[M].北京:中央编译出版社,2004.

[20] 丁斌.专业学位硕士论文写作指南[M].2版.北京:机械工业出版社,2015.

[21] 董奇,申继亮.心理与教育研究法[M].杭州:浙江教育出版社,2005.

[22] 风笑天.现代社会调查方法[M].武汉:华中科技大学出版社,2005.

[23] 高小和.学术论文写作[M].南京:南京大学出版社,2002.

[24] 顾平.艺术专业论文写作教学[M].合肥:安徽美术出版社,2010.

[25] 何青芳,陈善志,陆锦芳,等.工程硕士信息检索实用教程[M].上海:同济大学出版社,2012.

[26] 侯先荣.工程硕士学位论文写作指南[M].广州:华南理工大学出版社,2007.

[27] 蒋红雨.人文经验与科学经验:对人文科学与自然科学观念的生存论透

视［M］．北京：社会科学文献出版社，2004．

［28］教育部高等教育司，北京市教育委员会．高等学校毕业设计（论文）指导手册·电子信息卷［M］．北京：高等教育出版社，经济日报出版社，2007．

［29］李炳炎．实用科技文体大全：上，下［M］．海口：南海出版社，1991．

［30］李方．现代教育研究方法［M］．广州：广东高等教育出版社，2004．

［31］李明．科技文献检索与分析［M］．武汉：华中科技大学出版社，2015．

［32］李其港．文献检索实用技术［M］．北京：人民邮电出版社，2014．

［33］梁福军．科技语体语法、规范与修辞：上，下［M］．北京：清华大学出版社，2016．

［34］林豪慧，孙丽芳．信息资源检索与利用［M］．北京：电子工业出版社，2007．

［35］林庆彰．学术论文写作指引：文科适用［M］．北京：九州出版社，2012．

［36］刘潇潇，郭晶梅．法学学术论文写作方法论［M］．南京：南京大学出版社，2011．

［37］刘晓华，王晓安．教育硕士专业学位论文写作指南［M］．北京：高等教育出版社，2017．

［38］刘振海，刘永新，陈忠财，等．中英文科技论文写作［M］．北京：高等教育出版社，2012．

［39］屈顺海．医学写作问答［M］．北京：人民军医出版社，2003．

［40］上海市学位委员会办公室．上海专业学位研究生教育发展改革与实践探索（1991—2011）［M］．上海：华东师范大学出版社，2012．

［41］司有和．现代科技写作学［M］．北京：冶金工业出版社，1991．

［42］孙洁．毕业论文写作与规范［M］．北京：高等教育出版社，2009．

［43］孙小礼．科学方法中的十大关系［M］．上海：学林出版社，2004．

［44］谭培文，邱耕田，张培炎．哲学论文写作［M］．南宁：广西人民出版社，2000．

［45］王桂月，黄安信．护理科技文稿写作知识［M］．上海：上海科学技术出

版社，1989.

[46] 王晖.科学研究方法论［M］.上海：上海财经大学出版社，2004.

[47] 王仲仁.研究生指导与学位论文写作实例分析［M］.北京：高等教育出版社，2008.

[48] 吴成福.科技论文写作［M］.郑州：黄河水利出版社，1998.

[49] 武丽志，陈小兰.毕业论文写作与答辩［M］.北京：高等教育出版社，2015.

[50] 夏淑萍，王真.现代文献综合信息检索［M］.北京：高等教育出版社，2006.

[51] 肖显静.科学实证方法［M］.北京：科学出版社，2001.

[52] 谢俊贵.社会调查研究方法［M］.北京：北京理工大学出版社，2009.

[53] 谢明.公共政策分析［M］.北京：首都经济贸易大学出版社，2015.

[54] 辛治洋，张志华.教育科学研究：方法与案例［M］.合肥：中国科学技术大学出版社，2012.

[55] 姚洁，黄建琼，陈章斌.文献检索实用教程［M］.北京：清华大学出版社，2017.

[56] 于志刚.学位论文写作指导［M］.北京：中国法制出版社，2013.

[57] 袁方.社会调查原理与方法［M］.北京：高等教育出版社，1990.

[58] 张白影.文献信息检索通用教程［M］.广州：广东高等教育出版社，2003.

[59] 张孙玮，吕伯昇，张迅.科技论文写作入门［M］.北京：化学工业出版社，2007.

[60] 张伟刚.科研方法导论［M］.北京：科学出版社，2009.

[61] 张志刚.MPA论文写作与研究方法［M］.大连：大连理工大学出版社，2009.

[62] 周新年.科学研究方法与学术论文写作——理论·技巧·案例［M］北京：科学出版社，2012.

后　记

　　编写《专业学位论文写作指南》的最初想法形成于 2016 年。当时，经过 20 多年的发展，我国已经建立起以硕士专业学位为主，包括学士、硕士、博士 3 个层次 40 个类别的专业学位体系。专业学位研究生教育规模不断扩大，已占据我国研究生教育的"半壁江山"。专业学位论文的研究与撰写是专业学位研究生培养的重要环节，对实现高层次应用型人才的培养目标具有不可替代的重要作用。专业学位论文不同于学术学位论文。它不强调理论创新，而是强调应用性。学位论文选题应来源于应用课题或现实问题，要有明确的职业背景和应用价值，能体现综合运用科学理论、方法和技术手段解决实际问题的能力。专业学位论文可以采用调研报告、应用基础研究、规划设计、产品开发、案例分析、项目管理、文学艺术作品等形式。这样的论文应如何撰写，不但研究生不清楚，指导教师不熟悉，学位论文评审也缺乏清晰一致的标准。在这种情况下，就出现了专业学位论文与学术学位论文同质化的倾向。这就偏离了专业学位研究生培养的初衷，削弱了专业学位论文研究与撰写应有的价值。能不能编写一本书，阐述专业学位论文的写作目标、内容、形式、标准、规范，为研究生撰写专业学位论文提供指导？

　　学位与研究生教育杂志社经过讨论，认为编写这样一本书，不仅是必要的，也是可行的。一方面，我国开展专业学位研究生教育以来，国务院学位委员会、各专业学位研究生教育指导委员会、部分省（直辖市）学位委员会出台了一系列涉及专业学位论文撰写的文件，提出了规范性的要求或指导性的意见，使编写这本书"有章可循"；另一方面，近十几年来，国内不少学者针对专业学位论文撰写进行了大量研究，出版了一大批专著、论文，为这本书的编写奠定了坚实的基础。

在前期研究的基础上，2017年，学位与研究生教育杂志社组织了以三峡大学田家炳教育学院赵军团队，以及学位与研究生教育杂志社研究人员为主要成员的编研组，确定了内容框架和编写方案，开始了《专业学位论文写作指南》的编写工作。经过近一年的辛苦努力，终于在2018年4月完成了初稿。2018年5月18—19日，学位与研究生教育杂志社在湖北省宜昌市召开《专业学位论文写作指南》编写研讨会，邀请研究生教育领域的专家对书稿进行讨论。会后，编研组根据专家意见，对书稿做了修改完善，使之最终定稿。

2019年，《专业学位论文写作指南》正式出版，得到了学界同行、专业学位研究生导师、专业学位研究生的广泛认可。为进一步提升该书的针对性、实用性，2021年春，该书编研组启动了书稿的修订和增补工作。三峡大学研究生院常务副院长王乐华教授、三峡大学图书馆副馆长于海东研究馆员、三峡大学研究生院副院长倪世兵教授、三峡大学水利与环境学院副院长李卫明教授、三峡大学生物与制药学院院长周海峰教授、三峡大学田家炳教育学院副院长杨黎明副教授作为新增成员参与了书稿的增补和修订工作。

编研组成员，特别是学位与研究生教育杂志社周文辉社长、三峡大学田家炳教育学院赵军教授、学位与研究生教育杂志社刘俊起主任，为《专业学位论文写作指南》的编写付出甚多，保证了进度、提高了质量，在此表示衷心的感谢。同时，还要感谢为本书的编写和修改提出了宝贵意见的北京理工大学王战军教授、王军政教授，湘潭大学廖湘阳教授，东南大学耿有权教授，江西省教育厅副厅长刘小强教授，清华大学王传毅副教授，以及本书的策划编辑王晓义主任，他们或为本书的编写指出了方向，或帮助本书减少了错误，提升了品质。

后 记

　　我国有数十种专业学位，不同专业学位对学位论文的内容与形式要求各异，要在一本书中进行全面的研究并提出系统性的指导意见，难度非常大。加上编者的水平有限，本书难免有错漏之处，敬请读者批评指正。

编　者

2022 年 12 月